Mosquito Verlag

Jim Elvidge

Die Rätsel des Universums – GELÖST!

Ein neuer, provokativer Blick auf die wahre Natur der Realität

Jim Elvidge
Die Rätsel des Universums - Gelöst!

Titel der Originalausgabe: „The Universe – Solved!"

1. Auflage, 2015

Deutsche Übersetzung: Alexandra Kühn, Markus Lebmann
Layout: Inna Kralovyetts

www.mosquito-verlag.de

© Copyright 2015, Mosquito Verlag, Immenstadt

Alle Rechte vorbehalten. Kein Teil dieses Buchs darf vervielfältigt, abgespeichert, in eine Datenbank bzw. ein anderes Datenabfragesystem eingefügt oder in irgendeiner Form mithilfe einer bereits bekannten oder erst in Zukunft entwickelten Methode ohne die vorherige ausdrückliche schriftliche Genehmigung des Inhabers der Urheberrechte sowie des Herausgebers dieses Buchs verbreitet werden. Unter anderem fallen darunter alle mechanischen und elektronischen Verfahren und die Anfertigung von Fotokopien und Aufzeichnungen.

ISBN 978-3-943238-45-7

**Für meine Familie, Pauline und Brandon,
die mir zugehört, nicht mit Kritik gespart und
mich immer unterstützt haben.**

Danksagung

Zu Beginn möchte ich die vielen Quellen meiner Inspiration erwähnen, die für die Entstehung dieses Buches nicht wegzudenken waren. Aufgeschlossene und unkonventionelle Wissenschaftler vom Schlage eines Michio Kaku, Brian Greene, David Bohm, Kip Thorne, Paul Davies, Lee Smolin, Ervin László, Fred Hoyle, Andrei Linde oder Alan Guth haben mein Weltbild ein ums andere Mal erschüttert. Forscher wie Dean Radin, Tom Van Flandern, Jessica Utts, Rupert Sheldrake, Rick Strassman, John Mack, Michael Cremo, Robert Jahn und seine Mitarbeiter am PEAR-Laboratorium haben ihre Reputation aufs Spiel gesetzt, indem sie mit ihren Forschungen die Grenzen des wissenschaftlichen Mainstreams überschritten. Ihre Arbeit hat mich nicht nur inspiriert, sondern trug auch inhaltlich zur Entwicklung meiner Theorie bei. Schriftsteller wie Sidney Kirkpatrick, Michael Talbot, Graham Hancock, Arthur James oder Jim Marrs scheuten nie davor zurück, sich komplexen Themen zu widmen und lenkten meinen Blick dadurch auf alternative Standpunkte und Theorien.

Scharfsinnige Denker, Zukunftsforscher und Philosophen wie Nick Bostrom, Ray Kurzweil, Deepak Chopra, Brian Weiss, Frank Tipler und Neal Stephenson haben allesamt durch ihr Werk zu meiner Sicht der Wirklichkeit beigetragen. Die Radiomoderatoren Art Bell und George Noory haben vielen der Genannten die Möglichkeit gegeben, ihre Ideen vorzustellen. Jede einzelne der erwähnten Persönlichkeiten hat mich bei der Entwicklung meiner Theorie inspiriert.

Besonderen Dank möchte ich meiner wundervollen Frau aussprechen, die mich in so vielerlei Hinsicht unterstützt und in ihrer Funktion als meine Chefredakteurin keine Mühe gescheut hat, um Agenten und Verleger zu finden, das Buch sorgfältig zu überarbeiten, mich hinsichtlich des Inhalts und der Umschlaggestaltung zu beraten, mich auf Konferenzen und Seminare zu begleiten, die so unterschiedliche Themen wie Stringtheorie und Exopolitik zum Inhalt hatten – nicht zu vergessen, dass sie für die Jessica-Abbildungen Modell gestanden hat. Großer Dank gebührt auch meinem talentierten Sohn Brandon für seine zeichnerischen Beiträge zu diesem Buch und Angel Estevez für die freundliche Großzügigkeit, die er mir erwiesen hat, als er sein wundervolles Kunstwerk für den Umschlag und meine Website zur Verfügung gestellt hat.

Zu guter Letzt möchte ich all meinen Freunden, Kollegen, Familienmitgliedern und Freunden von Bekannten danken, die ihr Interesse zum Ausdruck brachten, indem sie das Manuskript oder einen der Probedrucke lasen, begutachteten und/oder überarbeiteten. Wertvolle und aufschlussreiche Reaktionen habe ich Stan Drake, Tracy Hughes, Dana Azar (deren Kritik dem Buch sehr zuträglich war) und Ranan Banerji zu verdanken.

Inhaltsverzeichnis

Kapitel 1: Die Lösung der Welträtsel – Die Antwort auf alle Fragen, die uns bewegen 11
    Worin besteht die wahre Wirklichkeit? 12
    Was ist wahr? 17

Kapitel 2: Gedankenfutter ... Solipsismus, Quantenverschränkung, Paralleluniversen und das Leben in einem Hologramm 23
    Cogito, ergo sum (ich denke, also bin ich) und allerlei andere philosophische Perlen 23
    Die quantenmechanische Welt – Verschränkung, Teleportation und Schaum 40
    Multiple Dimensionen und die Bewohner von „Flächenland" 52
    String-Theorie und M-Theorie 56
    Theorien über den Ursprung des Universums 61
    Das holographische Paradigma 83
    Die Beschaffenheit der Zeit 89
    Nanotechnologie 96
    Künstliche Intelligenz 98

Kapitel 3: Andere Wirklichkeiten: Matrix, frühere Leben, Pilze und „EverQuest" 103
    Definition 103
    Filme und andere Medien 104
    Schlaf und Träume 105
    Veränderte Bewusstseinszustände 110
    Simulatoren 135
    (Computer)spiele 136

Kapitel 4: Eine kurze Geschichte der Programmierung 149
    Sprachebenen 149
    Hierarchischer Code 152
    Anwendungsprogrammierung und APIs (Schnittstellen zur Anwendungsprogrammierung) 158

Kapitel 5: Virtuelle Realität und Gedankenverschmelzung mit unseren zukünftigen Siliziumherrschern 161
Geschichtliches 161
Wahrnehmungen 163
Implantate 169
Gedankenverschmelzung mit unseren zukünftigen Siliziumherrschern 170

Kapitel 6: Die kleinen Anomalien des Lebens – Grüne Männchen und Schwarzes Gold 175
Seien Sie da draußen vorsichtig 175
Die Truman Show 179
Alles Zufall? 185
Beschleunigung 188
Kleine grüne Männchen 192
Kryptozoologie 211
Evolution oder Degeneration? 213
EGGs und Psi 218
Quantenmechanik und die Beschaffenheit der Zeit 222
Der hundertste Affe 223
Schwarzes Gold 225

Kapitel 7: Leben wir in einer programmierten Wirklichkeit? 231
Die Indizien: unsere diskrete Welt 233
Die Indizien – Zeitleiste und Simulation 240
Die Indizien – Das fein abgestimmte Universum 244
Die Indizien – Anomalien in neuem Lichte 245
Die Indizien – Zusammenfassung 256

Kapitel 8: Wie erschafft man ein Universum? (Anleitung für Dummies) 259
Simulierte Realität 259
Physikalische Programmierung der Wirklichkeit 260
Die Programmierung der Wirklichkeit 265

Kapitel 9: Morgendämmerung in einer neuen Wirklichkeit 273
Fügen wir das Bild zusammen 273
Das Ende vom Lied 285

Über den Autor 287

Kapitel I

Die Lösung der Welträtsel – Die Antwort auf alle Fragen, die uns bewegen

In ihrem Film „Matrix" (1999) lassen die Wachowski-Brüder Morpheus die folgenden Zeilen sprechen:

„Du bist hier, weil du etwas weißt. Etwas, das du nicht erklären kannst. Aber du fühlst es. Du fühlst es schon dein ganzes Leben lang, dass mit der Welt etwas nicht stimmt. Du weißt nicht was, aber es ist da. Wie ein Splitter in deinem Kopf, der dich verrückt macht."

Haben Sie jemals ähnlich über die Welt, in der wir leben, gedacht? Beispielsweise, dass die Wirklichkeit etwas an sich hat, das nicht ganz so zufällig ist, wie es eigentlich sein sollte? Ein wenig zu sehr organisiert, geplant und absichtsvoll?

Nun, mir geht es genauso.

Dieser Empfindung werden wir gleich zu Beginn des Buches nachspüren. Danach will ich Sie hinunter ins „Kaninchenloch" der Innenschau und der philosophischen Untersuchungen schicken – auf eine wilde Achterbahnfahrt durch virtuelle Realität, Quantenmechanik und Zukunftsforschung. Und schließlich ist zu hoffen, dass wir mit einer Lösung belohnt werden, die sich auf all das anwenden lässt, was Philosophen, Theologen, Kosmologen und Kaffeehausliteraten in den vergangenen Jahrtausenden umgetrieben hat. Eine Lösung, die nicht nur vorzüglich mit so gut wie jeder wissenschaftlichen Theorie harmoniert, sondern auch eine überzeugende Erklärung für jedes außergewöhnliche Ereignis liefert.

Bleibt dieser Wunsch hingegen unerfüllt, so überlassen Sie das Buch getrost Ihrem Hund, damit er es zerkauen kann – er hätte damit bestimmt seine helle Freude.

Soso. Schon wieder eine TOE …

Vermutlich werden manche unter Ihnen denken: Nicht schon wieder eine dieser Theorien von Allem (engl. TOE = Theory Of Everything)! Wer mit dem Thema jedoch nicht so vertraut ist, kann davon profitieren, dass seit einiger Zeit eine Flutwelle an Büchern und Artikeln erscheint, in denen Theorien gewälzt werden, die vorgeben, alles erklären zu können, was dem Menschen bekannt ist: M-Theorie, das türkise Mem, die Akasha-Chronik, 42, das holographische Universum, um nur einige der bedeutenderen Konzepte zu nennen. Die Wissenschafts-, New-Age- oder Philosophieabteilung Ihres Lieblingsbuchladens hält ganz bestimmt eine Auswahl einschlägiger Werke für Sie bereit. In gewisser Hinsicht hat das vorliegende Buch durchaus eine weitere TOE zum Inhalt. Doch bevor Sie es zurück ins Bücherregal stellen, will ich mich für einen feinen Unterschied verbürgen: Es handelt sich um eine Art Metatheorie von Allem, das heißt, das Buch gibt nicht zuletzt Aufschluss darüber, warum alle miteinander (und ein paar andere noch dazu) derart unterschiedliche Weltformeln aufstellen. Sie halten also ein Buch in Händen, das eine Theorie aller Theorien von Allem beinhaltet.

An den Beginn wollen wir eine Übung in geistiger Flexibilität stellen, indem wir die Wirklichkeit und Wahrheit anzweifeln.

Worin besteht die wahre Wirklichkeit?

Fangen wir mit zwei einfachen Überlegungen an.

Gedankenexperiment 1: Zuerst möchte ich Sie fragen: „Woher wissen Sie, dass Ihre Sinneseindrücke keine Illusion sind?" Ihre Wahrnehmung der Wirklichkeit besteht aus nichts anderem als aus elektrochemischen Reaktionen in Ihrem Gehirn. Wäre es deshalb nicht möglich, dass diese Empfindungen eigentlich von einem intelligenten Computer hervorgerufen werden, der über eine Art Drahtlosnetzwerk mit Ihren grauen Zellen verbunden ist? Wie wir noch sehen werden, wird dergleichen bereits in einigen Jahren technisch machbar sein.

Gedankenexperiment 2: Woher können wir mit Sicherheit wissen, was vor 2000 Jahren geschah? Aus den Informationen, die wir aus Büchern beziehen? Erscheint es nicht einigermaßen willkürlich, einige Bücher als historisch verlässlich, andere wiederum als reine Phantasterei einzustufen? Es ist nicht auszuschließen, dass unsere Geschichte in unser kollektives Bewusstsein und damit in unsere Gesellschaft eingepflanzt wurde. Falls dem so ist, stellt sich die Frage, wann unsere „wahre" Geschichte ihren Anfang genommen hat. Vor 500 Jahren? Vor 100 Jahren? Man könnte einwenden, dass die realhistorischen Ereignisse keinesfalls erst vor einem Jahrhundert eingesetzt haben können, weil manche unserer Zeitgenossen damals schon auf der Welt gewesen sind. Und da diese wiederum Zeitgenossen hatten, die viele, viele Jahre vor deren Geburt schon am Leben gewesen waren – und so weiter bis in früheste Zeiten – erscheint es unmöglich, dass uns eine künstliche Realität übergestülpt wurde. Andererseits sind wir nur noch einige Jahre davon entfernt, die Fähigkeit zu erlangen, Erinnerungen in unserem Gehirn hochzuladen, herunterzuladen, zu löschen und wiederherzustellen. Was bedeutet, dass man uns in naher Zukunft sehr wohl dazu bringen könnte, an eine völlig andere Wirklichkeit zu glauben.

Solche Ideen mögen weit hergeholt erscheinen, aber ich hoffe, in diesem Buch darlegen zu können, dass die technischen Voraussetzungen dafür noch zu Lebzeiten von manchen unter uns gegeben sein werden. Wer kann dessen eingedenk noch felsenfest davon überzeugt sein, dass wir nicht schon heute in einer simulierten oder programmierten Realität leben?

Für viele von uns scheint die Wirklichkeit unkompliziert und über alle Zweifel erhaben zu sein. Eltern, Lehrer, Vorgesetzte und Freunde haben uns gelehrt, was die Wirklichkeit ist. Nämlich das, was wir um uns herum sehen können – ein Kontinuum von Objekten in den verschiedensten Positionen und Zuständen, die sich alle sanft in der Zeit fortbewegen. Wir vertrauen dem Geschichts- und Naturwissenschaftsunterricht, den wir in der Schule erhalten. Die Sieger der Weltkriege waren die Guten. Wir befolgen die Gesetze und Regeln, die unsere Staaten und Religionen aufstellen, weil sie „richtig" sind. Wir bezweifeln die Erinnerungen an vergangene Ereignisse nicht. Wir haben uns aus Affen entwickelt, Zeitreisen sind reine Science Fiction, und jeder Mensch ist ein unabhängiges Wesen mit einem freien Willen.

Wenn wir jedoch ein wenig nachhaken, dann ändern sich die Dinge ein bisschen. Politische Parteien haben oft ziemlich gegensätzliche Ansichten über Politik, Religionen sind sich uneins, was richtig ist und was falsch. Geschichtliche Fakten entpuppen sich manchmal als verschieden von dem, was wir geglaubt haben. Dieselben Personen haben beide Seiten im Zweiten Weltkrieg finanziell unterstützt. Die Wissenschaft behauptet, der freie Wille sei reine Illusion. Religiöse Würdenträger und wissenschaftlicher Mainstream sind völlig unterschiedlicher Meinung, wenn es um ein Leben nach dem Tod geht. Wir blicken immer tiefer in den Weltraum und stoßen auf Anomalien, die durch unsere bekannten Naturgesetze nicht erklärt werden können. Je gründlicher wir das Atom erforschen, umso merkwürdiger erscheint uns die Materie. Wir finden heraus, dass Zeit und Raum nur scheinbar kontinuierlich sind, sondern vielmehr diskret und mit dem Bild auf einem Fernsehbildschirm vergleichbar.

Wenn wir noch tiefer bohren und viel Zeit damit verbringen, im Internet zu surfen, alternative Radiosendungen wie Coast to Coast AM hören, konspirative Bücher oder New-Age-Literatur lesen, dann ertappen wir uns möglicherweise dabei, dass wir drauf und dran sind, zu Wahrheitssuchern zu werden. Wenn wir davon ausgehen, dass die Wirklichkeit dem entspricht, was wir wahrnehmen und wenn das, was wir wahrnehmen, auf dem Feuern einer großen Anzahl neuronaler Synapsen beruht, ist die Realität dann nicht ein Konstrukt der Aktivität unseres Gehirns? Und je tiefer wir schürfen, umso größer wird unsere Verwirrung angesichts des Sumpfs an offensichtlich widersprüchlichen Informationen, denen wir gegenüberstehen.

Bedenken Sie ...

1. Die naturwissenschaftliche Lehrmeinung, die an US-amerikanischen Schulen unterrichtet wird, hat sich Darwins Theorie der organismischen Evolution verschrieben.

ABER: Viele Wissenschaftler vertreten Ansichten, die davon abweichen und nehmen einen interventionistischen Standpunkt ein. Sir Fred Hoyle, der legendäre Astronom von der Universität Cambridge, sagte einmal, dass die Wahrscheinlichkeit, dass irgendwo im Universum Leben aus evolutionären Prozessen hervorgehe, der Wahrscheinlichkeit entspreche, mit der ein Wirbelsturm eine funktionstüchtige Boeing 747 aus ihren Einzelteilen zusammensetze.[1]

2. Vertreter des wissenschaftlichen Mainstreams behaupten, so etwas wie paranormale Phänomene gebe es nicht. Manch namhafter Skeptiker hat sogar eine hohe Geldsumme für denjenigen in Aussicht gestellt, der dazu in der Lage ist, Beweise für übersinnliche Phänomene zu erbringen. Ein Scheck wurde bislang noch nicht ausgestellt.

ABER: Die Gegenposition wird durch überzeugende experimentelle Belege gestützt. Massenbewusstseins-Studien, die dem aktuellen Stand der Wissenschaft entsprechen und von keiner geringeren Institution als der Princeton University durchgeführt wurden, haben zu einem eindeutigen Ergebnis geführt: Es gibt Phänomene, die von der konventionellen Wissenschaft nicht erklärt werden können. Eine Gallup-Meinungsumfrage vom Juni 2001 zeigte auf, dass 60 Prozent der US-Amerikaner an außersinnliche Wahrnehmungen (ASWs) glauben, darunter 65 Millionen, die selbst einschlägige Erfahrungen gemacht haben. Die Umfrage brachte außerdem zum Vorschein, dass die Neigung, an ASWs zu glauben, mit der Intelligenz der befragten Personen ansteigt. Angeblich wurde auf Versuche, die von den Skeptikern in Aussicht gestellte Belohnung einzufordern, mit veränderten Spielregeln, unbeantworteten Anfragen, Beschimpfungen und allerlei Ablenkungsmanövern reagiert.

3. Hochangesehene Wissenschaftler, beispielsweise der legendäre Carl Sagan, bestreiten die Existenz von UFOs.

ABER: Astronauten wie Edgar Mitchell, Wissenschaftler wie der verstorbene Harvard-Professor Dr. John E. Mack und prominente Politiker wie Jimmy Carter haben mit eigenen Augen UFOs gesehen und glauben daran, dass die gesichteten Objekte außerirdischer Herkunft sind.

4. Das Ergebnis der Warren Commission sowie die offizielle Ansicht der US-amerikanischen Regierung besagen, dass John F. Kennedy von einem Einzeltäter ermordet wurde.

ABER: 77 Prozent der US-amerikanischen Bevölkerung sind laut einer kürzlich von der *New York Times* und *CBS* durchgeführten

Umfrage von den Ausführungen der Warren Commission nicht überzeugt. Sie glauben vielmehr, dass das Attentat auf JFK als Verschwörung und möglicherweise sogar als Umsturzversuch zu werten ist.

5. Die landläufige Meinung lautet, dass die physische Welt, wie wir sie erleben, genauso ist, wie sie erscheint – was draufsteht, ist auch drin.

ABER: Einige Wissenschaftler mit hervorragendem Ruf glauben, dass es viele Ebenen der Realität gibt. Durch die Einnahme von bewusstseinserweiternden Drogen kann man möglicherweise zwischen diesen Ebenen wechseln. Ein Philosoph der Universität Oxford hat einen Artikel geschrieben, in dem er behauptet, dass wir wahrscheinlich in einer Simulation leben, die an den Film „Matrix" erinnert.

Woran sind wir also?
Leben wir in einer Welt, die genauso ist, wie sie uns im Alltag erscheint? Eine Welt, in der es keine UFOs gibt, keine Yetis und keine Verschwörungen? In der Atlantis niemals existierte und die alten Ägypter ihre Pyramiden selbst errichteten? In der paranormale Erfahrungen guten Gewissens als Schwindel abgetan werden können oder auf „natürlichen" Ursachen beruhen? In der die Erde vier Milliarden Jahre alt ist und sich die Menschen vor einigen Millionen Jahren aus anderen Primaten entwickelt haben? In der wir über fünf Sinne verfügen und unserer Regierung vertrauen können? In der ein umstürzender Baum im Wald auch dann ein Geräusch verursacht, wenn niemand da ist, der es hören kann?

ODER ...
Unterscheidet sich unsere Welt grundlegend von dem, was wir wahrzunehmen glauben? Leben wir in einer Welt, in der Außerirdische den Menschen durch gentechnische Experimente hervorgebracht haben, in der Paralleluniversen existieren, zwischen denen man sich bewegen kann, indem man Ayahuasca konsumiert oder sich einfach der Fernwahrnehmung bedient? In der es eine riesige Weltverschwörung gibt, die über ein Geheimwissen verfügt und an deren Spitze eine reptilienartige, metamorphe Machtelite steht? In der fallende Bäume nur dann Geräusche verursachen, wenn sie von Menschen, Tieren, Pflanzen oder Steinen beobachtet werden?

Oder liegt die Wahrheit irgendwo dazwischen? Auf welcher Grundlage treffen wir überhaupt die Entscheidung, wo die Wahrheit angesiedelt ist? Ich spreche mich dafür aus, dass keine der oben genannten Positionen wahr ist. Die Wahrheit geht weit darüber hinaus. Alles ist wahr und nichts ist wahr, wie wir noch sehen werden.

Was ist wahr?

Was können wir zweifelsfrei wissen? Gar nichts! Denken Sie nur an die Unmenge an Sachverhalten, die wahr sein *könnten*. Wie sieht es mit Begebenheiten aus, die Sie nicht persönlich miterlebt haben, die jedoch allgemein als Tatsache anerkannt sind? Ich mache Ihnen den Vorschlag, all diese Überzeugungen zu verwerfen. Ein Beispiel – etwa die Newtonsche Mechanik (jahrhundertelang von der wissenschaftlichen Gemeinschaft als allgemeingültig erachtet, aber im frühen 20. Jahrhundert von Einstein als Näherung erkannt, die nur bei geringen Geschwindigkeiten gilt) – kann bereits genügen, um die Glaubwürdigkeit aller anderen Überzeugungen anzuzweifeln. 2 + 2 = 4? Nicht im Dreiersystem, in dem 2 + 2 gleich 11 ist. Im Dezimalsystem (oder in jedem System mit einer Basis > 4) entspricht 2 + 2 aufgrund einer Übereinkunft gleich 4, aber nur in abstraktem Sinne, sodass dieses Ergebnis in der *realen* Welt nicht immer Gültigkeit besitzt. Wenn man zwei Pfützen mit dem Wasser zweier weiterer Pfützen befüllt, dann hat man immer noch zwei Wasserpfützen, wenngleich sie jetzt größer sind. Um ein gebräuchlicheres Beispiel zu nennen: Eine gerade Linie mit einer Länge von zwei Meilen, die um eine weitere Linie derselben Länge erweitert wird, summiert sich nicht *exakt* zu einer Strecke von vier Meilen. Dies ist auf die Relativität und auf die überall vorhandene Krümmung der Raumzeit zurückzuführen. Deshalb kann 2 + 2 = 4 nicht uneingeschränkt wahr sein.

Folglich bleiben nur noch unsere persönlichen Erfahrungen, um die wirkliche Welt zu charakterisieren. Aber wie sieht es mit unseren Träumen aus, die ebenfalls zu unseren Erfahrungen zählen – sind sie wahr bzw. wirklich? Möglicherweise nicht, deshalb müssen wir sie wohl ausklammern. Oder denken Sie an Situationen, die Sie selbst erlebt haben, wobei sich Ihre Erinnerung jedoch von derjenigen einer ebenfalls beteiligten Person wie Tag und Nacht unterscheidet? Zahlreiche Studien haben ergeben, dass die Erinnerung von Menschen in Extremsituationen (z.B. Stress, Erschöpfung) oft wenig mit dem ursprünglichen Ablauf der Ereignisse zu tun hat. Lassen wir diese Erlebnisse also weg. Wie sieht es mit Erfahrungen aus, die wir vor langer Zeit gemacht haben? Wir wissen, dass Erinnerungen mit der Zeit verblassen. Wie oft haben wir uns mit einem Freund darüber gestritten, welche Klasse der Grundschule wir besuchten, als Peter an dieser Blasenschwäche litt? Waren Sie und Ihr Partner sich jemals uneinig über etwas, das erst gestern geschehen ist? Wenigstens einer von Ihnen kann seiner Erinnerung nicht lückenlos trauen. Klammern wir also Erinnerungen aus, die älter sind als ... ein paar Minuten? Was bleibt uns dann noch? Höchst gegenwartsnahe persönliche Erfahrungen, die wir unter stressfreien Bedingungen und in hellwachem Zustand gemacht haben? Nicht so schnell, Mario. Erinnern wir uns an unser Gedankenexperiment von vorhin: Was wäre, wenn jede einzelne unserer Erinnerungen auf irgendeine Weise vor fünf Sekunden in unser Gehirn eingepflanzt worden wäre? Wir haben keine Möglichkeit, den Unterschied zwischen diesen Implantaten und unseren echten Erinnerungen herauszufinden. Das gilt insbesondere dann, wenn Informationen, die uns in unseren manipulierten Gedanken bestärken, in das Gehirn unserer Mitmenschen geimpft und von den Massenmedien verbreitet werden. Ich werde später zeigen, dass dieses Szenario gar nicht so absurd ist, wie es anmutet. Demnach ist vielleicht alles, was wir mit Sicherheit wissen können, das, was genau in diesem Augenblick geschieht. Aber auch in diesem Fall können wir nicht ausschließen, dass wir uns mitten in einem Traum befinden. Die Menge der Dinge, die zu hundert Prozent wahr sind, ist offensichtlich die leere Menge!

¦) „Wissen Sie, was ich wirklich hasse? Wie vergesslich die Leute doch geworden sind. Wer von uns erinnert sich denn noch daran, dass die Erde vor einigen Jahren in die Luft ging? Sie auch nicht? Als sie uns alle in dieses Raumschiff steckten? Und zu diesem Planeten

brachten? Und als die Regierung sagte, dass das dumme Volk ja nichts davon erfahren soll."
– Steve Martin

Zurück in die Wirklichkeit. Viele von uns geben sich mit ihren Wahrnehmungen und dem, was sie über die Realität gelernt haben, zufrieden. Eine Reihe von Menschen aus unterschiedlichen akademischen Disziplinen beginnt jedoch, verschiedene Aspekte unserer Realität infrage zu stellen und wagt sich nun daran, das Thema ein wenig gründlicher zu erforschen. An und für sich ermutigt die wissenschaftliche Gemeinschaft zu kreativen Forschungsansätzen – allerdings nur in beschränktem Ausmaß. Zwar dürfen die Grenzen ein wenig ausgekundschaftet werden, aber wenn es zu viel wird, muss man damit rechnen, als „Pseudowissenschaftler" gebrandmarkt zu werden. Freidenker kümmern sich eher selten um Kategorisierungen und tun sich keinen Zwang an, alle möglichen ungewöhnlichen Ideen vorzubringen. Leider führt die Tatsache, dass die widersprüchlichen Theorien überwiegen, dazu, dass die wissenschaftliche Gemeinschaft meist sehr leichtes Spiel hat, wenn es darum geht, sie zurückzuweisen. Meine Sicht der Dinge ist in Abbildung 1-1 dargestellt. Die Wahrheit über unsere Realität ist unter einer Schale der „Welt, wie wir sie sehen" verborgen, die ich als „Wirklichkeitsschale" bezeichnen möchte. Einige kreative Denker aus den unterschiedlichsten Disziplinen sind dabei, sich aus ihrem jeweiligen Blickwinkel Zugang zu verschaffen. Kosmologen wie Andrei Linde und Frank Tipler bringen Ideen wie die Selbstreplikation und das Anthropische Prinzip vor, um die merkwürdige Natur des Universums zu erklären. Moderne Philosophen wie etwa Nick Bostrom und Science-Fiction-Autoren wie die Wachowski-Brüder sinnieren über die Möglichkeit, dass wir in einer Art Simulation leben. Quantenphysiker wie Hugh Everett und Michio Kaku erforschen das Konzept der Paralleluniversen und den Einfluss von Beobachtern auf die Gesetze der Physik. Zukunftsforscher wie Ray Kurzweil glauben, dass in den nächsten 100 Jahren eine Annäherung zwischen Mensch und Maschine stattfinden wird. Und esoterische Denker und Schriftsteller gehen bis an die Grenzen, indem sie paranormale Kräfte, das kollektive Bewusstsein und die wahre Evolution des Menschen erforschen. Die meisten Biologen andereseits bevorzugen im Großen und Ganzen die Bequemlichkeit ihres höchst reduktionistischen Darwin'schen Kosmos und haben die Wirklichkeitsschale noch nicht einmal angeknabbert.

Abbildung 1-1

Vertreter aus all diesen verschiedenen Disziplinen haben einige sehr fruchtbare Ideen hervorgebracht, die teilweise sehr gut miteinander harmonieren. Und in der Tat wurde ich, als ich einen Schritt zurücktrat, um die Ideenlandschaft der Theorien überblicken zu können, die den traditionellen Realitätsbegriff infrage stellen, in die Lage versetzt, eine einheitliche, widerspruchsfreie Theorie zu entwickeln, die mit allen Forschungsergebnissen in Einklang steht. **Die grundlegende Idee besteht darin, dass unsere Wirklichkeit programmiert ist.** Eine derart einfache Vorstellung genügt bereits, um einen Keil in die Wirklichkeitsschale zu treiben, sodass nur die Wahrheit zurückbleibt – und die Reste einer rätselhaften Schale (siehe Abbildung 1-2).

Im weiteren Verlauf dieses Buches werden wir die Belege für diese Theorie und ihre Auswirkungen besprechen, und ich werde zeigen, dass das von mir vorgeschlagene Szenario nicht nur möglich, sondern höchstwahrscheinlich ist. Dabei werden wir uns den folgenden naheliegenden Fragen widmen:

- *Wie wurde unsere Realität programmiert?*
- *Wer hat sie programmiert?*
- *Wer sind Sie?*
- *Wann hat alles begonnen?*
- *Wie wird alles enden?*
- *Wie sind die Anomalien und Paradoxien des Lebens erklärbar?*

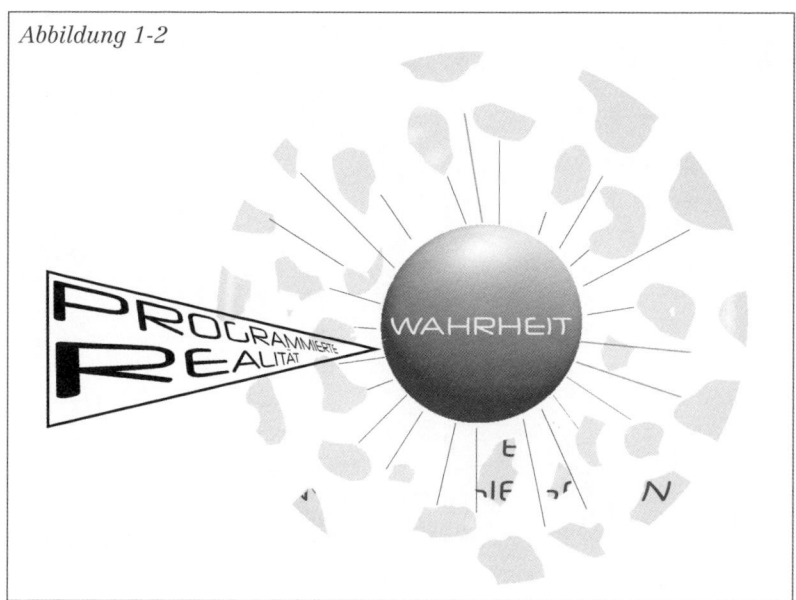

Abbildung 1-2

Endnote

1. Hoyle, Fred: „The Intelligent Universe", Michael Joseph Limited, London 1983, 19

Kapitel 2

Gedankenfutter … Solipsismus, Quantenverschränkung, Paralleluniversen und das Leben in einem Hologramm

In diesem Kapitel besprechen wir die Grundlagen für die Hauptthese des vorliegenden Buches. Dabei beabsichtige ich nicht, Philosophie, Quantenphysik oder Kosmologie tief gehend zu behandeln. Stattdessen will ich einen Überblick über die aktuellen Theorien aus den genannten Bereichen geben, die für die Herausarbeitung meiner These von Belang sind. Wenn Sie mit wissenschaftlichen Themen nicht ganz so viel anfangen können, überblättern Sie diese Abschnitte getrost, aber sehen Sie sich zumindest an, was Ihr Lieblings-Wiki zum Stichwort „Quantenmechanik" zu sagen hat.

Cogito, ergo sum (ich denke, also bin ich) und allerlei andere philosophische Perlen …

Zugegeben, ich bin mir meines Leichtsinns bewusst, wenn ich versuche, das philosophische Denken einiger Jahrtausende auf ein paar wenigen Seiten Revue passieren zu lassen. Aber vielleicht erscheint dieses Vorhaben etwas weniger übermütig, wenn wir uns auf Konzepte beschränken, die unsere Kernthemen wie den freien Willen oder die Beschaffenheit der Wirklichkeit betreffen.

> 1) Das Erste Gesetz der Philosophie: Für jeden Philosophen gibt es einen zweiten, ebenso kompetenten Philosophen mit entgegengesetzter Meinung.

> Das Zweite Gesetz der Philosophie: Sie irren sich beide.
>
> – Platon und Pasi Kuoppamäki

Die Wirklichkeit als Illusion

Unsere Generation ist sicherlich nicht die erste, die über die Beschaffenheit der Wirklichkeit und die Möglichkeit nachdenkt, dass sie eine Illusion ist. René-„Ich denke, also bin ich"-Descartes, ein französischer Philosoph der frühen Neuzeit, vertrat die Ansicht, dass die Wahrnehmung unzuverlässig sei und dass die Tatsache, dass wir denken, das einzige sei, was wir zweifelsfrei wissen können. 2.000 Jahre davor hatte der vorsokratische Philosoph Parmenides geglaubt, dass die Alltagswelt, die wir mittels unserer Sinneswahrnehmungen erfassen, nur Schein und dass das unveränderliche „Sein" bzw. die unveränderliche „Existenz" die wahre Realität sei. 600 Jahre vor Parmenides und ein paar tausend Kilometer weiter östlich begegnet uns die verblüffend ähnliche hinduistische Überzeugung, dass die gewöhnliche Welt der Gegenstände eine Illusion unseres Denkens und die wahre Wirklichkeit allein im ewigen und unveränderlichen „Einen" oder „Absoluten" zu finden sei. Ist es nicht seltsam, dass man uns noch 3.000 Jahre später zum Staunen bringen kann, wenn wir in Filmen wie „Matrix" mit ähnlichen Gedanken konfrontiert werden?

Der freie Wille

Als einer der Fixpunkte in der Geschichte philosophischer Debatten gilt die Frage nach dem freien Willen bzw. die Vorstellung, dass unsere Entscheidungen bei uns selbst liegen. Dieses Thema ist eng – wenn auch nicht ausschließlich – mit dem Konzept der Seele verbunden, weshalb es ein Kernstück dieses Buches bildet. „Determinismus" bezeichnet die Überzeugung, dass jede Handlung durch vorhergegangene Ereignisse festgelegt ist. Obwohl einige Philosophen argumentiert haben, dass der Determinismus möglicherweise mit dem freien Willen vereinbar sein könne, glaube ich, dass sie das Konzept des freien Willens mit der Fähigkeit verwechselt haben, getroffene Entscheidungen in die Tat umsetzen zu können. Darüber hinaus stammen viele der einflussreichen Beiträge der an der Diskussion beteiligten Philosophen aus einer Zeit, in der die Funktion des Nervensystems oder Ursache-Wirkungs-Verhältnisse im Gehirn noch nicht genauer erforscht worden waren. Und so behauptet die in ihrem Kern deterministische moderne Naturwissenschaft, dass wir nur die Illusion eines freien Willens besäßen, was auf den hohen Komplexitätsgrad der neuronalen Prozesse zurückzuführen sei. Diese Ansicht scheint durch Experimente gestützt zu werden, in denen die Probanden Entscheidungen treffen, die nachweislich durch magnetische Felder oder andere unterschwellige Stimuli beeinflusst wurden. Die Probanden hingegen sind davon überzeugt, bewusste Entscheidungen zu treffen. Aber eigentlich beweist das nur, dass manche Menschen manchmal hinters Licht geführt werden können.

Experimente, die Vorausahnungen nachzuweisen scheinen – oder auch die Fähigkeit, einen Reiz vorwegzunehmen – sind meines Erachtens weitaus interessanter. Der Psychologe Dean Radin hat einige Doppelblind-Experimente durchgeführt, bei denen das EEG der Probanden darauf hindeutete, dass dem ursächlichen Reiz Reaktionen vorausgingen. Die Möglichkeit der Telepathie wurde durch die Verwendung eines Computers ausgeschlossen, der die Reize in Zufallsintervallen erzeugte. Das Ergebnis scheint nahezulegen, dass Menschen fähig sind, Ereignisse zu antizipieren, was unter der Prämisse des Determinismus sehr schwierig zu erklären ist.[1]

Denken wir darüber nach, was es bedeutet, eine Entscheidung zu treffen. Angenommen, der Kassierer im Supermarkt hat Ihnen zu viel Wechselgeld herausgegeben – würden Sie ihn darauf aufmerksam machen? Möglicherweise treffen Sie Ihre Entscheidung auf der Basis von vergangenen Ereignissen (Ihre Eltern haben Ihnen beigebracht, dass es Betrug wäre, etwas zu nehmen, das Ihnen nicht zusteht) oder aufgrund Ihres gegenwärtigen Bewusstseinszustandes („Der Kassierer ist wirklich zum Anbeißen, vielleicht erhöhe ich meine Chancen bei ihm, wenn ich ihn auf sein Versehen aufmerksam mache?"). Auch wenn wir uns gründlicher mit dem Thema auseinandersetzen, scheint alles darauf hinzudeuten, dass der exakte Bewusstseinszustand (Erinnerungen, neuronale Bahnen und Auslöser) und die Beschaffenheit externer Reize für unsere Entscheidungen und Handlungen ausschlaggebend sind. Dasselbe Argument könnte man jedoch auch für einen Computer anführen, dessen Funktionsweise auf dem Konzept eines endlichen Automaten beruht, das heißt, jede Aktion wird durch den Zustand des Computers und seine Inputs vollständig determiniert. Diese Vorstellung reduziert unser Dasein auf dasjenige von reinen Robotern. Sind Sie damit einverstanden? Was halten Sie von folgendem Szenario: Zwei Geschwister wachsen in demselben Milieu auf. Warum verfügen sie häufig über völlig verschiedene Wertesysteme? Eines der Geschwister würde dem Kassierer das Geld ohne zu zögern zurückgeben; das andere würde die unverhoffte Gelegenheit – ebenso selbstverständlich – beim Schopf packen. Woran könnte das liegen? Genetische Gründe reichen als Erklärung nicht aus. Und es kann ebenso wenig nur an der Erziehung liegen. Deterministen würden argumentieren, dass geringe Unterschiede in der genetischen Veranlagung oder der sozialen Umgebung dazu geeignet wären, einen Dominoeffekt auf das Wertesystem eines Menschen auszuüben. Aber können die Unterschiede nicht auch darauf zurückzuführen sein, dass die beiden Geschwister zwei Seelen sind, die eine grundverschiedene Entwicklung durchgemacht haben? Personen, die an Wiedergeburt glauben, könnten der Ansicht sein, dass das erste Kind in einer früheren Inkarnation eine universelle Lektion gelernt hätte und deswegen eine ältere oder erfahrenere Seele sei. Aus diesem Grund sei es für das Kind selbstverständlich, eine derartige Entscheidung zu treffen, während sein Geschwister die universelle Lektion noch nicht gelernt hätte. Wir können uns dessen nicht sicher sein, aber ist es nicht merkwürdig, dass Eltern häufig so früh Unterschiede in der Persönlichkeit ihrer Kinder entdecken, dass man Umweltfaktoren als Erklärung dafür ausschließen kann? Solche Beobachtungen scheinen darauf hinzudeuten, dass es einen „Geist in der Maschine" gibt.

Wenn die Deterministen Recht hätten, warum sollten wir dann überhaupt Gesetze und Moralkodizes beachten? Denn jede einzelne unserer Handlungen entzöge sich ohnehin unserer Kontrolle. Würden wir tatsächlich alle daran glauben, verliefe unser Leben völlig chaotisch. Vielleicht sagt das etwas über die tief sitzenden Überzeugungen mancher Leute aus.

Religionen haben eine interessante Einstellung zum freien Willen. Weil Gott im Allgemeinen als allwissend und allmächtig angesehen wird, muss er in der Lage sein, unsere Entscheidungen zu kennen und auszuführen. Diese Doktrin ist unter dem Fachbegriff des Theologischen Determinismus bekannt. Calvinistische und andere puritanische Theologen glauben, dass wir unweigerlich sind, wer wir sind – zu einem vorherbestimmten Schicksal verurteilt, das entweder dem Heil oder der Verdammnis entgegenstrebt. Mormonentum und Katholizismus lehren, dass die Menschen einen freien Willen besitzen und ihr Schicksal beeinflussen können. Im Judentum haben ausschließlich Menschen, nicht aber Tiere, einen freien Willen.

Genau genommen ist die Evolutionstheorie mit der Idee des freien Willens vereinbar, aber entweder verfügen wir alle darüber – das heißt, alle Lebensformen – oder niemand; denn die Annahme, dass ein Lebewesen mit einem freien Willen von einem anderen abstammt, das keinen freien Willen besitzt, ist nicht nachvollziehbar. Infolgedessen muss jede einzelne Lebensform entweder mit einem freien Willen und einer Seele ausgestattet oder eine deterministische Maschine sein. Wir können jedoch die strikte darwinistische Interpretation der Evolution durch die Annahme entschärfen, dass die Evolutionstheorie eine gültige – aber nicht die einzige – Erklärung dafür ist, wie wir zu dem wurden, was wir sind. Denken Sie an Voltaires Vorstellung, dass zum Universum ein Schöpfer gehört, der alles in Gang setzte, dann aber keine weitere Rolle für die Schöpfung und die erschaffenen Lebewesen mehr spielt. Oder erinnern Sie sich an Arthur C. Clarkes Roman „2001: Odyssee im Weltraum", in dem eine extraterrestrische Zivilisation den Verlauf der menschlichen Stammesgeschichte zu bestimmten Zeitpunkten beeinflusste, abgesehen davon der Darwin'schen Evolution jedoch freien Lauf ließ. Unter solchen Voraussetzungen könnte man argumentieren, dass für eine Spezies beides möglich wäre, nämlich einen freien Willen zu erhalten oder darauf verzichten zu müssen.

Überspitzt gesagt, ist Solipsismus die Überzeugung, dass man sich ausschließlich der eigenen Existenz sicher sein kann. Andere Menschen sind nur eine Projektion des eigenen Bewusstseins. Bedauerlicherweise handelt es sich dabei um eine sehr einsame Philosophie. Warum sollte man sich die Mühe machen, dafür zu argumentieren? Ist es für einen Solipsisten sinnvoll, eine eigene Website zu besitzen, wenn es niemanden gibt, der sie zu schätzen weiß?

> *Frank, ein Doktorand der Philosophie, war Solipsist. Eines Tages in den Frühlingsferien sammelten alle anderen Doktoranden Geld und spendierten ihm eine teure Urlaubsreise. Ein Fakultätsmitglied wunderte sich über diese offensichtliche Selbstlosigkeit und fragte einen der Doktoranden, warum sie Frank eine Reise geschenkt hätten.*
> *Die Antwort lautete: „Wenn Frank verreist, dann fahren wir alle mit."*
> – *Verbreiteter Scherz im Internet, Quelle unbekannt*

Wo befindet sich eigentlich mein Bewusstsein?

Die wissenschaftliche Lehrmeinung (zumindest diejenige der meisten Neurowissenschaftler und Biologen) lautet, dass Bewusstsein nichts anderes als ein Konstrukt unseres komplexen Gehirns sei. Ein Konstrukt? Ich bin ein *KONSTRUKT?* Der Autor Adam Gopnik erläutert die Position des renommierten Kognitionswissenschaftlers Daniel Dennett folgendermaßen: „Es gibt kein Bewusstsein außerhalb der Gesamtaktivität all unserer mentalen Zustände. Bewusstsein ist nicht der Geist in der Maschine, es ist vielmehr ihr Motorengeräusch. Je lauter das Geräusch, desto bewusster fühlt man sich."[2] Spinnt man diesen Gedanken von einem logischen Standpunkt aus weiter, gelangt man zum Schluss, dass jedes Lebewesen – einschließlich der Bakterien – über Bewusstsein verfügen muss. Dabei besteht kein Grund zur Annahme, dass es einen Grenzwert für die Komplexität eines Nervensystems gibt, bei dessen Überschreiten ein Lebewesen Bewusstsein besitzt, darunter jedoch nicht. Das Bewusstsein verschiedener Lebewesen unterscheidet sich nur graduell, weshalb sich über Aspekte des Bewusstseins ausschließlich in einem rein probabilistischen Sinn diskutieren lässt; beispielsweise, indem man sagt, dass die meisten Katzen wahrscheinlich nicht über ihre eigene Existenz nachdenken. Setzen wir diese Gedankenkette fort, gelangen wir zu der Schlussfolgerung, dass, wenn Bewusstsein nur ein Nebenprodukt (Epiphänomen) neuronaler Komplexität ist, auch ein Computer, dessen Komplexität mit derjenigen unserer Gehirne vergleichbar ist, über Bewusstsein verfügen müsste. Dies ist tatsächlich die Position vieler Technologen und Zukunftsforscher, die sich über künstliche Intelligenz Gedanken machen – wie zum Beispiel Ray Kurzweil.

Und falls diese Annahme richtig ist, muss der einfachste elektrische Stromkreis in weiterer Konsequenz ebenfalls bewusst sein – und zwar proportional zum Grad an Bewusstsein, über das ein Bakterium, verglichen mit einem Menschen, verfügt. Infolgedessen wäre auch ein elektrischer Stromkreis, der nur aus ein paar Transistoren besteht, ein einziges Bit Information speichert und unter der Bezeichnung „Flip-Flop" (oder „bistabiles Kippglied") bekannt ist, bewusst. Ich frage mich, wie es sich anfühlt, ein Flip-Flop zu sein.

Nicht alle Wissenschaftler glauben an diese logische reductio ad absurdum. Dr. Bruce Lipton beispielsweise, ein ehemaliger Professor für Anatomie und Forscher in Stanford, kritisiert die vorherrschende Ansicht, dass der Zellkern das „Gehirn" der Zelle repräsentiere. Nachdem er bemerkt hatte, dass Zellen ihre biologische Funktion auch dann noch wahrnehmen können, wenn man ihren Zellkern entfernt hatte, stellte er im Rahmen seiner Forschungen fest, dass Zellkerne keineswegs die Kontrollzentren bilden und dass Zellen ihre Instruktionen durch „Molekülantennen" auf ihrer Oberfläche bzw. Membran erhalten. Signale und Anweisungen für die Zelle kommen von außerhalb. Dies hat bedeutende Folgen für die Lokalisierung unseres Bewusstseins – besonders wenn man berücksichtigt, dass jede unserer Zellen eine unabhängige, intelligente und lebendige Entität ist: Ihre Kooperation in einer Gemeinschaft von 50 Billionen Mitgliedern macht uns zu dem, was wir sind. Wenn also das Verhalten unserer Zellen nicht vom Zellkern gesteuert wird, sondern durch externe Signale, müssten wir dann nicht ebenfalls – als eine Ansammlung dieser Zellen – von einem externen Bewusstsein gelenkt werden? Dr. Lipton glaubt, dass unsere „zentrale Stimme" bzw. unser Geist willentlich die Aktivität unserer Gene modifiziert – und nicht andersherum. Diese Ansicht kann nicht nur die vielen Beispiele befriedigend erklären, die sich um die Dominanz des Geistes über die Materie, Spontanheilung oder die Kraft des positiven Denkens drehen, sondern den östlichen Philosophien auch einen kräftigen Impuls aus dem Westen verleihen.

> **Die Definition des Lebens**
>
> Glauben Sie zu wissen, was „Leben" ist? Denken Sie noch einmal darüber nach. Biologen definieren „Leben" im Allgemeinen durch die Kombination der folgenden Eigenschaften:
> 1. Wachstum
> 2. Stoffwechsel
> 3. Bewegung
> 4. Fortpflanzung
> 5. Homöostase (Selbstregulation) und die Fähigkeit, auf Reize zu reagieren
>
> Es erweist sich jedoch als unerhört schwierig, „Leben" zu charakterisieren, indem man diesen oder anderen Regeln folgt. Beispielsweise stimmen wir alle darin überein, dass Maultiere oder auch Arbeiterinnen in einem Bienenstock lebendig sind, obwohl sie aufgrund ihrer Sterilität die vierte der genannten Eigenschaften nicht besitzen. Viren verfügen über einige der aufgezählten Wesensmerkmale und werden manchmal als lebendig erachtet – allerdings nicht von „zellfanatischen" Biologen, die glauben, dass nur aus Zellen bestehende Organismen als Lebewesen durchgehen dürfen. Feuer und Kristalle besitzen alle fünf Eigenschaften, die das Leben definieren, aber die wenigsten Menschen würden sie als „lebendig" einstufen. Wie steht es mit der Erde? Mit Ausnahme der Reproduktionsfähigkeit verfügt sie über alle oben aufgelisteten Merkmale. Wenn man den Menschen auf eine große Kolonie lebendiger Zellen reduzieren kann, ist dann die Erde nicht ebenfalls eine solche Kolonie, wenn auch ein bisschen größer? Wie ist die demnächst stattfindende Fusion von künstlicher Intelligenz und Nanotechnik zu bewerten?

Wir haben nun bereits mit eine Reihe von Informationen und Theorien angesprochen. Möglicherweise fragen Sie sich, wann ich endlich zum Wesentlichen komme. Nur Geduld, Grashüpfer.

Alles hängt von der Bedeutung des Wortes „ist" ab ...

Aber einverstanden, als Appetithäppchen biete ich Ihnen eine vorläufige Hypothese an, während der Hauptgang in Kapitel 7 serviert wird ...

Ich glaube, dass ich etwas mehr bin als ein biologischer, chemischer und elektrischer Prozess. Der folgende Dialog lässt Sie an meinen Überlegungen teilhaben:

Jim: Wenn es keine Seele gibt, warum bin ich dann nicht mit Fred, der da drüben steht, identisch?

Skeptiker: Weil du dein Bewusstsein bist, ein Produkt deiner Sinneswahrnehmungen und Erinnerungen. Du kannst nicht Fred sein, weil du aus DEINEN Sinneswahrnehmungen und Erinnerungen bestehst.

Jim: Angenommen, Fred und ich tauschen die Gehirne aus. Wo wäre ich dann? Hätte ich dann nicht das Gefühl, mich in Freds Körper zu befinden?

Skeptiker: Richtig, denn dein Bewusstsein ist mehr durch deine Erinnerungen als durch deine Sinneseindrücke geprägt. Dein „Ich" ist ein Zustand deines Gehirns.

Jim: Allerdings verblassen Erinnerungen und neuere Eindrücke sind stärker. Nach einer Weile wird mein Gehirn mehr durch die Erinnerung an die Erfahrungen geprägt sein, die ich in Freds Körper und nicht in meinem eigenen gemacht habe. Ist mein Gehirn dann nicht zu Freds Gehirn geworden? Ich stelle mir das so vor, als ob ich ein neues Betriebssystem auf meinen Computer laden würde.

Skeptiker: Das stimmt, falls du Fred eher über sein Aussehen definierst als über sein Gehirn – das, was vorher Jims Gehirn war ist nun Freds Gehirn, allerdings mit einigen von Jims Erinnerungen.

Jim: Also bin ich zu Fred geworden. Und umgekehrt.

Skeptiker: Deine Verwendung des Wortes „Ich" ist merkwürdig, denn dein Bewusstsein bzw. Gehirnzustand befindet sich in Freds Körper.

Jim: Richtig. Und mein Bewusstsein ist nun, da es sich in Freds Körper befindet und an seine Sinnesorgane angeschlossen ist, nicht weniger zufrieden als zuvor, als es sich noch in meinem Körper befand und mit meinen Sinnen verbunden war.

Skeptiker: Genau.

Jim: Es scheint ziemlich gleichgültig zu sein, wo sich mein Bewusstsein befindet.

Skeptiker: Davon gehe ich aus.

Jim: Woher weiß ich dann, dass ich nicht schon immer Fred gewesen bin?

Ich glaube, dass wir in gewisser Weise einzigartig sind (zumindest ich – ich kann nicht für jemand anderen, in dessen Schuhen ich nicht stecke, sprechen) und dass diese Einzigartigkeit über das Physische hinausgeht. Das ganze Drumherum, auf das sich Biologen beziehen, wenn sie das Leben definieren, ist ein Werkzeug der Seele, die nach dem Tod weiterlebt. Ich weiß nicht, ob jedes Lebewesen über eine Seele verfügt – und es besteht sicherlich die Möglichkeit, dass hochentwickelte Maschinen eine Rolle in unserer Wirklichkeit übernommen haben, vielleicht in Form von Wespen, Ratten oder sogar Menschen. Ungefähr so wie die NSCs (Nicht-Spieler-Charaktere) in MMORPGs (Massen-Mehrspieler-Online-Rollenspiele) oder Agent Smith im Film „Matrix" (Was diese Akronyme bedeuten, erfahren Sie in Kapitel 3, Abschnitt „(Computer)spiele"). Aber das ist weder neu noch interessant. 84 Prozent der US-amerikanischen Bevölkerung glauben an die Seele und ihr Weiterleben nach dem Tod.[3] Die Beweise für die Existenz der Seele sind erdrückend. Auch wenn wir auf die verschiedenen philosophischen Argumente verzichten, denke ich, dass außerkörperliche Erfahrungen und Nahtoderfahrungen (vgl. „Veränderte Bewusstseinszustände" in Kapitel 3), für die es keine andere Erklärung gibt, und auch Dean Radins Meta-Analyse parapsychologischer Experimente zweifelsfrei beweisen, dass wir mehr sind als die chemischen Reaktionen in unserem Körper. Berücksichtigen Sie bitte auch das folgende Beispiel:

Die American Heart Association erklärt, dass Hirntod und definitiver Tod innerhalb von vier bis sechs Minuten nach einem Herz-Kreislauf-Stillstand eintreten und dass die Wiederbelebung selten Erfolg hat, wenn das Herz bereits seit zehn Minuten nicht mehr schlägt. Es gibt keine wissenschaftliche Grundlage dafür, dass Personen, die schon zehn Minuten tot sind, routinemäßig wiederbelebt werden können, obwohl Herz-Lungen-Maschinen verfügbar sind, die während Operationen die Sauerstoff- und Blutzufuhr zuverlässig aufrechterhalten und so das Überleben des Patienten garantieren.

Für gewöhnlich wird dies damit begründet, dass Gehirnzellen innerhalb weniger Minuten irreversible Schäden erleiden, wenn die Blut- und Sauerstoffzufuhr unterbrochen ist. Allerdings liefert eine in der renommierten britischen medizinischen Fachzeitschrift *The Lancet* veröffentlichte Studie einen Beleg für das Überleben von Neuronen im menschlichen Gehirn, und zwar für die Dauer von bis zu acht Stunden nach dem Eintreten des Todes, so dass sie auch dann noch in der Lage sind, ihren Energiestoffwechsel und axonalen Transport wieder aufzunehmen.[4] Wenn der Tod erst aufgrund einer dauerhaften Schädigung der Neuronen irreversibel wäre, die erst Stunden nach dem klinischen Hirntod auftritt, aus welchem Grund soll es dann unmöglich sein, jemanden in der Zwischenzeit wiederzubeleben, indem Blut durch den Körper gepumpt wird? Die offensichtliche Antwort ist, dass der Tod mit einer Schädigung der Neuronen an sich nichts zu tun hat, sondern vielmehr mit der bewussten Entscheidung der Seele, den Körper zu verlassen. Berichte über Nahtoderfahrungen unterstützen diese Ansicht auf überwältigende Weise.

„Ja, wir haben eine Seele. Aber sie besteht aus vielen kleinen Robotern."

– Giulio Giorello

Im folgenden Gedankenexperiment begegnet uns ein Paradoxon, das ebenfalls nur erklärbar scheint, wenn man die Existenz einer Seele annimmt.

Angenommen, in der Ordnung der Primaten existiert ein Kontinuum der Komplexität des Nervensystems, das von Lemuren bis hin zum Menschen reicht: Dann ist die Behauptung auf jeden Fall richtig, dass es irgendwo eine Spezies gibt, deren Nervensystem ungefähr halb so komplex wie das des Menschen ist. Für die atheistischen Denker unter uns hätte diese Spezies die Hälfte des menschlichen Bewusstseins. Definieren wir das Ausmaß der Komplexität willkürlich auf einer Skala von 0 bis 1, wobei 1 dem Menschen entspricht. Die Komplexität des Nervensystems unseres Primatenfreundes und infolgedessen sein Bewusstsein läge dann bei 0,5. Im weiteren Verlauf dieses Kapitels werden wir auf überzeugende Belege für die dezentrale Organisation unseres Gehirns treffen – dafür also, dass es keinen eindeutigen Ort gibt, an dem eine Erinnerung abgelegt oder ein bestimmter Teil eines Bildes erfasst wird. Aus Fallstudien im Zusammenhang mit Gehirntumoren und dem verletzungsbedingten Verlust von Teilen des Gehirns ist bekannt, dass Menschen auch dann noch über Bewusstsein verfügen, wenn die Hälfte des Gehirns entfernt wurde. Es besteht natürlich die Möglichkeit, dass man nur noch halb so bewusst ist wie zuvor – vergleichbar mit dem Gefühl, mit dem man am Strand von Cancún nach einer durchzechten Nacht aufwacht, in der Tequila von zweifelhafter Qualität im Spiel gewesen ist.

Hier beginnt das eigentliche Gedankenexperiment: Stellen wir uns vor, dass ein Gehirn transplantiert wird, was an und für sich nicht allzu schwer sein dürfte – vorausgesetzt, dass das Gehirn mit verschiedenen anderen Organen vergleichbar ist, die mit modernen Operationstechniken routinemäßig verpflanzt werden. Natürlich verfügt das Gehirn über weitaus mehr Verbindungen als, sagen wir, die Leber, aber es ist nur eine Frage der Zeit, bis es möglich sein wird, Gehirne zu verpflanzen und diese Technik zu perfektionieren. Ebenso wie die Methode des Klonens an immer komplexeren Lebewesen angewandt wird (Labormäuse, Schafe, Menschen), wird dies auch für die Gehirntransplantation gelten. So führte Dr. Robert White, Neurochirurg an der Case Western Reserve University, im Jahr 1970 eine Kopftransplantation an Rhesusaffen durch. Der Affe überlebte acht Tage und wies viele normale Körperfunktionen auf. Artübergreifende Transplantationen, die man auch unter der Bezeichnung „Xenotransplantation" kennt, sind längst möglich, und zwar wurden dabei Schimpansennieren und Schweinelebern auf Menschen, Herzen von Langschwanzmakaken auf Paviane und Pavianherzen auf Menschen verpflanzt. All diese Versuche waren in gewisser Hinsicht erfolgreich. Der Hauptgrund, weshalb experimentelle Fortschritte auf diesem Gebiet nur langsam erzielt werden, sind die kontroversen ethischen Beurteilungen (ist es vertretbar, aus Schweinen Organfabriken zu machen?) und die Furcht vor artübergreifenden Virusinfektionen. Wenn wir aber ethische und Sicherheitsbedenken beiseitelassen, können wir davon ausgehen, dass es mithilfe einer geeigneten Technik möglich sein wird, das menschliche Gehirn – oder Teile davon – in unseren Primatenfreund mit dem Bewusstseinslevel 0,5 zu transplantieren. Stellen wir uns weiter vor, dass dieser Prozess ziemlich reibungslos abläuft und mit dem Anstecken einer neuen Festplatte an einen Computer vergleichbar ist. Solange die Schnittstellen von einem physikalischen und netzwerktechnischen Standpunkt aus miteinander kompatibel sind, handelt es sich dabei um ein Plug-and-Play-Verfahren.

Stellen wir uns einen Menschen mit Namen „Nick" vor und zwei weniger hoch entwickelte Primaten, nämlich „Magilla" und „Kong". Wir entnehmen Nicks Gehirn und schließen es an Magillas Körper an. Nick sollte seine Erinnerungen und sein Bewusstsein behalten; seine Empfindungen wären fortan jedoch grundlegend anders, da die Reize, die nun zu seinen Sinnesorganen vordringen, völlig neuartig sind. Wir müssten davon ausgehen, dass Nick sein Identitätsgefühl beibehalten hat, auch wenn es nun verändert ist. Wenn Karl Pribram und andere Forscher recht haben, könnten wir Magilla theoretisch mit der einen Hälfte von Nicks Gehirn ausstatten und Kong mit der anderen. Wo ist Nicks Identität jetzt? In welchem Körper glaubt sich der ehemalige Nick nun zu befinden? Wenn wir den Standpunkt des biologischen Reduktionismus einnehmen, müssten wir behaupten, dass beide Primaten mit seinem Bewusstsein erfüllt sind. Es muss sehr verwirrend sein, zwei verschiedene Sätze von Sinnesreizen zu empfangen sowie über neue Erinnerungen zu verfügen, die aus zwei verschiedenen Richtungen kommen. Angenommen, die Merkmale dieser beiden Primaten stimmen mit denjenigen von zwei vergleichbaren natürlichen Primaten weitgehend überein – insbesondere darin, dass das Komplexitätslevel der Gehirne 0,5 beträgt: Warum sollte es im Fall von Kong und Magilla ein einziges, identisches Bewusstsein geben, das zwei Körper besetzt hält, während die natürlichen Primaten zwei verschiedene Identitäten besitzen? Meine Antwort ist einfach und beruft sich auf das Sparsamkeitsprinzip (Ockhams Rasiermesser): Nicks Seele hat sich entschieden, in welchen Primaten sie – zusammen mit dem Gehirn – schlüpfen wird. Alternativ hätte seine Seele sagen können: „Das Ganze ist lächerlich. Ich werde in die geistige Welt zurückkehren. Mit diesen Abscheulichkeiten sollen sich andere Seelen herumschlagen."

Was hätte Ockham zu den verschiedenen Möglichkeiten gesagt? „Ockhams Rasiermesser", ein Prinzip, das nach dem im 14. Jahrhundert lebenden Logiker Wilhelm von Ockham benannt wurde, besagt: „Wenn es zwei gleichermaßen plausible Theorien gibt, ist die einfachere vorzuziehen." Wissenschaftler berufen sich oft auf Ockhams Rasiermesser, um etwas zu beweisen – beispielsweise den Glauben, dass kein Gott bemüht werden muss, um das Universum zu erklären. Ironischerweise – und wie Kreationisten gern betonen –, war

Ockham selbst Kreationist und glaubte, dass die Einheit des Kosmos mit Gott die einfachste der möglichen Theorien sei. Es ist schwierig, Ockhams Rasiermesser anzuwenden, um solch komplexe Theorien wie die der Evolution, der Paralleluniversen oder der Hyperinflation zu unterstützen. Allerdings, und dies beweist letztendlich die Schwachstelle der Regel, stimmen die meisten Wissenschaftler weltweit diesen komplexen Theorien zu. Ockham sagte niemals, dass die einfachere Theorie zwangsläufig besser sei, sondern nur, dass es eine Tendenz dazu gebe. Ich hoffe, die Leser im Laufe dieses Buches davon überzeugen zu können, dass Ockham meiner Theorie zustimmen würde, wenn er unser Zeitgenosse wäre.

Der Osten trifft den Westen

Zählen Sie rasch zehn Philosophen auf!

Wenn jemand, der in der westlichen Welt aufgewachsen ist, an Philosophie denkt, fallen ihm in der Regel die alten Griechen ein: Platon, Sokrates oder Aristoteles. Vielleicht auch Denker der Renaissance bzw. der frühen Neuzeit wie Bacon, Descartes oder Newton. Möglicherweise sogar modernere Philosophen wie Kant, Voltaire oder Nietzsche. Aber wie viele von uns denken an Buddha, Konfuzius, Laotse oder Bodhidharma? Wir sollten es tun, weil sich herauskristallisiert, dass die östlichen philosophischen Konzepte die Prüfung der Zeit bestanden haben.

Nachdem der Determinismus jahrhundertelang den Ton in der Physik angegeben hatte, war es damit im 20. Jahrhundert schlagartig vorbei. Die Quantenmechanik lehrte, dass eigentlich nichts deterministisch sei, sondern vielmehr probabilistisch. Materieteilchen seien nicht notwendigerweise fest, sondern – und in Abhängigkeit von der Betrachtungs- oder Messmethode – möglicherweise sogar wellenförmig, wie Radiowellen. Die Ähnlichkeit zwischen dem Welle-Teilchen-Dualismus der subatomaren Materie und dem altchinesischen Konzept der Dualität von Yin und Yang ist nicht zu übersehen. Letzteres besagt, dass alle Dinge aus zwei entgegengesetzten, sich ergänzenden Kräften bestehen, die ineinander umwandelbar sind. Darüber hinaus streben Physiker danach, einheitliche Feldtheorien zu entwickeln, wobei sie davon ausgehen, dass alle Kräfte im Universum unterschiedliche Manifestationen derselben zugrunde liegenden Kraft sind. Einheit oder „Einssein" ist ein Eckpfeiler des Hinduismus, Taoismus und Buddhismus, dessen Konzept des Dharmakaya gleichbedeutend mit der Einheit der physikalischen Gesetze ist. Die altchinesische medizinische Praxis der Akupunktur, die einst von Skeptikern als Quacksalberei eingestuft wurde, ist in den USA mittlerweile eine anerkannte Behandlungsmethode. Mehreren nationalen Umfragen zufolge kamen alternativmedizinische Anwendungen 1997 um 45 Prozent häufiger zum Einsatz als noch 1990. Die meisten Versicherungsunternehmen decken mehrere Formen alternativer Therapien wie Massage, Homöopathie, Meditation oder Angewandte Kinesiologie ab. Ein Großteil dieser Methoden ist in der östlichen Medizintradition verwurzelt. Viele US-amerikanische Krankenhäuser haben inzwischen Reiki, die japanische Praxis des Handauflegens, als eine wirksame prä- und postoperative Behandlungsmethode aufgegriffen. Reiki beinhaltet Konzepte von universeller bzw. intelligenter Energie sowie von Chakren und Auren – all das ist den wissenschaftlichen Überzeugungen der westlichen Welt ziemlich fremd.

Obwohl erst Fritjof Capra mit seinem Buch „Das Tao der Physik" die Synthese moderner physikalischer Konzepte und östlicher Philosophie popularisierte, hatten schon viele der bedeutendsten Physiker des 20. Jahrhunderts vor ihm Parallelen gezogen. Ein paar Beispiele:

„Der große wissenschaftliche Beitrag zur theoretischen Physik, der seit dem letzten Krieg von Japan geleistet wurde, könnte ein Hinweis sein auf eine Nahbeziehung zwischen philosophischen Ideen aus der Tradition des Fernen Ostens und der philosophischen Substanz der Quantentheorie."

– Werner Heisenberg

„Um eine Parallele zu der mit der Atomtheorie verbunden Lektion zu ziehen ... müssen wir uns denjenigen epistemologischen Problemen zuwenden, mit denen schon Denker wie Buddha oder Laotse konfrontiert waren, wenn wir versuchen, unsere Standpunkte als Zuschauer und Schauspieler in dem großen Drama der Existenz zu vereinigen."

– Niels Bohr

An den östlichen Philosophien interessieren mich vor allem zwei Dinge: Zum einen das Konzept der Erleuchtung. Obwohl es westliche Analogien wie die geistige Erneuerung im Christentum gibt, handelt es sich dabei vielmehr um eine östliche Idee, die im Zusammenhang mit dem Thema der alternativen Wirklichkeiten sehr wichtig ist, wie wir im weiteren Verlauf dieses Kapitels sehen werden. Ich glaube, dass Erleuchtung, religiöse Ekstase, psychedelische Experimente, schamanische Rituale und Inselbegabungen allesamt Beispiele für den flüchtigen Blick darstellen, den Menschen auf eine wahrere Wirklichkeit werfen können. Der zweite wichtige Punkt an der östlichen Philosophie ist schlicht und einfach die Art und Weise, in der sie zur geistigen Aufgeschlossenheit ermuntert. Bedingt durch die jahrtausendelange geographische und kulturelle Trennung unterscheiden sich östliche und westliche Philosophien mitunter grundlegend voneinander. Wenn man sich auf der Suche nach der Wahrheit befindet, ist die Fähigkeit wichtig, seinen Geist für alternative Standpunkte zu öffnen.

¦) Ein Zen-Meister geht zum Hot-Dog-Stand und sagt: „Ich möchte einen Hot-Dog mit allem." Der Verkäufer ergreift einen Hot-Dog und reicht ihn dem Zen-Meister, der mit einem 20-Dollar-Schein bezahlt. Daraufhin legt der Verkäufer den Schein in die Kasse und schließt sie. „Wo ist mein Wechselgeld (engl.: ‚change')?", fragt der Zen-Meister. Der Hot-Dog-Verkäufer antwortet: „Der Wandel (change) muss von innen kommen."
– *Verbreiteter Scherz im Internet, Quelle unbekannt.*

Über den Jordan und zurück

Gibt es ein Leben nach dem Tod? Letztlich dreht sich doch alles darum, nicht wahr? Eng verbunden mit dem Konzept der Seele ist der Glaube an ein Leben nach dem Tod zentraler Bestandteil vieler Weltreligionen und anderer Glaubenssysteme. Es gibt jedoch Unterschiede: Die monotheistischen Religionen (Judentum, Christentum und Islam) lehren, dass sich die Seele bis in alle Ewigkeit im Himmel oder in der Hölle aufhalten wird – abhängig von den Werken, die man während des Lebens vollbracht hat. Demnach ist das Leben also ein einmaliger Versuch. Buddhisten und Hinduisten glauben hingegen an ein Modell zyklischer Wiedergeburten, wobei zwischen einem Dasein als Mensch, Tier oder Geistwesen frei gewechselt wird. Das Karma ist die Gesamtheit aller Erfahrungen aller Leben und dient in unterschiedlicher Weise dazu, die Ereignisse des nächsten Daseins festzulegen. Jede Inkarnation bietet die Möglichkeit, die Seele weiterzuentwickeln; Inkarnationen treten so lange auf, bis die Erlösung im Zustand des Nirwana erreicht ist. Interessant ist, dass ein Farmerssohn aus Kentucky, nämlich Edgar Cayce, dieselben Ansichten formulierte, wenn er in Trance fiel und mit sogenannten Geistwesen kommunizierte, ohne die Bekanntschaft mit östlichen Religionen gemacht zu haben. Psychologen wie Brian Weiss, Bruce Goldberg und Erik Fisher sind unvermutet auf dieselben Tatsachen gestoßen, als sie Patienten behandelten, die in frühere Leben oder Zwischenleben regredierten. Diese Patienten waren angeblich ebenfalls nicht mit den genannten Konzepten vertraut. Es scheint also zahlreiche Parallelen zwischen traditionellen und modernen Ideen zu geben, die zu den verschiedensten Zeiten und von zahlreichen Kulturen auf der ganzen Welt hervorgebracht wurden. Die wesentlichen Merkmale dieser gemeinsamen Glaubensinhalte sind folgende:

- Es gibt eine Seele und ein Leben nach dem Tod.
- Wer stirbt, trifft „geistige Führer" auf der „Astralebene" die dabei helfen, das nächste Leben zu entwerfen, um so die Qualitäten der Seele zu verbessern.
- Das Geschlecht kann von Leben zu Leben gewechselt werden.
- Menschen, die im Privatleben einer Person eine wichtige Rolle spielen, scheinen ihre Seelengefährten zu sein; sie reisen mit ihr von Leben zu Leben. Beispielsweise könnten Sie in dieser Inkarnation weiblich sein und einen Ehemann haben, der in einem vergangenen Leben Ihre Mutter oder Ihr Lehrer gewesen ist oder zukünftig Ihr Zwillingsbruder sein wird.
- Die Astralebenen haben verschiedene Stufen. In diesen Bereichen gibt es keine Zeit. Alles geschieht gleichzeitig. Zukünftige und vergangene Leben laufen in der geistigen Welt „simultan" ab, „Zeit" ist ein physikalisches Konstrukt.
- Seelen nehmen gerne einen Körper an, weil sie nur dann über Sinneswahrnehmungen verfügen.

- Der Kreislauf wiederholt sich bis zum Erreichen spiritueller Vollkommenheit, so dass Sie danach ein geistiger Führer oder eins mit dem universellen Geist werden können – obwohl diese Vorstellung zugegebenermaßen mit der Idee der Zeitlosigkeit in Konflikt gerät.

Später werden wir feststellen, dass diese Inhalte der New-Age-Philosophie mit einigen kosmologischen Theorien bzw. technologischen Richtungen vereinbar sind.

In Kapitel 7 gibt es, wie versprochen, die große Synthese.

Die quantenmechanische Welt – Verschränkung, Teleportation und Schaum

Hintergründiges und die Wahrscheinlichkeit, durch geschlossene Türen gehen zu können

Die Entwicklung der Quantenmechanik darf als eine der beiden wichtigsten Revolutionen in der Physik des 20. Jahrhunderts gelten (die andere war Einsteins Relativitätstheorie). Die Quantentheorie wurde aus der Not heraus geboren, theoretische Anomalien in den Eigenschaften der damals neu entdeckten Atomstruktur zu erklären; denn die bis dahin bekannten physikalischen Gesetze können nichts zur Stabilität eines Atoms beitragen: Würden Atome allein den Gesetzen der klassischen Physik gehorchen, würden sie sich selbst auslöschen, da sich die negativ geladenen Elektronen in spiralförmigen Umlaufbahnen immer weiter an den positiv geladenen Kern annäherten. Auch experimentelle Anomalien wie die offensichtliche Dualität der Beschaffenheit des Lichts wurden in die Quantentheorie integriert. In den berühmten Doppelspalt-Experimenten verhält sich Licht wie eine Welle, in photoelektrischen Experimenten dagegen wie ein Teilchen bzw. ein Energiequant. Gemäß der Quantentheorie gelten Photonen – ebenso wie andere subatomare Teilchen – gleichzeitig sowohl als Teilchen als auch als Welle. Die beiden verschiedenen „Persönlichkeiten" treten in Abhängigkeit von der verwendeten Messtechnik in Erscheinung. Die Quantenmechanik erklärt diesen

Sachverhalt dadurch, dass sie alle Teilchen wie eine Wellenfunktion behandelt, was bedeutet, dass unter „Teilchen" kein starres, an einen bestimmten Ort gebundenes Objekt verstanden wird, sondern eine Funktion, die eine Wahrscheinlichkeitsaussage über unterschiedliche Aufenthaltsorte trifft. Erst wenn tatsächlich eine Messung durchgeführt wird, bricht die Wellenfunktion zusammen, sodass das Teilchen lokalisierbar ist. Auch wenn das eher nach Mutmaßungen als nach exakter Wissenschaft klingt und man versucht sein könnte, das beschriebene Verhalten auf verborgene Parameter zurückzuführen, können diese ausgeschlossen werden, da experimentelle Beobachtungen durch das Modell sehr zutreffend erklärt werden. Abbildung 2-1 zeigt, wie ein Elektron – gemäß der Newtonschen Mechanik – auf einer Seite eines undurchdringlichen Hindernisses zurückgehalten wird. In der Quantenmechanik jedoch kann sich die Welle des Elektrons zum selben Zeitpunkt teils auf der einen Seite des Hindernisses, teils auf der anderen befinden: Hier wird die Möglichkeit des Tunneleffekts in Betracht gezogen, der auch von Halbleitern her bekannt ist. Gäbe es diese wellenartige, quantenmechanische Beschaffenheit der Teilchen nicht, wären Transistoren und deswegen auch Handys, Computer, Satelliten und alle anderen modernen Technologien niemals erfunden worden.

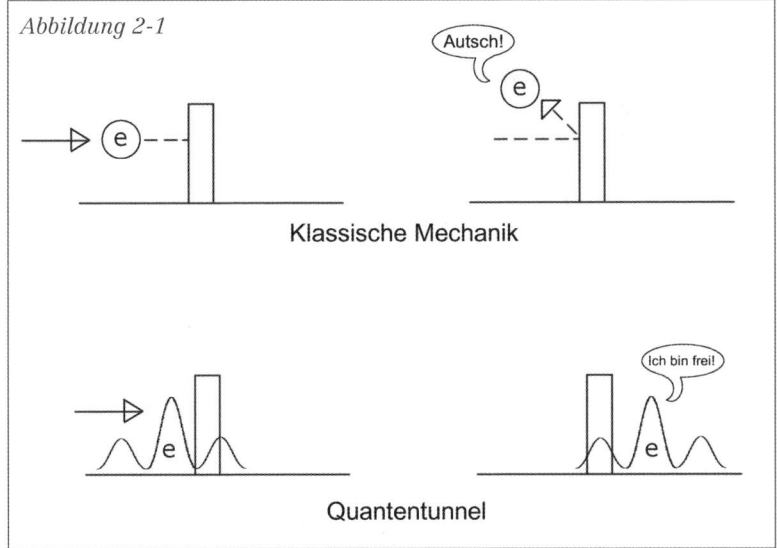

Abbildung 2-1

Interessanterweise ist die Quantentheorie nicht nur auf subatomare Teilchen anwendbar, sondern auch auf makroskopische Objekte wie zum Beispiel Sie, mich oder Donald Trumps Haupthaar. Weil unsere Körper aus Teilchen bestehen, von denen jedes einzelne einer Wellenfunktion entspricht, ist er nichts anderes als die Überlagerung dieser zig Millionen Wellenfunktionen, die sich zur „makroskopischen" Wellenfunktion des Körpers summieren. Aus diesem Grund besteht für Sie theoretisch eine endliche Wahrscheinlichkeit, durch eine (geschlossene) Holztür gehen zu können – vergleichbar mit dem Tunneleffekt der Elektronen. Aber versuchen Sie es nicht; denn wenn Sie alle Wellenfunktionen der Teilchen berücksichtigen, aus denen Sie bestehen, ist die Wahrscheinlichkeit makroskopischer anomaler Quanteneffekte äußerst gering. Vergleichen wir dieses Ereignis mit dem Werfen von Münzen: Die Wahrscheinlichkeit, dass eine einzige Münze mit der Kopfseite nach oben zu liegen kommt (bzw. dass ein Elektron ein Hindernis überwindet) ist 50:50, aber die Wahrscheinlichkeit, dass dies auf 1.000 Münzen zutrifft (bzw. dass Sie unversehrt durch die Tür gehen können) ist $1:2^{1000}$ (das entspricht einer 1 mit 301 Nullen, also einer unvorstellbar großen Zahl). Abgesehen davon besteht Ihr Körper aus weit mehr als nur 1.000 subatomaren Teilchen.

Die Rolle des Beobachters und Katzen zwischen Leben und Tod

Wie im letzten Abschnitt angedeutet, spielt der Beobachter eine wesentliche Rolle für die Funktion quantenmechanischer Systeme. Es ist die klassische „verursacht ein umfallender Baum auch dann ein Geräusch, wenn ihn niemand hört?"-Situation. In der Theorie kollabiert die Wellenfunktion so lange nicht, bis jemand versucht, sie zu beobachten. Man kann sich auf dieser Grundlage allerhand seltsame Szenarien ausmalen und Experimente konstruieren, bei denen sonderbare quantenmechanische Effekte auf der makroskopischen Ebene auftreten. Dutzende Bücher wurden über das berühmte Paradoxon von „Schrödingers Katze" geschrieben, das ungefähr folgendermaßen aussieht: In einer geschlossenen Kiste befinden sich ein radioaktives Atom, ein Geigerzähler, eine Zyanidkapsel, ein kleiner Hammer und Schrödingers arme Katze (ich hoffe aufrichtig, dass dieses Experiment nie durchgeführt wurde). Der Hammer ist so positioniert, dass er die Kapsel zerbricht, falls das radioaktive Atom zerfällt und der Geigerzähler ausschlägt. In diesem Fall würde die Katze sterben. Das radioaktive Atom kann, abhängig von seiner Halbwertszeit, zu jedem beliebigen Zeitpunkt zerfallen, denn ein derartiges Ereignis ist durch nichts determiniert, sondern ganz und gar probabilistisch. Aus diesem Grund ist die Katze weder tot noch lebendig, solange die Kiste verschlossen bleibt und niemand den Versuch unternimmt, sich nach dem Befinden der Katze zu erkundigen. Sie befindet sich in einem Schwebezustand zwischen Leben und Tod, der als Wellenfunktion oder Wahrscheinlichkeitswelle beschrieben werden kann. Erst wenn der Karton geöffnet wird, ist die Katze tatsächlich entweder tot oder lebendig. Wenn Sie fertig sind, sich darüber den Kopf zu zerbrechen, sind Sie bereit für unser schaumiges Universum ...

Eine diskrete Welt

Wenn wir unsere Umwelt beobachten, sieht es so aus, als ob der Raum ein Kontinuum bildete: Ganz gleich, wie nahe zwei Punkte nebeneinander liegen, es gibt immer noch weitere Punkte dazwischen.

Wir wollen ein Gedankenexperiment durchführen: Stellen Sie sich einen unendlich kleinen Punkt in Ihrer Nähe vor, den wir Punkt A nennen und dem wir die Position 0 zuweisen wollen. Denken Sie sich einen weiteren unendlich kleinen Punkt (B), der sich einen Meter entfernt von Punkt A befindet. Aus der Perspektive von Punkt A liegt Punkt B auf der Position 1. Stellen Sie sich jetzt irgendwo zwischen Punkt A und Punkt B ein drittes unendlich kleines Objekt vor. Versuchen wir nun, die exakte Position dieses Objekts zu bestimmen. Nehmen wir an, dass wir einen einfachen Zollstock besitzen, der einen Meter lang ist und zehn Messlinien im gleichen Abstand zueinander aufweist, weshalb jede Linie 0,1 Meter von der benachbarten entfernt ist. Gehen wir des Weiteren davon aus, dass wir vom angelegten Zollstock ablesen können, dass das Objekt zwischen 0,3 und 0,4 Meter von Punkt A entfernt ist. Mithilfe unseres Werkzeugs können wir keine weiteren Angaben über die Position des Objekts machen, aber immerhin ist es uns gelungen, seinen Ort mit einer Genauigkeit von 0,1 Metern zu bestimmen.

Nun stellen wir uns vor, dass wir ein weiteres, zehnmal genaueres Messgerät verwenden, weshalb die Linien diesmal 0,01 Meter voneinander getrennt sind. Wenn wir diesen Zollstock anlegen, bemerken wir, dass das Objekt zwischen 0,38 und 0,39 Meter von Punkt A entfernt ist. Daraufhin setzen wir ein noch besseres, zehnmal exakteres Messinstrument ein und finden heraus, dass sich die Position des Objekts zwischen 0,381 und 0,382 Meter von A entfernt befindet, so dass wir sagen können, dass wir die Messung mit einer Genauigkeit von 0,001 Metern durchgefürt haben.

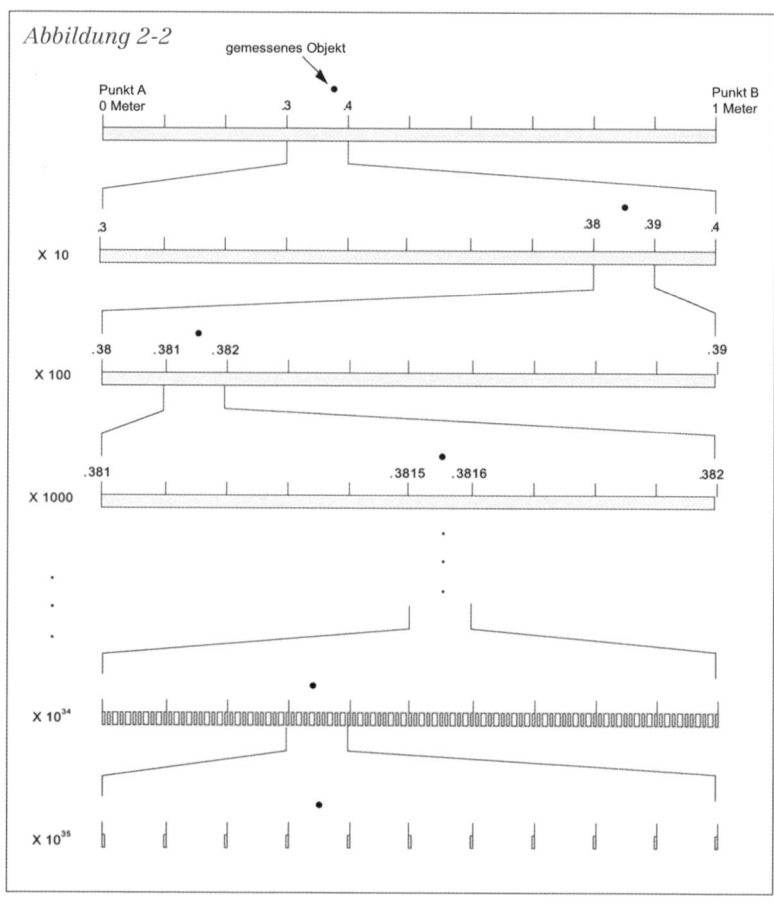

Abbildung 2-2

Wir können diese Übung mit immer exakteren Messinstrumenten fortsetzen, wobei jedes Mal ein Werkzeug verwendet wird, das zehnmal genauer ist als das vorherige. In Übereinstimmung mit unserer Annahme, dass die Welt kontinuierlich sei, machen wir die Beobachtung, dass sich das Objekt immer irgendwo zwischen den Linien auf dem Messgerät befindet, ganz gleich, wie nahe sie beieinanderliegen. Zuerst zwischen 0,3815 und 0,3816 Metern, dann zwischen 0,38150 und 0,38151 – und so weiter. Außerdem können wir das Objekt auf jeder Skala ein bisschen herumschieben, so dass es seine Position verändert, aber immer noch zwischen den beiden Linien auf dem Messinstrument liegt. Schließlich, bei der 35. Messung, versuchen wir, die Position des Objekts mit einer Genauigkeit von 10^{-35} Metern zu bestimmen.

Da geschieht etwas, womit wir nicht gerechnet haben: Wir entdecken, dass sich das Objekt nur noch ruckartig bewegen lässt, in diskreten Sprüngen von $1{,}6 * 10^{-35}$ Metern – eine Strecke, die auch als Planck-Länge bekannt ist. Tatsächlich ist es unmöglich, das Objekt zwischen zwei Planck-Längen zu positionieren, denn dort existiert nichts, nicht einmal der Raum. Eine analoge Situation kennen Sie von Ihrem Fernseh- oder Computerbildschirm: Aus einiger Entfernung sehen Sie ein wunderbar kontinuierliches Bild. Kommen Sie dem Bildschirm jedoch ganz nahe, fällt Ihnen auf, dass das Bild aus einer großen Anzahl von Punkten besteht, die auf voneinander getrennten Positionen angeordnet sind. Kein Teil des Bildes befindet sich in dem Raum zwischen zwei benachbarten Punkten. Aus diesem Grund sagen wir, dass der Raum nicht kontinuierlich, sondern diskret, körnig oder gequantelt ist. Wir können bei einer solchen Messgenauigkeit das Objekt nur auf exakt einer dieser Positionen antreffen, wie Abbildung 2-2 (ganz unten) zeigt.

Wenn Ihr Fernsehbildschirm 18 Zoll hoch ist und das Gerät im High-Definition-Modus mit 1080 Zeilen läuft, kann man sagen, dass die vertikale Auflösung oder Körnigkeit des Bildschirms 1080 Zeilen pro 18 Zoll oder 60 dpi (dots per inch = Punkte pro Zoll) beträgt. Die horizontale Auflösung kann denselben Wert annehmen oder geringfügig abweichen. Wir können unseren Bildschirm hinsichtlich seiner Beschaffenheit also prinzipiell mit dem physikalischen Raum vergleichen, wobei dessen Auflösung oder Körnigkeit von 1 Punkt pro Planck-Länge bzw. $6 * 10^{34}$ Punkte pro Meter unvergleichlich höher ist.

Noch merkwürdiger ist, dass nicht einmal die theoretische Möglichkeit besteht, etwas mit der Genauigkeit von einer Planck-Länge zu messen. Der reine Versuch, eine derart feine Messung vorzunehmen, würde das Objekt veranlassen, sich zu bewegen, so dass kein eindeutiges Messergebnis ermittelt werden könnte. Aus diesem Grund ist es unmöglich, die Position und die Geschwindigkeit eines Objekts gleichzeitig zu bestimmen. Je genauer man sich der Position annähert, desto mehr Informationen über die Geschwindigkeit gehen verloren (Fotografen jedoch, deren täglich Brot es ist, einen Kompromiss zwischen dem Einfangen der Position (Schärfe) und der Bewegung (Unschärfe) zu finden, kann das nicht erschüttern). Der beschriebene Effekt ist unter der Bezeichnung „Heisenberg'sche Unschärferelation" bekannt und ein beliebtes Motiv von schuftigen Witzen über die Physik ...

> Als Heisenberg eine Spazierfahrt macht, wird er von einem Verkehrspolizisten angehalten. Der Polizist fragt: „Wissen Sie, wie schnell Sie gefahren sind?" Heisenberg antwortet: „Nein, aber dafür weiß ich, wo ich mich befinde."
>
> – *Häufiger Scherz im Internet,*
> *Quelle unbekannt*

Zurück zu unserem Thema: Mit der Planck-Länge sind wir an einem Punkt angelangt, an dem nicht-quantenmechanische Welterklärungen völlig versagen. Zur Wiederholung: Die Planck-Länge beträgt ungefähr $1{,}6 * 10^{-35}$ Meter. Die Planck-Zeit bzw. die Zeit, die ein Objekt benötigt, das mit Lichtgeschwindigkeit die Strecke einer Planck-Länge zurücklegt, umfasst ungefähr 10^{-43} Sekunden. Es hat sich herausgestellt, dass die Zeit ebenfalls nicht kontinuierlich ist. Es ist unmöglich, eine Zeitdauer mit einer größeren Genauigkeit als der Planck-Zeit, also rund 10^{-43} Sekunden, zu messen. Deswegen ist auch die Zeit gequantelt und schreitet diskret voran. Wenn wir darüber nachdenken, ist dies recht merkwürdig und kontraintuitiv. Subatomare Teilchen, die sich zu einem bestimmten Zeitpunkt an einem bestimmten Ort befinden (die nicht mit völliger Exaktheit bestimmt werden können), verschwinden plötzlich und tauchen eine Planck-Zeit später wieder auf, und zwar an einem Ort, der ein ganzzahliges Vielfaches einer Planck-Länge von der letzten Position entfernt ist. Wo waren die Teilchen zwischen den beiden Planck-Zeiten? Nirgendwo, denn die Zeit ist dort nicht definiert. Auf welchem Weg konnten sie von einer Position zur nächsten gelangen? Sie sind einfach dorthin gesprungen. Dies ist eine etwas vereinfachte Darstellung der Quantenmechanik, aber auf diese Weise können wir einen wichtigen Aspekt illustrieren, nämlich die gequantelte Beschaffenheit der Raumzeit.

Verschränkung und Fernwirkung

Die Quantenverschränkung ist ein merkwürdiges quantenmechanisches Phänomen, das unter bestimmten Umständen in Erscheinung tritt, wenn Elementarteilchen in Masse- oder Energiekontakt zueinander treten. Solche „verschränkten" Teilchen weisen korrelierte Quantenzustände bzw. Eigenschaften (z.B. Spin) auf. Wenn man den Spin-Zustand eines verschränkten Teilchens misst, kennt man zugleich den Zustand des anderen Teilchens. Selbst wenn die Teilchen durch große Entfernungen getrennt sind, bleibt die Wechselwirkung erhalten. Man könnte vermuten, dass die Partikel über irgendwelche verborgenen Parameter verfügen, die zu diesem Verhalten führen, aber aktuelle Experimente haben aufgezeigt, dass dies nicht der Fall ist. Einstein, beunruhigt über den Indeterminismus dieses Phänomens, bezeichnete es einst als „spukhafte Fernwirkung".

In den frühen 1980er Jahren führte der französische Physiker Alain Aspect ein bahnbrechendes Experiment durch, das die Existenz dieses Effekts auch für größere Entfernungen nachwies. Es stellte sich heraus, dass ein Teilchen, das gezwungen wird, einen bestimmten Zustand anzunehmen, ein entferntes verschränktes Teilchen dazu veranlasst, in den korrelierten Quantenzustand überzugehen – und zwar mit einer Geschwindigkeit, welche die Lichtgeschwindigkeit übertrifft (ist hier eine unbekannte Art der Kommunikation zwischen den beiden Teilchen vorstellbar?). Deshalb muss entweder Einsteins Relativitätstheorie überarbeitet werden oder es gibt gar keinen Informationsaustausch zwischen den Teilchen, so dass sie auf eine Weise verbunden sein müssen, die von der Wissenschaft noch nicht verstanden wird.

Darüber hinaus ist Verschränkung nicht auf isolierte, subatomare Teilchen beschränkt: Die Ergebnisse von Versuchen, die von Victor S. Batista, einem Forscher an der Yale University, durchgeführt wurden, weisen darauf hin, dass auch Gruppen von Teilchen, Moleküle und andere Nanostrukturen verschränkt werden können. Wenn dies auf Nanostrukturen zutrifft, warum nicht auch auf makroskopische Objekte, wie Sie und ich eines sind? Und wirklich verfügt die Lehre, dass alles im Universum auf einer grundlegenden Ebene miteinander verbunden ist, über eine wachsende Anhängerschar (mehr darüber im weiteren Verlauf dieses Buches).

Abschließend soll noch ein im Jahr 2007 durchgeführtes Verschränkungsexperiment der Physiker Markus Aspelmeyer und Anton Zeilinger erwähnt werden, das ergeben hat, dass quantenmechanische Messungen „mit der Vorstellung von einer objektiven Wirklichkeit nicht zusammenpassen". Alles deutet darauf hin, dass die Realität möglicherweise nur dann existiert, wenn sie beobachtet oder gemessen wird – ähnlich dem berühmten Beispiel von dem umstürzenden Baum.[5]

Teleportation

„Beamen Sie mich hoch, Scotty!"
– James T. Kirk in mehreren „Raumschiff Enterprise"-Folgen

Es hat sich herausgestellt, dass der vollständige Zustand eines unbekannten Teilchens an einen entfernten Ort übermittelt werden kann, und zwar ohne dass ein konventioneller Übertragungsweg zur Verfügung gestellt werden muss, auf dem das Teilchen reisen könnte. Genau genommen wird hier eine perfekte Kopie versendet, die sich vom Original in nichts unterscheidet. Mittlerweile wurden viele Experimente durchgeführt, um diesen Effekt zu beweisen. Das grundlegende Prinzip besteht in der Verschränkung und räumlichen Trennung zweier Teilchen. Dann wird ein drittes Teilchen – dasjenige, dessen Zustand übermittelt werden soll – mit einem der beiden verschränkten Teilchen in Kontakt gebracht. Sofort wird der Zustand des dritten Teilchens an das entfernte verschränkte Teilchen weitergegeben, wodurch dessen ursprünglicher Zustand aufgehoben wird. Theoretisch läuft die Teleportation mit Sofortwirkung ab, auch wenn einige Informationen über konventionelle Informationskanäle verschickt werden, um den neu aufgetretenen Zustand zu messen. Dadurch wird das Einstein'sche Gesetz nicht verletzt, das besagt, dass bei der Informationsübertragung die Lichtgeschwindigkeit nicht überschritten werden kann. Neuere Experimente haben bewiesen, dass es möglich ist, auch größere Objekte zu teleportieren. Im Jahr 2004 haben Wissenschaftler-Teams der Universität Innsbruck und des US-amerikanischen Institute of Standards and Technology unabhängig voneinander erfolgreich Atome teleportiert. Noch im selben Jahr gelang es Forschern der Universität Wien und der Österreichischen Akademie der Wissenschaften, Photonen über die Donau zu „beamen".[6] Es scheint nur eine Frage der Zeit zu sein, bis makroskopische Objekte – zum Beispiel Ihre Zahnbürste – über beliebig weite Entfernungen teleportiert werden können.

Allerdings entspricht der beschriebene Vorgang nicht exakt dem aus „Raumschiff Enterprise" bekannten Beamen: Aus der Kult-Serie sind wir gewohnt, dass ein vollständiges Objekt teleportiert wird. Bei der Quantenteleportation dagegen wird der ursprüngliche Gegenstand „vernichtet" (gelöscht), um am Zielort eine perfekte Kopie davon hervorzubringen. Das ist eine gute Nachricht für all jene unter uns, die der Ansicht sind, dass wir nur aus einem Haufen subatomarer Teilchen bestehen, denn es würde ihnen erlauben, mit Lichtgeschwindigkeit nach Middletown, nach China, zum Mars, zu Alpha Centauri und noch weiter zu reisen. Alle anderen, die glauben, dass wir noch ein bisschen mehr sind (zum Beispiel, dass wir eine Seele haben), werden dieser Transportmethode wahrscheinlich so lange nicht trauen, bis nicht definitiv ausgeschlossen ist, dass dabei Menschen getötet und viele Kilometer entfernt durch seelenlose Roboter ersetzt werden.

Die Viele-Welten-Interpretation

Die Vorstellung, dass eine Wellenfunktion kollabiert, sobald es einen Beobachter gibt, soll einige Paradoxien der Quantenmechanik erklären und wird als „Kopenhagener Interpretation" bezeichnet. Der Name rührt daher, dass Niels Bohr und Werner Heisenberg dieses Erklärungsmodell in den 1920er Jahren gemeinsam in Kopenhagen erarbeitet haben. Allerdings präsentierte der Physiker Hugh Everett in den 1950er Jahren eine grundlegend andere Interpretation der Quantenmechanik, bei der das Durcheinander des Zusammenbruchs der Wellenfunktion vermieden wird – und zwar zugunsten des Durcheinanders paralleler Universen. Diese Theorie sieht vor, dass sich das Universum jedes Mal verdoppelt, wenn eine probabilistische Entscheidung auf dem Quantenniveau fällt („Bewegt sich das Photon durch diesen Spalt oder jenen?", „Zerfällt das radioaktive Atom und besiegelt dadurch das Schicksal von Schrödingers Katze?"). In einem der Universen zerfällt das Teilchen nicht und die Katze bleibt am Leben. Im anderen Universum zerfällt das Teilchen, sodass die Katze stirbt. Der Grund, weshalb die Katze beim Öffnen des Kartons lebt, besteht darin, dass wir uns in dem Universum aufhalten, in dem die Katze am Leben ist. Da probabilistische Entscheidungen auf dem Quantenniveau in jeder einzelnen Sekunde zig Millionen Mal getroffen werden, besagt die Everett-Interpretation der Quantenmechanik, dass es irgendwo da draußen unzählige Universen gibt: solche, in denen Sie ein Filmstar sind, andere, in denen es Sie überhaupt nicht gibt oder in denen Sie alles auf dieser Seite bis zu diesem *Wort* lesen und dann das Buch für immer zur Seite legen, ebenso unbelebte Universen und so ziemlich jedes andere vorstellbare Universum. Der Kosmologe Max Tegmark schätzt, dass es insgesamt $10^{10^{118}}$ Universen geben sollte, was eine unvorstellbar große Zahl ist.[7] Noch sonderbarer ist allein die Tatsache, dass die meisten Physiker daran zu glauben scheinen! Der Politikwissenschaftler L. David Raub führte einmal eine Umfrage unter den 72 führenden Kosmologen und anderweitigen Quantenfeldtheoretikern durch und fand heraus, dass 58 Prozent der Meinung waren, dass die Viele-Welten-Interpretation korrekt sei – einschließlich Stephen Hawking sowie der Nobelpreisträger Murray Gell-Mann und Richard Feynman. Weitere 13 Prozent hielten die Theorie für möglich, waren aber noch nicht völlig überzeugt davon.[8] Wo sind also diese Universen? Können wir von einem zum anderen springen? Wie Sie wahrscheinlich vermutet haben, befinden sie sich nicht in unmittelbarer Nachbarschaft und sind noch nicht einmal Bestandteil unseres dreidimensionalen Raumes. Sie existieren stattdessen in einem abstrakten, unendlichdimensionalen Raum, der auch als Hilbert-Raum bezeichnet wird. Und nein, wir können nicht dorthin gelangen – Ihr hervorragender Einfall, nächste Woche in einem dieser unzähligen Universen den Lotto-Jackpot zu knacken, ist damit vorerst auf Eis gelegt. Wir werden später auf diese Theorie zurückkommen. In der Zwischenzeit beschäftigen wir uns ein wenig mit Quantenschaum ...

Quantenschaum und die Geburt des Universums

Das Konzept des Quantenschaums wurde in den 1950er Jahren von dem Physiker John Wheeler entwickelt. Die Idee besteht darin, dass nicht nur Raum und Zeit diskret und in Planck-Längen und -Zeiten aufgeteilt sind, sondern dass auch Teilchen – aufgrund der Heisenberg'schen Unschärferelation – im Rhythmus der Planck-Zeit entstehen und vergehen. In Gestalt des Casimir-Effekts liegt sogar ein Beweis für diese These vor. Der Casimir-Effekt kann beobachtet werden, wenn sich in einem Vakuum zwei Metallplatten umso stärker anziehen, je mehr man sie einander annähert. Das ist darauf zurückzuführen, dass nur solche Vakuumfluktuationen zwischen den Platten auftreten, deren Wellenlänge geringer als der Abstand zwischen den Platten ist. Angesichts der Tatsache, dass es Quantenfluktuationen mit unterschiedlichen Wellenlängen gibt, ist die Anzahl der infrage kommenden Fluktuationen und damit die Menge des Quantenschaums umso geringer, je näher sich die Metallplatten kommen. Dieser Effekt wurde im Jahr 1948 vom niederländischen Physiker Hendrik B. G. Casimir vorhergesagt und 1997 von Steve K. Lamoreaux (Los Alamos National Laboratory) gemessen.[9]

An all diesen Vorgängen, die in den Größenordnungen der Planck-Skala häufig auftreten, ist natürlich ziemlich viel Energie beteiligt, da jedes Teilchen für die Dauer seiner Existenz über Masseenergie verfügt. Die renommierten Physiker Richard Feynman und John Wheeler haben geschätzt, dass die Energie, die im Vakuum einer Glühbirne enthalten ist, ausreichen würde, um alle Weltmeere zum Kochen zu bringen.[10] Die Idee von der Verwendung der Nullpunktsenergie – sie heißt so, weil sie auch noch bei Temperaturen am absoluten Nullpunkt auftritt – hat eine neue Generation von Erfindern inspiriert, die versuchen, diese Energie anzuzapfen, um der Welt eine unbegrenzte, kostenlose Energiequelle zu erschließen.

„Die Natur verabscheut das Vakuum."
– Baruch de Spinoza

Für unsere Diskussion ist von Bedeutung, dass Wheeler, Feynman und andere Forscher gezeigt haben, dass es einer Quantenfluktuation theoretisch möglich wäre, die Bedingungen für die Erschaffung eines ganzen Universums einzuleiten. Der weiter unten folgende Abschnitt über kosmologische Theorien befasst sich mit diesen Ansichten, insofern sie für die These des Buches von Bedeutung sind. Es handelt sich dabei um konkurrierende Theorien über den Ursprung des Universums, die sich aber zugleich ergänzen, wie wir noch feststellen werden.

Multiple Dimensionen und die Bewohner von „Flächenland"

Was um alles in der Welt hat denn ein Science-Fiction-Thema inmitten einer seriösen, wissenschaftlichen Diskussion zu suchen? Antwort: Die Zeiten ändern sich, und die Grenzen zwischen den beiden Disziplinen sind heutzutage fließend.

In seinem im Jahr 1880 verfassten Buch „Flächenland: Eine Geschichte von den Dimensionen" beschreibt Edwin Abbott Abbott eine zweidimensionale Welt: „Flächenland" wird von zweidimensionalen Geschöpfen bevölkert, die sich hinsichtlich der Tatsache, dass ihre „Lebensfläche" eigentlich inmitten einer dreidimensionalen Welt liegt, in seliger Unwissenheit befinden. Die Abbildungen 2-3 bis 2-7 sollen deutlich machen, wie das möglich ist. Fred und Barney fristen ihr zweidimensionales Dasein und ahnen dabei nichts von der Kugel, die im dreidimensionalen Raum über ihnen schwebt und sich langsam herabsenkt.

Abbildung 2-3

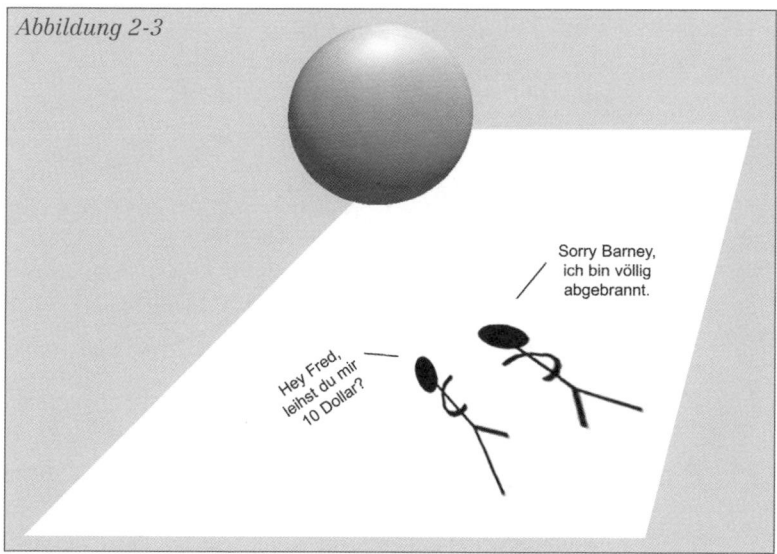

Als die Kugel zur Landung auf „Flächenland" ansetzt, können Fred und Barney nicht mehr als einen kreisrunden Fleck auf dem Boden wahrnehmen, der zuerst an Umfang gewinnt, um dann allmählich zu schrumpfen und zu vergehen.

Abbildung 2-4

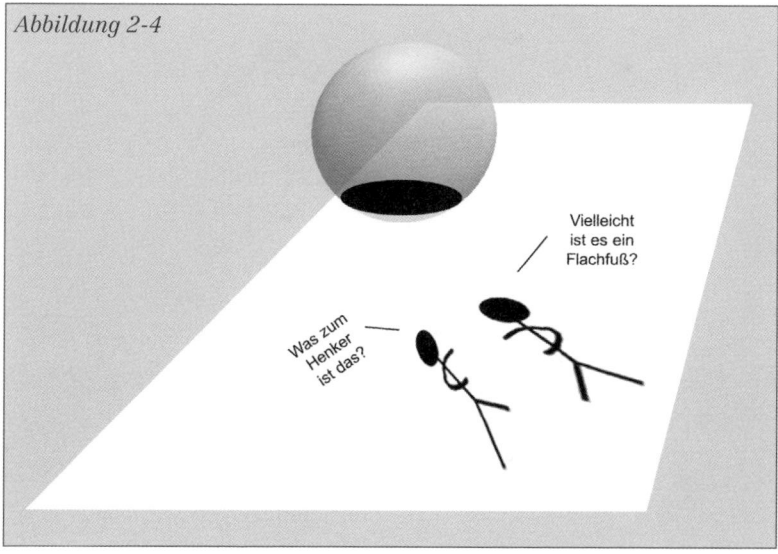

Abbildung 2-5

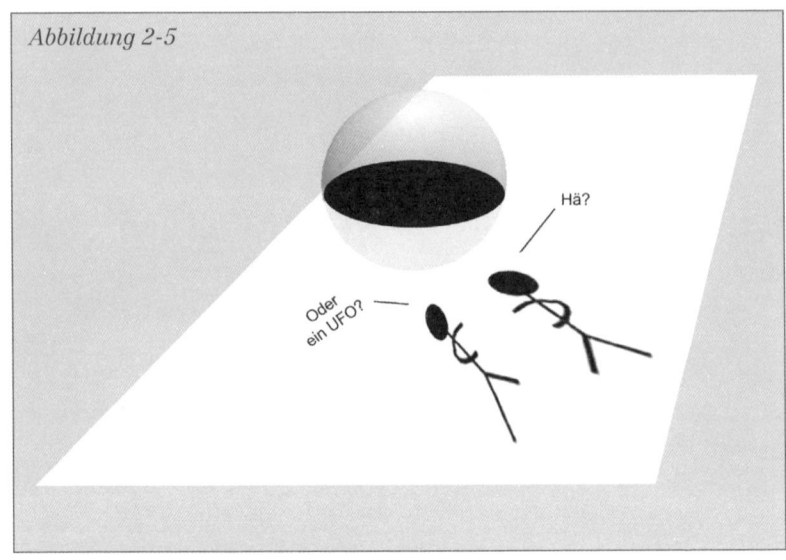

Abbildung 2-6

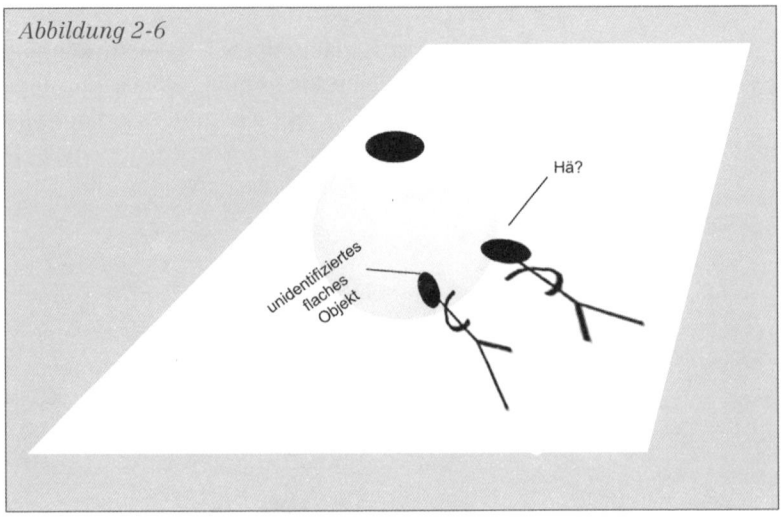

Abbildung 2-7

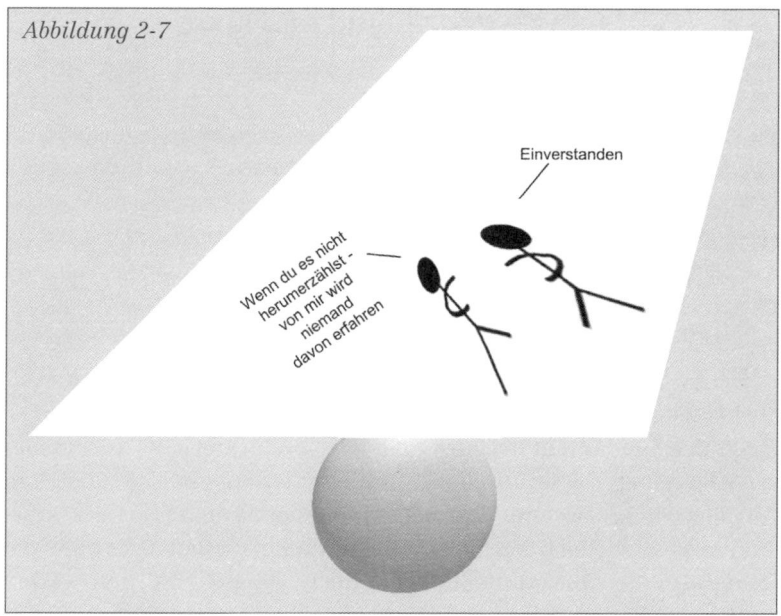

Ebenso, wie sich die Bewohner von „Flächenland" des dreidimensionalen Universums, das um sie herum existiert, nicht bewusst sind, ist es möglich, dass wir ein höherdimensionales Universum nicht als solches erkennen. Weder Physiker noch Mathematiker können diese Möglichkeit ausschließen. Aus dem obigen Beispiel kann man auch ableiten, wie sich eine höherdimensionale Welt in unserer manifestieren würde – wenn es auch nur für einen flüchtigen Augenblick wäre. Es gibt durchaus fundierte Theorien darüber, dass höhere Dimensionen die physikalische Beschaffenheit unserer dreidimensionalen Welt beeinflussen könnten, ohne sich notwendigerweise mit ihr zu überschneiden (siehe unter „dunkle Materie" und „Branentheorie").

Und schließlich spielt die Vorstellung von höheren Dimensionen in vielen Fachbereichen eine bedeutende Rolle, die relevant für meine Theorie sind. Dazu zählen die Erforschung außergewöhnlicher Ereignisse, kosmologische Theorien, die Paralleluniversen zum Inhalt haben und nicht zuletzt die Stringtheorie als eine der führenden Theorien über die Beschaffenheit von Materie und Energie.

String-Theorie und M-Theorie

„Und bis 1911 dachten alle noch, dass das Atom das absolut kleinste Teilchen ist – bis man es gespalten hat und dieser ganze blöde Mist dabei rausgekommen ist."
– Phoebe Buffay, eine Hauptfigur aus „Friends", im Gespräch mit einem befreundeten Wissenschaftler (Zitat aus Staffel 2, Folge 3 „Torschlusspanik", 1995)

Die Stringtheorie ist die modernste in einer ganzen Reihe von Welterklärungen, die der nicht enden wollenden Suche der Physiker nach den fundamentalen Bestandteilen der Materie zu verdanken ist. Abbildung 2-8 veranschaulicht diese Vorgehensweise nach dem Vorbild der russischen Matrjoschka-Puppen. Anfang des 20. Jahrhunderts stellte sich heraus, dass die Atome, die lange Zeit für die grundlegenden Bestandteile der Materie gehalten worden waren, in Wirklichkeit aus drei Arten subatomarer Teilchen bestehen: aus Elektronen, Protonen und Neutronen. Protonen und Neutronen wiederum sind – wie in den frühen 1960er Jahren nachgewiesen werden konnte – aus Quarks zusammengesetzt. Es gibt sechs Arten von Quarks, die solch seltsame Namen wie „up", „down", „bottom", „top", „charm" und – wie könnte es anders sein? – „strange" besitzen. Die Mesonen sowie eine Reihe hypothetischer exotischer Teilchen sind ebenfalls aus Quarks aufgebaut. Elektronen bestehen nicht aus Quarks, sondern gehören der Teilchenfamilie der Leptonen an – ebenso Myonen, Tauonen und Neutrinos.

Im Laufe der Jahrzehnte sind viele weitere Teilchen entdeckt worden – einschließlich der Eichbosonen, welche die Grundkräfte vermitteln sowie die zu allen Teilchen gehörenden Antiteilchen. Das Bild der subatomaren Teilchen, wie es sich uns heute erschließt, ist sehr verwirrend und komplex geworden und lässt klare Gesetzmäßigkeiten in den Eigenschaften wie Spin, Ladung oder Masse vermissen.

Die Stringtheorie besagt im Wesentlichen, dass die Materie aus kleinen, schwingenden Saiten oder Fäden (engl.: „strings") besteht. Dass diese Strings allesamt identisch sind, macht die Theorie sehr elegant. Strings nehmen die Gestalt der verschiedenen Teilchen an, indem sie mit charakteristischen Frequenzen und Schwingungsarten

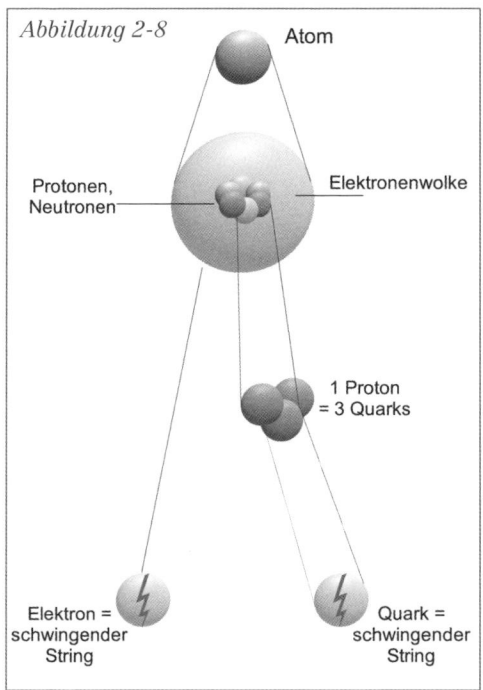

Abbildung 2-8

vibrieren – vergleichbar mit einer Violinsaite. Zuvor waren Quantenmechanik und Gravitationstheorie im Bereich der Planck-Längen unvereinbar, zumal die „großen vereinheitlichten Theorien" (GUTs) davon ausgingen, dass Teilchen unendlich kleine, nulldimensionale Punkte seien. Weil angenommen wird, dass Strings eine Dimension besitzen (wenn auch nur eine), erfüllt die Stringtheorie die Voraussetzungen für eine Quantengravitation.[11] Aufgrund dieser Eigenschaft wird die Stringtheorie als eine mögliche Theorie von Allem in Erwägung gezogen. Mathematisch schien alles reibungslos aufzugehen, und die bekannten Teilchen ließen sich sauber in diese Theorie einfügen. So weit, so gut.

Allerdings waren frühe Stringtheorien (ja, es gibt mehrere davon) auf 26 Dimensionen angewiesen, um zu funktionieren. Sie haben richtig gelesen. Während wir in einer Welt leben, von der wir gemeinhin annehmen, dass sie über vier Dimensionen verfügt (drei räumliche und eine zeitliche), besagte die Stringtheorie, dass es sage und schreibe 26 Dimensionen gibt, nämlich 25 räumliche und eine zeitliche. Nachfolgende Stringtheorien verbesserten die ursprüngliche Version, indem sie weitere Teilchen einbezogen und einen „Supersymmetrie" genannten Kunstgriff einführten, so dass nur noch zehn Dimensionen erforderlich waren. Diese Weiterentwicklung wurde Superstringtheorie genannt. Dann entdeckte der Physiker Edward Witten in den 1990er Jahren, dass all die verschiedenen Stringtheorien als Grenzfälle einer allumfassenden elfdimensionalen Theorie zu sehen sind, die den Namen M-Theorie erhielt. Damit wären wir so ziemlich auf dem neuesten Stand.

Nun, wenn wir den hellsten Köpfen der Physik glauben sollen, würden wir noch gerne wissen, wo sich die anderen sieben Dimensionen befinden. Leben wir in Flächenland? Wie wirkt sich all das auf die Immobilienpreise aus?

Weitere, unsichtbare Dimensionen sind auf zwei verschiedene Weisen vorstellbar:

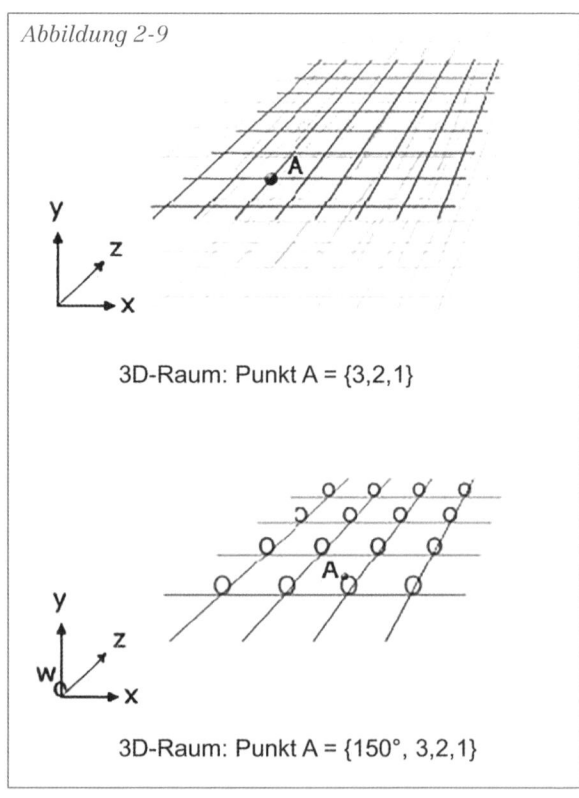

Abbildung 2-9

3D-Raum: Punkt A = {3,2,1}

3D-Raum: Punkt A = {150°, 3,2,1}

1. **Als kompaktifizierte Dimensionen**: Die Extradimensionen könnten aufgerollt sein und dadurch so wenig Raum einnehmen, dass wir sie nicht bemerken. Abbildung 2-9 zeigt, wie der dreidimensionale Raum eigentlich eine Annäherung an den vierdimensionalen Raum sein könnte. Im dreidimensionalen Raum wird Punkt A durch drei Koordinaten festgelegt: Breite (x-Achse), Höhe (y-Achse) und Tiefe (z-Achse). Wir können nun willkürlich einen Koordinatenursprung definieren und die Aussage treffen, dass A drei Einheiten weiter rechts, zwei über und eine tiefer als der Ursprung liegt. Allerdings könnte eine extrem vergrößerte Ansicht an jeder Position im dreidimensionalen Raum einen kleinen, kreisförmig aufgewickelten Raum anzeigen. Punkt A könnte sich tatsächlich irgendwo auf diesem Kreis an Position {x=3, y=2, z=1} befinden. Einigen wir uns darauf, dass wir seine Position auf dem Kreis durch den Winkel bezeichnen – in diesem Fall 150°. Deswegen würde sich Punkt A im vierdimensionalen Raum an der Position {150°, 3, 2, 1} befinden. Falls die Kreise klein genug wären, bestünde für uns keine Möglichkeit, den Unterschied zwischen den verschiedenen Positionen auf dem Kreis mit unseren Instrumenten zu ermitteln, sodass wir die vierte Raumdimension nie entdecken würden. Auf diese Weise können wir uns problemlos weitere Extradimensionen vorstellen. Befände sich eine Kugel anstelle eines Kreises an jedem Punkt im dreidimensionalen Raum, erhielten wir dadurch einen sechsdimensionalen Raum. Und so weiter ...

2. **D-Branen** (das „D" geht auf den Physiker Johann Dirichlet zurück, dem die mathematischen Grundlagen für das Konzept zu verdanken sind) können mehr oder weniger als das Gegenteil von kompaktifizierten Dimensionen erachtet werden, nämlich als in sich geschlossene Räume mit einer bestimmten Anzahl an Dimensionen. Beispielsweise ist eine D3-Brane eine dreidimensionale Welt, in der die Position von jedem Punkt in diesem Raum mithilfe von drei Koordinaten bestimmt werden kann, wie Abbildung 2-9 (3D-Raum) zeigt. Abbildung 2-10 illustriert zwei D3-Branen, die geringfügig räumlich getrennt sind. Es geht hier darum, sich einen grundlegend andersartigen Raum vorzustellen, dessen Objekte beispielsweise durch ihre Farbe oder andere Eigenschaften gekennzeichnet sind. Beachten Sie, dass man von einem

beliebigen Punkt auf einer D3-Brane nicht zu einem Punkt auf einer anderen D3-Brane gelangen kann. Es verhält sich analog zum Beispiel der Bewohner von Flächenland, die ihre zweidimensionalen Welt nicht verlassen können, um die Kugel zu erkunden. Im Grunde bildet die Illustration 2-10 einen vierdimensionalen Raum ab. Auch im Fall der D-Branen können wir die zugrunde liegende Idee auf weitere Dimensionen übertragen.

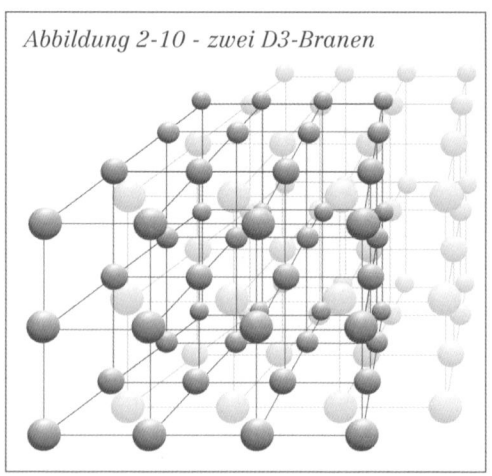

Abbildung 2-10 - zwei D3-Branen

Möglicherweise sind die zehn räumlichen Dimensionen der M-Theorie eine Kombination der kompaktifizierten Dimensionen und der „lebensgroßen" Dimensionen der Branen-Welt. Wie wir gleich sehen werden, sind diese Überlegungen nicht nur für das Verständnis der Stringtheorie oder die Untersuchung sehr kleiner Objekte relevant, sondern auch eine Voraussetzung dafür, moderne kosmologische Theorien und damit die Erforschung sehr großer Objekte begreifen zu können.

Theorien über den Ursprung des Universums

Konventionelle naturwissenschaftliche Ansichten

Urknalltheorie

Wir müssen nicht weiter als an den Beginn des 20. Jahrhunderts zurückgehen, um die Grundlagen der modernen Kosmologie anhand der sogenannten Urknalltheorie festzumachen. Die Theorie geht auf die 1920er und 1930er Jahre zurück, als Edwin Hubble bemerkte, dass Spektrallinien ferner Galaxien in Richtung des roten Endes des sichtbaren Lichtspektrums verschoben werden (das Prinzip ist dem Dopplereffekt ähnlich, durch den sich beispielsweise das Hupsignal eines Zuges in der Tonhöhe ändert, wenn es sich vom Beobachter entfernt) und dass diese Rotverschiebung umso stärker in Erscheinung tritt, je weiter die Galaxien von uns entfernt sind, das heißt, je schneller sie sich von uns wegbewegen. Es schien, als ob sich alle Galaxien voneinander entfernen würden – ganz so, wie es Punkte auf einem Luftballon tun, der aufgeblasen wird oder Rosinen in einem aufgehenden Kuchen, um einige häufig genannte Vergleiche zu nennen. Wenn man davon ausging, dass das Universum einen Anfang hat und dass die Expansion zum Zeitpunkt dieses Ursprungs einsetzte, dann konnte man die Ausdehnung bis an einen Punkt zurückverfolgen, an dem das Universum unglaublich dicht und heiß war. Um zu beschreiben, was bei der Entstehung des Universums geschah, müssen sowohl Kosmologie und Relativitätstheorie als auch die Quantenmechanik berücksichtigt werden, und die bekannten Gesetze der Physik wurden mobilisiert, um zu berechnen, was in den ersten Sekundenbruchteilen der Geburt des Universums geschehen sein musste. Physiker sprechen davon, dass der Urknall möglicherweise eine „Singularität" war – ein Punkt unendlicher Energiedichte und Gravitation. Das Kopfzerbrechen war hier vorprogrammiert, da – wenn man annimmt, dass diese Theorie zutrifft – die bekannten Gesetze der Physik vor der Planck-Ära ungültig sind. Aber wenn wir für den Augenblick über diesen kleinen Schönheitsfehler hinwegsehen, dann hat der Rest der Theorie nicht nur eine theoretische Basis, sondern wird auch durch experimentelle Belege gestützt (siehe im Vergleich dazu den Untergang der Steady-State-Theorie (Gleichgewichtstheorie) im nächsten Abschnitt). Aufgrund der Ausdehnungsgeschwindigkeit des Universums wird geschätzt, dass sich der Urknall vor ungefähr 13,7 Milliarden Jahren ereignete. Die Expansion ist im Wesentlichen nicht durch ein Auseinanderdriften von Sternen und Galaxien bedingt, sondern vielmehr dadurch, dass sich der Raum selbst aufbläht.

Steady-State-Theorie

In den 1940er Jahren erhielt die Urknalltheorie Konkurrenz, die den Astronomen Fred Hoyle, Thomas Gold und anderen zu verdanken ist. Deren Gleichgewichtstheorie besagt, dass unaufhörlich Materie in ausreichender Menge gebildet wird, während sich das Universum in Ausdehnung befindet, sodass sich Dichte und Erscheinungsbild des Kosmos im Laufe der Zeit nicht verändern. Damit werden das Postulat eines Anbeginns des Universums und infolgedessen auch die lästige Singularität vermieden. Ein potenzieller und nicht zu vernachlässigender Kritikpunkt an dieser Theorie ist die Notwendigkeit, dass Materie aus dem Nichts entsteht. Aber in der Urknalltheorie ist dasselbe in viel größerem Ausmaß erforderlich, also schneidet Letztere in dieser Hinsicht um nichts besser ab. Denken Sie außerdem daran, dass die Quantenphysik die Entstehung von Teilchenpaaren aus dem Nichts erlaubt. Die Vorhersage, dass sich die Struktur des Universums im Laufe der Zeit nicht ändert, leitete allerdings den Niedergang der Steady-State-Theorie ein. Die Entdeckung von Quasaren, extrem fernen und ungemein energiegeladenen Objekten, zeigte, dass das Universum in der fernen Vergangenheit sehr viel anders ausgesehen haben muss. Zum Sargnagel für die Steady-State-Theorie wurde schließlich, dass die Urknalltheorie bereits früh die vom Urknall selbst herrührende kosmische Hintergrundstrahlung vorausgesagt hatte, was im Jahr 1964 durch Beobachtungen und Messungen bestätigt werden konnte.

Schwachstellen der Urknalltheorie

Eine der Hürden für die ursprüngliche Urknalltheorie bestand in der Flachheit des Universums. Wenn das Universum ausreichend mit Materie ausgestattet ist (geschlossenes Universum), dann wird deren Schwerkraft die Ausdehnung des Universums verlangsamen und schließlich dazu führen, dass es in sich zusammenfällt. Dadurch kommt es zum sogenannten Big Crunch (John Wheeler hat einmal die Möglichkeit ins Spiel gebracht, dass ein geschlossenes Universum in einem Szenario, das er als oszillierendes Weltall bezeichnet hat, zyklische Bangs und Crunches durchmachen könnte). Wenn das Universum nicht über genügend Materie verfügt (offenes Universum), dann wird es durch den Impuls des Urknalls auseinandergerissen. Allein die geeignete Menge an Materie (flaches Universum) ermöglicht es, dass sich das Universum kontinuierlich ausdehnt und dabei keinen endgültigen Richtungswechsel durchmacht. Die mittlere Massendichte wirkt sich auf das gesamte Universum aus. Wir erkennen normalerweise nicht, dass die Erde annähernd kugelförmig ist, weil wir nur kleine Ausschnitte wahrnehmen. Wenn wir beispielsweise ein Quadrat auf der Erdoberfläche ausmessen wollen, das einen Meter mal einen Meter misst, dann können wir davon ausgehen, dass die Fläche dieses Quadrats ein Quadratmeter ist – das Produkt zweier benachbarter Seiten. Die Winkel eines gleichseitigen Dreiecks betragen jeweils annähernd 60 Grad. Wenn jedoch die Strecken, die gemessen werden, im Vergleich zur Größe der Erde zunehmen, dann reichen die Formeln der Flächengeometrie nicht länger aus. Die Flächen werden größer als das Produkt der Länge zweier benachbarter Bogen (wobei mit „Bogen" die beste Annäherung an eine gerade Linie gemeint ist). Die einzelnen Winkel von gleichseitigen Dreiecken überschreiten 60 Grad. Schließlich übersteigt die Erdoberfläche zwischen zwei Bogen, die jeweils ein Viertel des Erdumfangs ausmachen, das Produkt der beiden Bogen um mehr als den Faktor fünf. Darüber hinaus betragen die Winkel des größtmöglichen gleichseitigen Dreiecks, das auf der Erdoberfläche aufgetragen werden kann, 180 und nicht 60 Grad. Dasselbe gilt für das Universum. Die Schwerkraft von zu viel Materie kann die Gestalt des Universums zu einer Kugel (geschlossenes Universum) krümmen, wo letztlich parallele Linien aufeinandertreffen und es unmöglich ist, hinter einen bestimmten Punkt zu blicken. Andererseits wird ein Universum ohne genügend Materie (offenes Universum) eine hyperbelförmige geometrische Gestalt (sattelförmig) aufweisen, sodass parallele Linien auseinanderstreben.

Alle derzeit beobachtbaren Anzeichen deuten darauf hin, dass das Universum perfekt abgestimmt und sehr flach ist. Es ist wie im

Märchen von Goldlöckchen und den drei Bären. Das Problem besteht darin, dass das Universum in den allerersten Sekunden des Urknalls über genau die richtige Menge an Materie verfügt haben muss, um heutzutage flach sein zu können. Tatsächlich wurde berechnet, dass die Materiedichte des Universums eine Sekunde nach dem Urknall so perfekt abgestimmt gewesen sein muss, dass eine Abweichung von nur 0,0000000000001 Prozent mittlerweile entweder zu einem Gravitationskollaps geführt oder eine so rasche Ausdehnung verursacht hätte, dass weder Galaxien noch Sterne jemals hätten entstehen können – und damit auch das Leben nicht.[12]

Wenn Astronomen mit Teleskopen oder Radioteleskopen in das Weltall schauen, dann blicken sie in einem gewissen Sinne in die Vergangenheit. Wenn man zur Sonne sieht, dann nimmt man sie so wahr, wie sie vor acht Minuten war, weil es so lange dauert, bis ihr Licht die Erde erreicht hat. Wenn man zur Andromeda-Galaxie blickt, dann betrachtet man das Licht, das von dieser Galaxie vor 2,2 Millionen Jahren ausgestrahlt wurde. Quasare werden so wahrgenommen, wie sie vor

Milliarden von Jahren aussahen. Im Jahr 1964 wurden die kosmischen Mikrowellen von Arno Penzias und Robert Woodrow Wilson entdeckt, als sie in die Tiefen des Weltalls horchten. Diese Mikrowellen traten ungefähr 300.000 Jahre nach dem Urknall auf, weshalb sie zu den frühesten elektromagnetischen Strahlen gehören, die emittiert wurden, als das Universum noch in den Kinderschuhen steckte. Es ist egal, in welche Himmelsrichtung man blickt: Man wird auf die Hintergrundstrahlung stoßen, deren Intensität im gesamten Universum nur um ein Hunderttausendstel schwankt. Unglücklicherweise widerspricht diese erstaunliche Uniformität der ursprünglichen Version der Urknalltheorie, auch wenn die Entdeckung des kosmischen Mikrowellenhintergrunds die Urknalltheorie an sich bestätigte.

Im Laufe der Jahre sind zudem weitere Probleme zum Vorschein gekommen. Einem relativ neuen Ansatz gelang es jedoch, die Urknalltheorie so zu modifizieren, dass die oben angeführten Anomalien erklärt werden können. Dieses von Alan Guth im Jahr 1981 entwickelte Konzept wird als Inflationstheorie bezeichnet.

Die Theorie des inflationären Universums

Die Schwierigkeiten, die in Zusammenhang mit der klassischen Urknalltheorie angesprochen wurden, lösten sich allesamt mit Alan Guths Konzept der kosmischen Inflation auf. Seine Theorie besagt, dass das Universum ungefähr 10^{-35} Sekunden nach dem Urknall eine circa 10^{-32} Sekunden währende Periode der exponentiellen Ausdehnung durchmachte, in der seine Größe um den Faktor 10^{50} zunahm. Kaum zu glauben, nicht wahr?

Glücklicherweise ist diese Aussage durch wissenschaftliche Forschung abgesichert, die Quantenmechanik und Phasenübergänge bei extrem hohen Temperaturen oder Energien berücksichtigt. Die Theorie integriert nicht nur viel von dem, was bei Erkundungen der Galaxien beobachtet und worauf aus Analysen der kosmischen Hintergrundstrahlung geschlossen wurde, sie erklärt auch, worin der Urknall bestand, nachdem ihn eine anfängliche Störung ausgelöst hatte. Im Wesentlichen handelt es sich um die Idee, dass das Universum zu dieser Zeit einen besonderen Zustand annahm, der als „falsches Vakuum" bezeichnet wird – ein Vakuum mit hohem Energieinhalt also. Stellen Sie sich das alles wie einen Raum vor, der prall gefüllt ist mit scharfen Mausefallen, die sich unangenehmerweise gegenseitig berühren. In einer perfekten Welt (beispielsweise in einem falschen Vakuum) ist dieser Zustand stabil, aber bereits eine kleine Störung wie ein Windstoß, der durchs Fenster kommt, genügt, um eine der Fallen zu verschieben, die dann eine andere zum Zuschnappen bringt, woraufhin es ihr alle übrigen gleichtun. Der Zustand des Raums nach dem Zuschnappen aller Mausefallen ist mit einem echten Vakuum vergleichbar. Der Zeitraum, in dem die Mausefallen zuschnappen, entspricht der inflationären Phase. Ein solches falsches Vakuum ist unter den Extrembedingungen wie sie während des Urknalls geherrscht haben, möglicherweise nichts Ungewöhnliches. Gemäß der Theorie initiierten kleine Quantenfluktuationen während der inflationären Phase den körnigen Aufbau des Universums, was letztendlich zur Zusammenballung der Materie zu Galaxien führte, anstatt dass sich alles zu einem Teilchenmeer auseinanderentwickelt hätte. Unter allen kosmologischen Theorien verfügt die Inflationstheorie heutzutage wohl über die größte Anhängerschar.

Die dunkle Seite – WIMPS, MACHOs und Antigravitation

Astronomen, die sich mit dem Bewegungsmuster von Galaxien und Galaxienhaufen beschäftigten, fanden heraus, dass derart riesige Himmelsobjekte rascher rotieren, als es der Masse, auf die aufgrund ihrer Größe, Entfernung und Leuchtkraft geschlossen wurde, entspricht. Damit das Universum so flach sein kann, wie die Beobachtungen nahelegen, muss es außerdem viel mehr Materie geben als derzeit wahrnehmbar ist. Manche Berechnungen lassen gar darauf schließen, dass die beobachtbare Materie nicht einmal zu einem Prozent zur Masse des Universums beiträgt. Der Rest muss deshalb verborgen sein – darauf bezieht sich die Bezeichnung „dunkle Materie". Es wurden bereits viele Formen dunkler Materie postuliert, einschließlich der sogenannten exotischen dunklen Materie, die aus verschiedenen hochenergetischen, freien Teilchen wie Neutrinos und auch aus theoretischen Teilchen, die WIMPs (schwach wechselwirkende massereiche Teilchen) genannt werden, bestehen soll. Auf der Liste der Kandidaten für dunkle Materie finden sich darüber hinaus große kompakte Objekte, die MACHOs (massive astrophysical compact halo objects – haben Astronomen nicht einen ausgeprägten Sinn für Humor?), zu denen Braune Zwerge, Objekte planetarer Masse oder Schwarze Löcher zählen. Einige Ergebnisse von Forschungen über die Struktur des frühen Universums sprechen jedoch dafür, dass MACHOs nur einen Bruchteil der dunklen Materie ausmachen.

Umfassende Studien über Lichtstärken und Rotverschiebungen von fernen Supernovae (gewaltige Explosionen beim Sternentod) haben ergeben, dass sich die Expansion des Universums beschleunigt, anstatt sich zu verlangsamen, wodurch alles noch komplizierter wird. Mehrere Nachfolgeuntersuchungen völlig unterschiedlicher Phänomene erhärten dieses Ergebnis. Keine wie auch immer geartete Menge an dunkler Materie kann dieses Verhalten erklären – es ist fast so, als würde irgendetwas von außerhalb das Universum auseinanderziehen. Möglicherweise erzeugt auch eine Art alles durchdringende Energie eine abstoßende Kraft, deren Wirkung mit einer Antigravitation vergleichbar ist. Wissenschaftler haben dieser Kraft den Namen „dunkle Energie" gegeben.

Es gibt einige Erklärungen für die dunkle Energie. Eine davon ist, dass Energie dem Raumgefüge inhärent ist. Man erinnerte sich, dass Einstein in seinen Gleichungen einen Faktor vorschlug, den er als kosmologische Konstante bezeichnete. Eine Zeitlang wurde dieser Konstanten keinerlei Beachtung geschenkt, weil sich das Universum in vorhergesehener Weise auszudehnen schien. Aber jetzt sieht es so aus, als ob dieser Faktor perfekt zu den neuen empirischen Belegen, welche für eine beschleunigte Expansion des Universums sprechen, passen könnte. Erinnern wir uns an die Besprechung der Vakuumenergie – eine ubiquitäre Energie, die den Raum erfüllt und als eine potenzielle Quelle der dunklen Energie ins Spiel gebracht wurde. Bedauerlicherweise liefern die genauesten Berechnungen der im Universum vorhandenen Vakuumenergie ein so gewaltiges Ergebnis, dass es um den Faktor 10^{120} (das ist eine 1, an der 120 Nullen hängen) von dem abweicht, was benötigt werden würde, um die fehlende Masse, nämlich 70 Prozent, in Form von dunkler Energie zur Verfügung zu stellen. Wäre die Vakuumenergie tatsächlich so groß, würde der Raum so rasch expandieren, dass man nicht mehr in der Lage wäre, die eigene Hand vor den Augen zu erkennen.[13] Theoretiker zu Hilfe! Möglicherweise gibt es einen bislang unbekannten Faktor oder eine physikalischen Wechselwirkung im Raum, die den größten Teil der Wirkung der Vakuumenergie aufhebt. Auf jeden Fall ist die Wahrscheinlichkeit, dass die Naturkonstanten so fein abgestimmt sind, dass sie 99,999 (es folgen 115 weitere Neunen) Prozent der Vakuumenergie aufheben und nur einen Anteil übriglassen, welcher der gesamten Materie im Universum entspricht, verschwindend gering. Eine weitere Möglichkeit, sich dem Problem zu nähern, ist, dass vor Milliarden Jahren – um 10^{-35} Sekunden nach dem Urknall – die Vakuumenergie geschaffen wurde, die Materie damals jedoch 10^{100} Mal dichter war. Warum aber hätte die dunkle Energie das 10^{50}-fache dieses Zeitraums zuwarten sollen, bevor sie begann, auf die Materie zu wirken? Die Physikprofessoren Jeremiah Ostriker und Paul Steinhardt formulierten die Frage folgendermaßen: „Ist es nicht ein unglaublicher Zufall, dass das Universum ausgerechnet zu der Zeit, zu der sich denkende Lebewesen entwickelten, plötzlich auf Schnellgang umschaltete?"[14] Dunkle Energie wird deshalb auch durch etwas erklärt, das als „Quintessenz" bezeichnet wird: ein Quantenfeld mit niedriger Energiedichte und „Antigravitation". Anders als die Vakuumenergie wird die Quintessenz als etwas definiert, das sich im Laufe der Zeit entwickeln kann, um mit der Dichte der Materie Schritt zu halten – das oben beschriebene Szenario, in dem das Universum von Anbeginn an perfekt abgestimmt sein musste, wird dadurch vermieden.

Um die verschiedenen Studien zusammenzufassen, können wir festhalten, dass Astronomen dem unten abgebildeten Aufbau des Universums mehr oder weniger zustimmen.

Es ist recht aufschlussreich, dass sich dieses Bild unserer Wirklichkeit ganz und gar von den Auffassungen unterscheidet, die noch im Jahr 1985 vorherrschten. Nicht nur die Ansichten über die elementaren Bausteine, sondern auch alles, was für das weitere Schicksal des Universums vorausgesagt wird, hat sich radikal verändert. Man fragt sich, was die Zukunft noch alles für uns bereithalten wird und ist geneigt, den wissenschaftlichen Status quo jedes wissenschaftlichen Zeitalters anzuzweifeln.

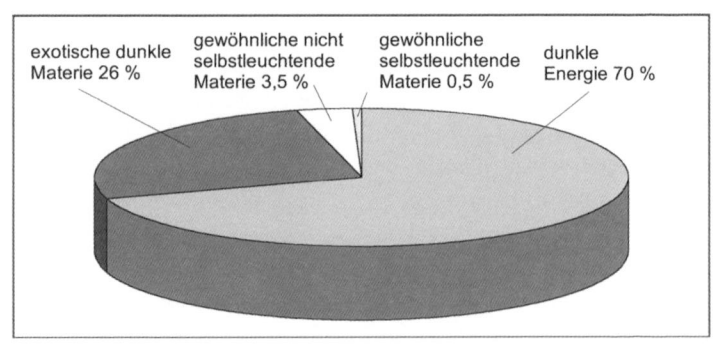

Alternative wissenschaftliche Ansichten

Branenkosmologie, Ekpyrotisches und Zyklisches Universum

"Branenkosmologie" ist die Bezeichnung für eine Theorie, die besagt, dass wir auf "Flächen" eines höherdimensionalen Raumes leben, die Branen genannt werden. Die Superstring- bzw. M-Theorie macht all das möglich. Interessanterweise liefert das Konzept gleichzeitig eine gute Erklärung für die Existenz dunkler Materie. Gemäß der Branenkosmologie können die höheren Dimensionen, in die unsere Brane eingebettet ist und möglicherweise benachbarte, parallele Branen unseren dreidimensionalen Raum durch die Schwerkraft beeinflussen, wodurch die dunkle Materie erklärt werden könnte.[15] Ursprünglich wurden solche Theorien als unbeweisbar erachtet. Allerdings hat eine neue Generation von Teilchenbeschleunigern – beispielsweise der LHC (Large Hadron Collider) des CERN – die berechtigte Hoffnung geweckt, derartige Hypothesen innerhalb von wenigen Jahren nach der Niederschrift dieses Buches verifizieren oder falsifizieren zu können.

Die theoretischen Physiker Justin Khoury, Burt A. Ovrut, Paul J. Steinhardt und Neil Turok haben das Modell des ekpyrotischen Universums vorgeschlagen, wonach der Urknall die Folge einer Kollision zweier vierdimensionaler Branen gewesen sein soll. Vor diesem Zusammenprall war das Universum leer und zog sich zusammen, die Kollision löste dann eine Periode der Expansion aus. Steinhardt und Turok erweiterten die Theorie später, indem sie das Konzept eines ewigen zyklischen Universums integrierten. Nach der Phase der Expansion setzt eine Kontraktionsperiode ein, in der die Branen durch die dunkle Materie bzw. die zwischen den Branen wirkende Kraft zusammengezogen werden. Dies führt zu einer Kollision der Branen in einem "Big Crunch", und der Zyklus wiederholt sich endlos (beachten Sie: das ist vom Konzept her John Wheelers oszillierendem Universum ähnlich, das wir zu einem früheren Zeitpunkt erwähnt haben). Dieser Ansatz löst zum Teil dieselben Probleme wie die Inflationshypothese und ist mit der M-Theorie kompatibel. Obwohl sie sich klarerweise stark vom Standardmodell des inflationären Urknalls unterscheidet, verfügt diese Theorie dennoch über Anhänger in der wissenschaftlichen Gemeinschaft.

Parallele Universen, Metaversen, Multiversen und Lieder ohne Verse

Wir sind mit der Überzeugung aufgewachsen, dass das Universum alles umfasst, was es gibt. Während der vergangenen Jahre hat der Begriff jedoch einen Bedeutungswandel durchgemacht: Nun versteht man unter „Universum" die Gesamtheit dessen, was wir potenziell wahrnehmen oder erfahren können. Betrachten Sie Abbildung 2-11. Darin können wir sehen, wie Joe Lunchbox glücklich und zufrieden in seinem kleinen Universum lebt. Seine Astronomen-Kumpel haben ihre fortschrittlichste Ausrüstung benutzt, um in die abgründigsten Tiefen des Raums vorzudringen und dabei Dinge entdeckt, die einige Milliarden Lichtjahre in alle Richtungen entfernt sind. Auch hinter diesem „praktikablen Beobachtungshorizont" könnte es etwas geben; allerdings sind wir durch den aktuellen Stand der Technik eingeschränkt. Der Buchstabe „a" in Abbildung 2-11 markiert diesen Beobachtungshorizont. Es gibt einen weiteren Horizont jenseits von „a", der den Ort kennzeichnet, hinter dem wir aufgrund der Lichtgeschwindigkeit nichts mehr wahrnehmen können. Das Licht, das von Objekten abgestrahlt wird, die sich in dieser Entfernung befinden, hat sich uns seit den ersten Sekundenbruchteilen nach dem Urknall angenähert. Das ist unser theoretischer Horizont, hinter den wir nie-

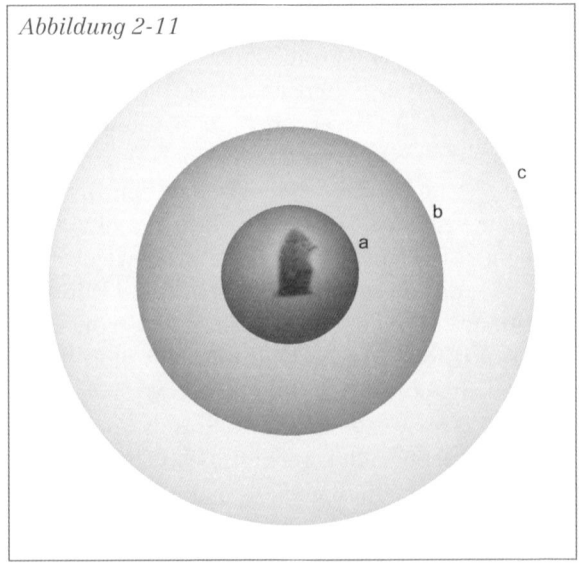

Abbildung 2-11

mals blicken können, um irgendetwas zu erkennen – ganz egal wie fortschrittlich unsere Instrumente auch sein mögen. Es ist wichtig zu beachten, dass diese Aussage unter der Annahme getätigt wird, dass sich nichts schneller als das Licht fortbewegen kann bzw. dass wir derartige Objekte nicht aufspüren könnten, wenn es sich anders verhielte. Trotz der im Verlauf eines Jahrhunderts gesammelten eindeutigen Beweise, die Einsteins berühmte Annahme von der Begrenzung durch die Lichtgeschwindigkeit stützen, gibt es eine Reihe von Physikern, die nicht ausschließen möchten, dass diese Grenze eines Tages durchbrochen werden kann. Dieses Thema würde jedoch ein ganzes Buch füllen. Wenn wir solche Einwände beiseitelassen, dann ist „b" unser „theoretischer Beobachtungshorizont", von dem allgemein angenommen wird, dass sein Durchmesser 42 Milliarden Lichtjahre beträgt und der auch als Hubble-Sphäre bekannt ist. Das heißt jedoch noch lange nicht, dass es hinter „b" nichts gibt. Tatsächlich sieht die Inflationstheorie vor, dass ein bisschen der vom Urknall herrührenden Materie jenseits von „b" existiert, weil die Phase der inflationären Expansion mit Überlichtgeschwindigkeit ablief. (Was haben wir gerade gesagt?) Also könnte „c" eigentlich all das markieren, was auf unseren Urknall zurückgeht.

Erstreckt sich unser Unisversum nun bis „a", „b" oder „c"? Es ist nur eine Frage der Interpretation. Im Grunde genommen ist es gleichgültig. Werfen Sie einen Blick auf Abbildung 2-12. Was wäre, wenn es ein weiteres Universum gäbe, einige Dutzend Milliarden Lichtjahre von uns entfernt? Falls das möglich ist (und es gibt viele Physiker, die glauben, dass es nicht nur möglich ist, sondern eigentlich unvermeidlich), dann benötigen wir einen neuen Namen für den

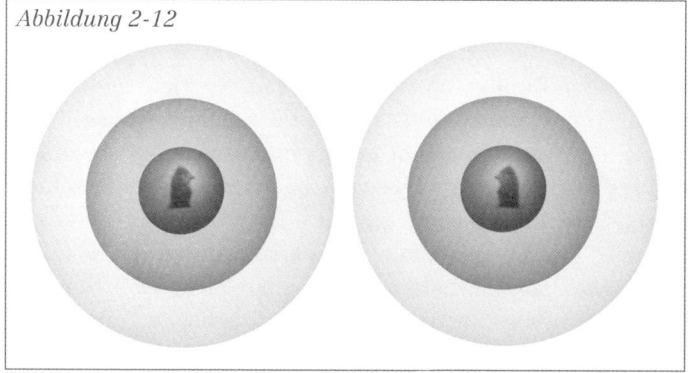

Abbildung 2-12

Raum, in dem sich mehrere Universen befinden. Die allgemein anerkannte Bezeichnung dafür ist „Multiversum".

Die Idee der multiplen oder parallelen Universen hat seine Wurzeln in der Everett-Interpretation der Quantenmechanik, wie sie in dem Abschnitt über die Quantenmechanik weiter oben beschrieben ist. Große Denker auf dem Gebiet der Kosmologie haben das Grundkonzept jedoch erweitert, um eine Vielzahl verschiedenartiger Paralleluniversen mit einschließen zu können.

Der Kosmologe Max Tegmark hat eine Reihe von konkreten Hinweisen auf Paralleluniversen beschrieben und Theorien über Paralleluniversen ausgearbeitet. Insbesondere merkt er an, dass jüngere Studien über die Verteilung von Galaxien und die Gleichförmigkeit der Hintergrundstrahlung demonstrieren, dass Materie im Universum bis in eine Entfernung von mindestens 10^{24} Meter (nach einer groben Schätzung entspricht dies einem Vierhundertstel der Hubble-Sphäre) gleichmäßig verteilt ist. Aus diesem Grund ist es sehr wahrscheinlich, dass jenseits unserer Sphäre noch mehr davon zu finden ist. Aber anstatt das Universum über all das zu definieren, was aus dem Urknall hervorging (dem „c"-Horizont in unserem obigen Beispiel), setzt er es mit der Hubble-Sphäre bzw. „b" gleich. In diesem Zusammenhang weist er vier Ebenen der Paralleluniversen aus ...

Ebene 1
Es wird oft gesagt, dass keine zwei Schneeflocken gleich seien. Da eine Schneeflocke jedoch nicht mehr ist als eine Anzahl von Molekülen in einer speziellen Anordnung, muss es für eine bestimmte Molekülmenge, die der Schneeflocke zur Verfügung steht, eine endliche Summe möglicher Konfigurationen dieser Moleküle geben. Wenn sie genügend Schneeflocken betrachten, werden Sie deshalb irgendwann ein Duplikat aufspüren. Genauso verhält es sich mit uns selbst, unserem Planeten und sogar mit der Hubble-Sphäre. Ein Multiversum der Ebene 1 besteht aus einer Anzahl von Universen, die unserem hinsichtlich der physikalischen Gesetze gleichen und sich nur durch ihre Anfangsbedingungen unterscheiden. Stellen Sie sich diese Universen als voneinander getrennte Räume vor, die mit Materie erfüllt sind und innerhalb unserer expandierenden Urknall-Blase, aber jenseits unseres Beobachtungshorizonts liegen. Abbildung 2-13 veranschaulicht das Konzept der multiplen Universen, die sich inner-

halb eines größeren Multiversums befinden. Theoretisch gilt, dass einige dieser Universen gleich sein müssen, falls ausreichend viele existieren und die Dichte der Materie konstant bleibt. Und da eine Hubble-Sphäre anhand der Gesamtzustände der Teilchen, aus denen sie sich zusammensetzt, definiert werden kann, muss es eine endliche Anzahl von Materiekonfigurationen für jede vorausgesetzte Hubble-Sphäre geben. Deshalb werden Sie schließlich auf eine weitere Hubble-Sphäre treffen, die identisch mit unserer ist. Es kann berechnet werden, dass ungefähr $10^{10^{118}}$ Meter entfernt eine identische Hubble-Sphäre existieren müsste, beispielsweise unser Doppelgänger-Universum (und selbstverständlich müsste sich Bizarro-Welt ungefähr in derselben Entfernung befinden). Wenn Sie die nächste identische Kopie von sich finden wollen, dann wäre sie – statistisch betrachtet – ungefähr $10^{10^{28}}$ Meter von Ihnen entfernt. Da sich alle untergeordneten Universen eines Multiversums der Ebene 1 innerhalb derselben Inflationsblase befinden, könnten sie theoretisch Ihren Zwilling finden, wenn Sie sich genügend Zeit nähmen.

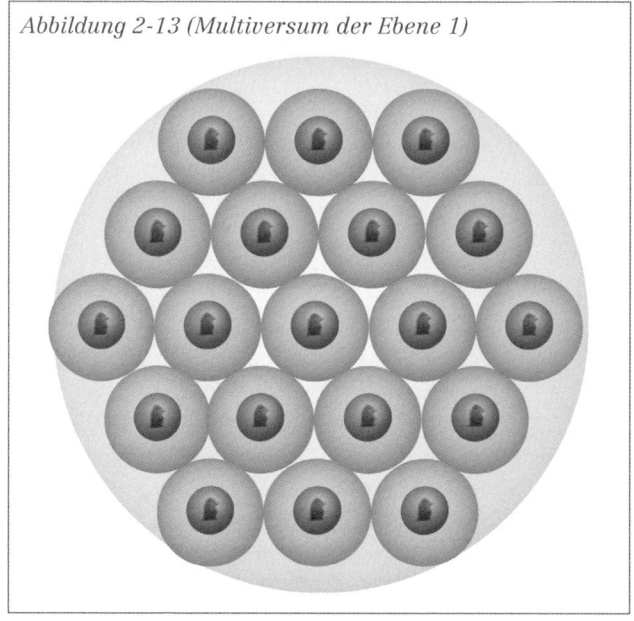

Abbildung 2-13 (Multiversum der Ebene 1)

Ebene 2

Ein Universum der Ebene 2 besteht aus allen Inflationsblasen, die nach dem Urknall getrennten wurden. Stellen Sie sich vor, dass Ebene 2 aus Multiversen der Ebene 1 zusammengesetzt ist: Diese sind aus Materieblasen entstanden, die sich unabhängig voneinander ausdehnten – und zwar so ähnlich wie die Bläschen in einem kochenden Wassertopf. Jede Blase hat ihre eigene Hubble-Sphäre und ist nicht nur mit ihren eigenen, einzigartigen Anfangsbedingungen ausgestattet, sondern ist auch mit individuellen Werten für Dimensionen, Kräfte, Teilcheneigenschaften etc. versehen. Nicht einmal theoretisch könnte man ein anderes Multiversum der Ebene 1 bereisen, weil sich der Raum zwischen den Blasen rascher ausdehnt als man reisen kann. Da die Evolution von Galaxien und Sternensystemen, geschweige denn die des Lebens, höchst abhängig von den Parametern ist, die eine bestimmte Inflationsblase definieren, würden die meisten dieser Multiversen unbelebt sein, weshalb dort das Konzept einer Hubble-Sphäre keinen Sinn ergäbe. Sehen Sie sich dazu bitte Abbildung 2-14 an.

Abbildung 2-14 – Multiversum der Ebene 2

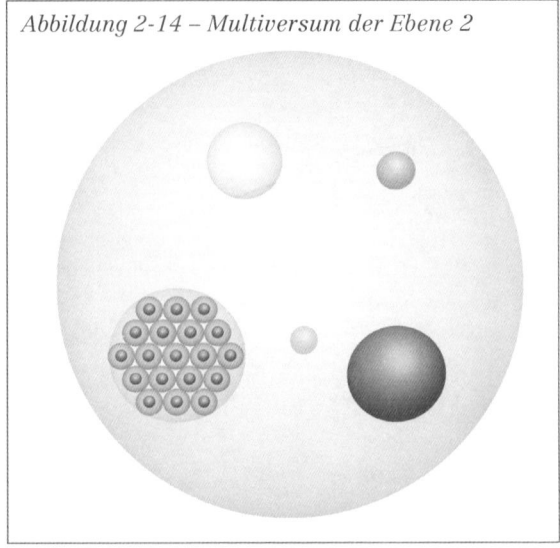

Ebene 3

In der guten alten Viele-Welten-Theorie der Quantenmechanik begegnet uns bereits ein Multiversum der Ebene 3. Jede mögliche Konfiguration eines Universums existiert gleichzeitig im Hilbert-Raum. Dabei ist unklar, ob die Komponenten dieses Multiversums der Ebene 3 nun Universen, Multiversen der Ebene 1 oder solche der Ebene 2 die sind. Eigentlich habe ich keine Ahnung, wie man so etwas zeichnen soll, aber in Abbildung 2-15 habe ich mein Bestes gegeben.

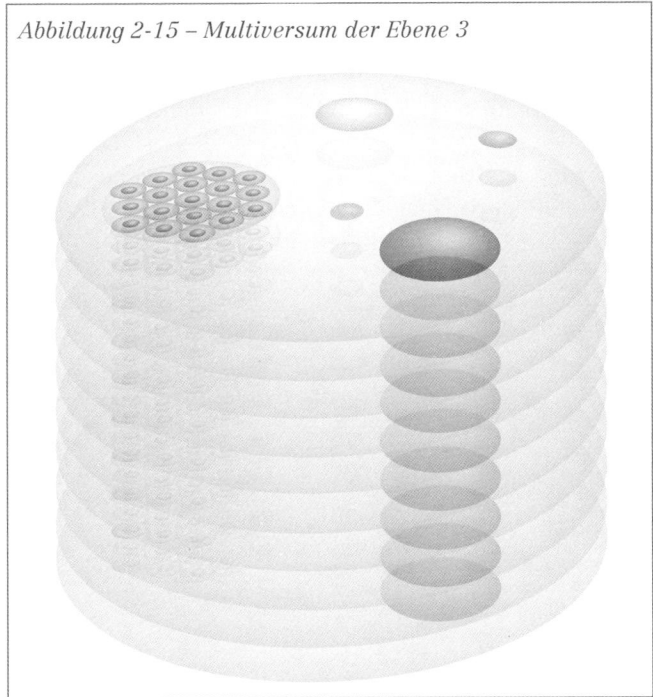

Abbildung 2-15 – Multiversum der Ebene 3

Ebene 4

Paralleluniversen der Ebene 4 stellen das Multiversum der höchsten Ordnung dar. Hilbert-Räume, unterschiedliche Urknalle, Multiversen der Ebenen 1, 2 und 3, wechselnde mathematische Strukturen und Naturgesetze sind hier vertreten, genauso wie alles andere, was möglich ist.

Das selbstreproduzierende Universum – Fraktale spielen verrückt

Der Stanford-Physiker Andrei Linde hat vorgeschlagen, dass die Ausdehnung aufgrund des theoretischen Verhaltens von Quantenfeldern chaotisch gewesen sein muss – und zwar chaotisch in dem Sinn, dass sie in den verschiedenen Domänen der Raumzeit mit unterschiedlicher Geschwindigkeit ablief. Infolgedessen ist es wahrscheinlich, dass das Universum in fraktaler Art und Weise expandierte, so dass es inflationäre Blasen erzeugte, die weitere inflationäre Blasen hervorbrachten, von denen jede einem neuen Urknall gleichkam.[16] Diese Theorie hat weitreichende Konsequenzen. Eine „ewige Inflation" ist gleichbedeutend damit, dass das Universum bzw. Multiversum unendlich besteht und sich beständig weiterentwickeln und wächst, wie es in Abbildung 2-16 dargestellt ist. Die Frage nach einem Ursprung des Multiversums erübrigt sich, da Lösungsansätze mit keiner Methode verifiziert werden können, zumal sich unsere Hubble-Sphäre ausschließlich innerhalb unserer lokalen Blase befindet.

Abbildung 2-16 – Fraktales inflationäres Multiversum

Die Feinabstimmung des Universums, das Anthropische Prinzip und Flexi-Gesetze

Viele Wissenschaftler haben festgestellt, dass die Art und Weise, in der die physikalischen Konstanten des Universums eingestellt sind, den Anforderungen an die Entstehung der Materie und sogar des Lebens perfekt entgegenkommen. Wir haben bereits einige Beispiele dafür genannt – einschließlich der Art und Weise, in der die Naturkonstanten die Vakuumenergie mit einer erstaunlichen Genauigkeit neutralisieren, sodass nur $1/10^{115}$ erhalten bleibt. Der Kosmologe und Philosoph Ervin László hat einige weitere Beispiele ausfindig gemacht:[17]

- Sowohl eine Erhöhung als auch eine Verringerung der Ausbreitungsgeschwindigkeit des frühen Universums um ein Milliardstel hätte zu einem sofortigen Kollaps des Universums oder einer so raschen Expansion geführt, dass sich niemals Sterne gebildet hätten.
- Ein geringer Unterschied im Verhältnis der elektrischen Feldstärke zur Gravitationsfeldstärke hätte die Entstehung von Molekülen verhindert.
- Wenn das Massenverhältnis von Proton und Elektron auch nur geringfügig abweichen würde, könnten chemische Reaktionen nicht ablaufen, sodass es auch kein Leben gäbe.

Weitere Beispiele für die Feineinstellung des Universums:

- Eine Abweichung der Intensität der starken Wechselwirkung um nur zwei Prozent hätte dazu geführt, dass sich Wasserstoff entweder als einziges Element im Universum gebildet hätte oder zu selten gewesen wäre, um die Entstehung von Sternen zu ermöglichen.
- Die Anzahl der Elektronen im Universum muss derjenigen der Protonen entsprechen (mit einer Genauigkeit von 1/1037), damit sich die Schwerkraft entfalten kann.
- Ein geringfügiger Unterschied im Verhältnis der Anzahl von Photonen und Baryonen würde die Bildung von Sternen ausschließen.
- Eine minimale Abweichung im Wert der elektromagnetischen Kopplungskonstante würde die Bildung von Molekülen verhindern.

Kreationisten lehnen sich angesichts dieser Daten zufrieden zurück und sagen: „Natürlich ist das Universum fein abgestimmt. Gott hat es so geschaffen." Wissenschaftler müssen sich jedoch weit mehr Gedanken machen. Das Anthropische Prinzip, ursprünglich in den 1970er Jahren von Brandon Carter vorgeschlagen und in den 1980ern von John D. Barrow und Frank J. Tipler entscheidend weiterentwickelt, kann man folgendermaßen auf den Punkt bringen: „Natürlich ist das Universum fein abgestimmt. Wir wären nicht da, um es zu beobachten, wenn es sich anders verhielte." Unter anderem harmoniert diese Idee hervorragend mit der Mehrweltentheorie: Ganz gleichgültig, welche Theorie der Parallelwelten die Leser auch favorisieren mögen, sie sieht auf jeden Fall vor, dass sich unzählige Universen bilden, die sich in ihren Naturkonstanten und physikalischen Relationen unterscheiden. Die meisten unter ihnen sind zu einem materie- und leblosen Schicksal verdammt. Aber genauso, wie dieser Glückspilz letzte Woche den 200-Millionen-Dollar-Jackpot knackte, indem er auf die sechs richtigen Zahlen setzte, gibt es irgendwo da draußen im All dieses eine unter den zig Millionen Universen, das alle physikalischen Konstanten und Relationen ideal getroffen hat. Wo sonst könnten wir leben?

Falls Sie dieses Konzept nicht restlos überzeugen kann, gibt es noch immer die Flexi-Gesetze. Diese faszinierende Theorie wurde als eine Alternative zum Anthropischen Prinzip entwickelt, um das fein abgestimmte Universum bzw. das Goldlöckchen-Rätsel zu erklären. Das ursprünglich von dem Physiker John Wheeler vorgeschlagene Konzept hat zum Inhalt, dass physikalische Gesetze nicht unwandelbar sind und sich deshalb seit dem Anbeginn des Universums in Entwicklung befinden könnten. Wenn wir das mit unserem alten quantenmechanischen Freund kombinieren, nämlich der Heisenberg'schen Unschärferelation, dann erhalten wir Stephen Hawkings Quantenkosmologie, die behauptet, dass die Vergangenheit (und mit ihr auch die Evolution unserer physikalischen Gesetze) durch den gegenwärtigen Zustand des Universums beeinflusst sei. Wheeler stellt zur Diskussion, dass „die Existenz von Leben und von Beobachtern im heutigen Universum dabei helfen kann, die präzisen Bedingungen herbeizuführen, die für die Entstehung des Lebens notwendig sind, indem Quantenmessungen auf die Vergangenheit einwirken."[18]

Der Big Rip

Wie bereits oben angesprochen, scheint sich die Ausdehnung des Universums zu beschleunigen. Während die meisten Wissenschaftler erwarten, dass diese Beschleunigung konstant bleibt oder sich mit der Zeit sogar verringert, gibt es nicht genügend Daten, um Vorhersagen treffen zu können. Deshalb ist es genauso möglich, dass sich die Beschleunigung erhöhen wird, möglicherweise aufgrund der Kraft, die von der dunklen Materie ausgeht. Diese Kraft könnte schließlich die Wirkung der Gravitation übertreffen, sodass letztendlich jedes Molekül im Universum auseinandergerissen würde. Der Astronom Robert Caldwell hat diese „The Big Rip" genannte Theorie entwickelt und berechnet, dass dieses Szenario frühestens in 22 Milliarden Jahre eintreten könnte. Die gute Nachricht ist, dass bis dahin noch viel Zeit verstreichen wird. Die schlechte Nachricht lautet, dass dies ein ziemlich grausiges Ende für das Universum wäre. Und darüber hinaus gibt es noch keine brauchbare Theorie, die erklärt, was danach geschehen wird.[19]

Alternative, nicht naturwissenschaftliche Ansichten

Im Anfang ...

Wir hätten ein Thema wie dieses nur unvollständig behandelt, wenn wir eine Theorie, die Milliarden von Anhängern hat, nicht wenigstens erwähnen würden: den Kreationismus. Was teilen uns die verschiedenen Weltreligionen über die Erschaffung des Kosmos mit? Es dient unserem Verständnis, wenn man die Weltreligionen anhand der Zahl ihrer Anhänger aufschlüsselt. Die folgenden Schätzungen sind der Website Adherents.com und der „Encyclopedia Britannica" entnommen:

- Christentum – 33 Prozent (2,1 Milliarden Anhänger)
- Islam – 20 Prozent (1,3 Milliarden Anhänger)
- säkular / nicht religiös / atheistisch – 15 Prozent (1,1 Milliarden Anhänger)
- Hinduismus – 13 Prozent (900 Millionen Anhänger)
- indigene Religionen / traditionelle afrikanische Religionen – 6 Prozent (400 Millionen Anhänger)

- traditionelle chinesische Religionen – 6 Prozent (394 Millionen Anhänger)
- Buddhismus – 6 Prozent (376 Millionen Anhänger)
- andere organisierte Religionen – 1 Prozent (50 Millionen Anhänger, einschließlich Sikh-Religion, Judentum, Bahaitum, Konfuzianismus, Jainismus, Scientology und Shintoismus)

Diejenigen Menschen, die sich selbst als säkular / nichtreligiös / atheistisch einstufen, glauben wahrscheinlich eher an die wissenschaftlichen Theorien, die wir oben vorgestellt haben. Andererseits gibt es viele Menschen, die sich als Mitglieder einer organisierten Glaubensgemeinschaft betrachten und die dennoch stark von wissenschaftlichen Lehren wie der Evolution und der Urknalltheorie überzeugt sind. Während beispielsweise der *Time Almanac* aus dem Jahr 2005 berichtet, dass sich 77 Prozent der US-amerikanischen Erwachsenen als Christen bezeichnen, ergab eine Umfrage von *Harris* (#52, 6. Juli 2005), dass 46 Prozent meinen, die Darwinsche Theorie der natürlichen Zuchtwahl sei durch Fossilfunde bewiesen. Gleichzeitig legen zahlreiche Fundamentalisten die Bibel weitgehend wortgetreu aus. Eine *Gallup*-Umfrage vom November 1997 zeigte, dass 44 Prozent der US-Amerikaner der Aussage zustimmen, dass Gott die Menschen in ihrer gegenwärtigen Gestalt zu irgendeinem Zeitpunkt innerhalb der letzten 10.000 Jahre erschaffen habe. Interessanterweise hat die identische Frage, als sie an Einwohner des Vereinigten Königreichs gerichtet wurde, nur bei sieben Prozent Zustimmung erhalten. Das zeigt uns, dass auch innerhalb einer bestimmten Religion die Ansichten weit gestreut sein können. Wenn wir uns mit den einzelnen Religionen näher beschäftigen, erfahren wir von einigen ziemlich interessanten Schöpfungsmythen. Eine Auswahl:

- **Ägypten (Altes Reich)** – Am Anfang gab es ein Meer. Dann erschien Ra (die Sonne) auf dem Wasser und gebar vier Kinder, die sich zur Atmosphäre (Shu und Tefnut), zur Erde (Geb) und zum Himmel (Nut) entwickelten. Geb und Nut hatten zwei Söhne und zwei Töchter. Ein Sohn (Osiris) heiratete eine Tochter (Isis), wurde aber später von seinem Bruder Seth in einem Anfall von Eifersucht getötet. Seth zerstückelte Osiris' Körper und verstreute die 14 Stücke. Isis sammelte 13 dieser Stücke auf (alle außer den Genitalien, die von einem Fisch verzehrt wurden) und erweckte Osiris wieder zum Leben, indem sie sich ihrer Zauberkräfte und der erstaunlichen Balsamierungsfertigkeiten des schakalköpfigen Gottes Anubis bediente. (Anubis' Ursprünge sind nicht gänzlich klar). Osiris regierte fortan die Unterwelt.

- **China** – Am Anfang glich das Universum einem schwarzen, kosmischen Ei. Nach 18.000 Jahren erwachte der erste Mensch, P'an Gu, in diesem Ei, streckte sich, schnappte sich eine Axt von irgendwoher, schlug das Ei auf und verbrachte die folgenden 18.000 Jahre damit, gemeinsam mit seinen Schlüpfkumpanen, dem Einhorn, dem Drachen, dem Phoenix und der Schildkröte, Erde und Himmel zu errichten. Als diese Arbeit vollbracht war, starb er, woraufhin sein Atem zum Wind wurde, seine Augen zu Sonne und Mond, seine Stimme zum Donner usw.

- **Afrikanischer Stamm der Bushoong** – Am Anfang gab es Dunkelheit, Wasser und den großen Gott Bumba. Eines Tages hatte Bumba Bauchschmerzen und spie die Sonne hervor, die den größten Teil des Wassers trocknete und Meere und Land zurückließ. Später spie Bumba, der noch immer krank war, den Mond hervor, die Sterne, eine große Zahl an Tieren und einige Menschen. Seltsamerweise war Bumba weiß.

- **Island** – Am Anfang war Ginnungagap (die Leere), Niflheim (das Land im Norden aus Nebel und Eis) und Muspelheim (das Land im Süden aus Feuer). Aus einer Quelle in Niflheim entsprangen elf Flüsse, die sich mit dem Feuer vereinigten, um Ymir, den ersten Riesen, und die Kuh Audhumbla zu formen. Ymir brachte zwei Frostriesen aus dem Schweiß seiner Achsel hervor und einen weiteren aus seinen Beinen. Der große Weltenbaum Yggdrasil verbindet die neun nordischen Welten.

Bei allem Respekt gegenüber unseren altehrwürdigen Freunden aus der ganzen Welt: Diese Schöpfungserzählungen sind sehr unterhaltsam, aber in mancher Hinsicht ziemlich unterschiedlich. Mehr Gemeinsamkeiten als Unterschiede gibt es zwischen den großen Weltreligionen: Es ist eine bekannte Tatsache, dass Islam, Judentum und Christentum eine gemeinsame, auf Abraham zurückgehende

Vergangenheit und insofern ein gemeinsames Erbe besitzen. Die Geschichte von Noah und der Sintflut ist praktisch identisch mit der Flutgeschichte aus dem sumerischen Gilgamesch-Epos. Neben Jesus gingen auch Buddha, der Hindugott Krishna, Zarathustra und der ägyptische Gott Horus aus jungfräulicher Empfängnis hervor. Der Weihnachtsfeiertag hat seine Wurzeln bei Nimrod, dem König von Babylonien. Seine Frau Semiramis (Apuleius zufolge ist sie den Kretern als Diana Dictynna bekannt) gebar einen Sohn namens Dumuzi (in Ägypten als Osiris und in der Bibel als Tammuz bezeichnet), der als angekündigter Messias seiner Tage erachtet wurde und den Namen „Mithras" oder „Mediator" erhielt.[20] Joscelyn Godwin zufolge, einem Professor an der Colgate University, war die antike Sonnengottheit Mithras „der Schöpfer und Lenker des Universums ... Seine Geburt am 25. Dezember wurde durch Hirten bezeugt. Nach allerlei Heldentaten richtete er für seine Anhänger ein letztes Abendmahl aus und kehrte in den Himmel zurück. Am Ende der Welt wird er wiederkehren, um Recht über die wiedergeborene Menschheit zu sprechen; und nach dem letzten, siegreichen Kampf gegen das Böse wird er die Auserwählten durch einen Fluss aus Feuer zur seligen Unsterblichkeit führen." Dass die Wahl der römisch-katholischen Kirche auf diese Erzählung und diesen Tag fiel, um die Geschichte ihren Bedürfnissen entsprechend umzuschreiben und gleichzeitig heidnische Rituale an sich zu reißen, war eine blendende Idee. Sogar die Bibel deutet an, dass Jesus eigentlich im Herbst auf die Welt kam. Die Geburt von Osiris wurde am 25. Dezember gefeiert, indem Geschenke unter einem Zederbaum dargereicht wurden. In der sumerischen Religion galt Dumuzi als ein Hirtenkönig, der von den Toten wiederauferstand. Und so weiter.

Viele sehen diese Ähnlichkeiten als Beweis, dass diese Kulturen eine gemeinsame historische Wurzel haben.

Das holographische Paradigma

Das sogenannte holographische Weltbild gehört zu den besonders interessanten und vielversprechenden Vorstellungen über die Beschaffenheit der Wirklichkeit. Der verstorbene Physiker David Bohm, einer der wichtigsten Vertreter dieser Theorie, war der Meinung, dass sich das Universum wie ein Hologramm verhält. Ein Hologramm oder ein holographisches Bild verteilt die aufgezeichneten Informationen über alle Teile des Bildes. Wenn man also ein Hologramm halbiert, kann man noch immer das vollständige Bild sehen, obwohl es ein wenig an Auflösung eingebüßt hat (proportional zur Verringerung der Größe). Siehe Abbildung 2-17 – mit freundlicher Genehmigung meiner Katze Scully. Jedes Mal, wenn ein Teil aus dem Hologramm von Scully herausgeschnitten wird, verliert das resultierende Bild an Auflösung. Das ergibt einen Sinn, wenn man darüber nachdenkt. Das Hologramm beinhaltet eine bestimmte Menge an Information – eine feststehende Anzahl an Bytes. Wenn man ein Viertel des Bildes entnimmt, wie es in Abbildung 2-17 dargestellt ist, erhält dieser Ausschnitt nur 25 Prozent der ursprünglichen Information. Aber wenn darin genügend Daten enthalten sind, um das gesamte Bild wiederzugeben, muss sich der Verlust auf die Auflösung des Bildes auswirken. Es ist gleichgültig, welchen Teil des Bildes wir auswählen – das Viertel unten rechts führt zum selben Ergebnis wie dasjenige oben links.

Abbildung 2-17

Karl Pribram, Neurophysiologe der Stanford University, übertrug das holographische Paradigma auf die Funktionsweise des Gehirns, nachdem er bemerkt hatte, dass experimentelle Belege ein Modell einer dezentralen Organisation des Gehirns unterstützten. Beispielsweise war es gleichgültig, welche Gehirnregion Laborratten entnommen wurde – sie büßten nie die früher erlernte Fähigkeit ein, durch ein Labyrinth zu laufen. Und es hatte den Anschein, dass keinem menschlichen Patienten, dem aufgrund einer notwendigen Operation ein größerer Teil des Gehirns entnommen worden war, eine bestimmte Erinnerung ganz und gar verlorenging. Die Erinnerung wurde für gewöhnlich unschärfer, vergleichbar mit dem Hologramm meiner Katze in Abbildung 2-17, aber keine einzige Erinnerung verflüchtigte sich ganz. Weitere Belege stammen von Paul Pietsch, Biologe an der Indiana University, der sich eigentlich zum Ziel gesetzt hatte, Pribrams Theorie zu widerlegen und sich eine Reihe von Experimenten einfallen ließ, die unter anderem das Lernverhalten von Salamandern zum Inhalt hatten. Zu seinem Entsetzen fand er jedoch heraus, dass die normale Gehirnfunktion wiederhergestellt werden konnte – ganz gleich, wie sehr er die Gehirne seiner unglücklichen Versuchsobjekte auch teilte, schnitt und zerhackte.

Holographische Bilder besitzen einzigartige Eigenschaften, da sie mithilfe von Interferenzmustern des Laserlichts aufgezeichnet werden. Sich überlagernde gerade Linien können überraschend komplexe Moiré-Muster erzeugen, wie in Abbildung 2-18 dargestellt ist.

Abbildung 2-18

Karl Pribram hielt es für möglich, dass das Gehirn Informationen nicht Bit für Bit im Zeitbereich, sondern möglicherweise durch Interferenzmuster im Frequenzbereich speichert. Dies könnte erklären, warum wir fähig sind, etwas anhand von Mustern zu erlernen, beispielsweise wenn wir Gesichter erkennen oder einen raschen Blick auf eine Landkarte werfen.

Fourier-Transformation: Zeit- und Frequenzbereiche

Ein musikalischer Ton kann auf mehrere Arten beschrieben werden. Im Zeitbereich wird ein Ton für gewöhnlich als Welle dargestellt und kann auf einem Oszilloskop betrachtet oder für den Computer digitalisiert werden. Aber er lässt sich genauso gut durch seine Frequenzkomponenten (Grundton und Obertöne) visualisieren. In Abbildung A sehen wir eine Sinusschwingung (wischen Sie die Spinnweben von Ihren Synapsen und versuchen Sie, sich an die Trigonometrie in der Schule zu erinnern!) im Zeitbereich f(t). Wenn die Zeit voranschreitet, ändert sich die Auslenkung entsprechend der Sinusfunktion und erreicht regelmäßig ihren maximalen Wert (Amplitude). In der rechten Hälfte des Diagramms, wo anstelle der Zeit- die Frequenzfunktion dargestellt wird, können wir sehen, dass nur ein einziger Punkt bezeichnet wird – der einheitlichen Frequenz der Sinusschwingung entsprechend. In Abbildung B ist links und rechts eine Schwingung mit doppelter Frequenz und halber Amplitude dargestellt. Wenn wir die beiden Schwingungen der Abbildungen A und B addieren, erhalten wir die seltsam geformte Schwingung C, die schön langsam so aussieht, als könne sie einem traditionellen Musikinstrument und nicht einem Synthesizer entlockt werden. Im Frequenzbereich von C können wir sehen, dass der Graph aus der Grundfrequenz sowie aus der ersten Oberschwingung (Oberton) mit halber Amplitude besteht. Wenn die Schwingungen komplexer werden, ist es nicht leicht, die Beziehung zwischen dem Zeit- und dem Frequenzbereich zu sehen. Glücklicherweise gibt es mathematische Hilfsmittel, um Umwandlungen zwischen den beiden Bereichen durchzuführen. Dieses Rüstzeug wird als Fourier-Transformation (wenn man von der Zeit zur Frequenz wechselt) und als inverse Fourier-Transformation bezeichnet (wenn man von der Frequenz zur Zeit wechselt). Die grundsätzliche Idee ist, dass jedes x-beliebige periodische Signal – also eines, das sich regelmäßig wiederholt – durch die Summe von Sinuswellen dargestellt werden kann. In D beispielsweise ist die Rechteckwelle aus der Grundschwingung minus 1/3 der zweiten Oberschwingung plus 1/5 der vierten Oberschwingung minus 1/7 der sechsten Oberschwingung und so weiter ad infinitum zusammengesetzt. Je mehr Oberschwingungen im Frequenzbereich beteiligt sind, umso mehr nähert sich die Schwingung im Zeitbereich einer Rechteckwelle an. Figur E zeigt schließlich Zufallsrauschen. Beachten Sie, dass im Frequenzbereich Rauschen eine Überlagerung aller Frequenzen ist. Deshalb wird es „weißes" Rauschen genannt. Stellen Sie sich einen rotierenden Farbkreis vor: Weiß entsteht aus der Überlagerung aller Farben. Das erscheint logisch, weil Farben durch die Frequenzen der Lichtwellen entstehen.

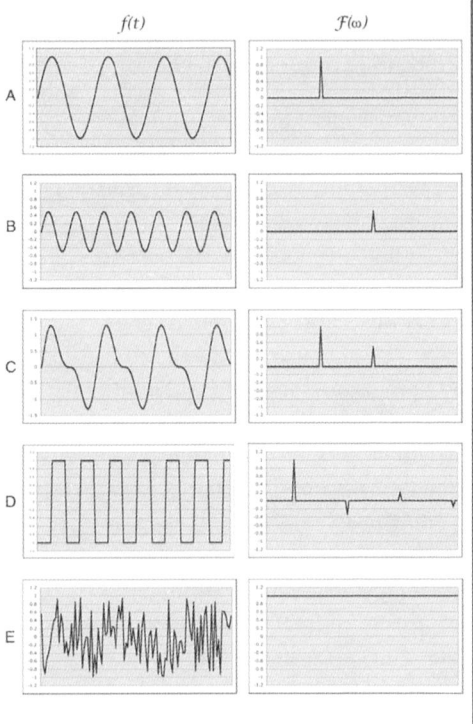

Um zu weiterem Nachdenken anzuregen, möchte ich darauf hinweisen, dass Michael Talbot in seinem ausgezeichneten Buch „Das holographische Universum" über die Möglichkeit nachdenkt, dass unsere objektive Realität – die Kaffeetassen, Fernsehgeräte, Autos und Menschen – nur eine „riesige Symphonie von Schwingungen, ein „Frequenzbereich" sein könnte, der erst, nachdem er unsere Sinne gereizt hat, in die uns bekannte Welt transformiert wurde."[21]

Der Physiker David Bohm formalisierte die Vorstellung vom holographischen Modell der Wirklichkeit und bezog sie in die Quantenphysik ein. Genauso, wie die Interferenzmuster, die in einem Hologramm gespeichert sind, ungeordnet oder chaotisch erscheinen mögen, gleichzeitig jedoch die Informationen darstellen, die benötigt werden, um das Bild aufzuzeichnen, könnte das Gefüge des Raums und der Realität eine versteckte, eingefaltete Ordnung haben, die er die „implizite Ordnung" nennt. Unsere Wahrnehmungen entsprechen der „expliziten" oder entfalteten Ordnung. Um es anders auszudrücken: Alles ist ein Kontinuum. Wir sind alle miteinander verbunden und Teil desselben Raumgewebes. Darüber hinaus ist jede Information über das Universum – jeder Ort und jede Zeit – in jede Masche dieses Gewebes eingeschrieben, vergleichbar mit einem Hologramm. Dies hat weitreichende Folgen, die Talbot in seinem Buch ausgiebig bespricht. Bezogen auf die Quantenmechanik bietet ein solches Modell eine ausgezeichnete Erklärung für das Paradoxon der Fernwirkung, von dem wir bereits an früherer Stelle gehört haben (das, meiner bescheidenen Meinung nach, von vielen Physikern durch inhaltslose Phrasen erklärt wird, weil sie keine wirklich stichhaltige Begründung für das Phänomen haben). Grundsätzlich ist es nicht schwer, sich vorzustellen, dass sich zwei Teilchen synchron verhalten, auch wenn sie räumlich getrennt sind und so eigentlich den Beschränkungen der Lichtgeschwindigkeit unterliegen. Falls diese Teilchen Komponenten desselben zugrunde liegenden Prinzips sind, dann müssen sie sich zwangsläufig synchron verhalten. Der Chemiker Ilya Prigogine erhielt den Nobelpreis für seine Analyse chemischer Strukturen, die den zweiten Hauptsatz der Thermodynamik zu verletzen scheinen, weil sie in eine höhere Ordnung übergehen. Wenn das dem Raum zugrunde liegende Gewebe stärker strukturiert wäre als bisher angenommen, könnten solche Anomalien einfach erklärt werden.[22] Fotografisches Gedächtnis, Phantomschmerzen und die Kraft des Glaubens sind allesamt gut erforschte Phänomene, für die das holographische Paradigma eine ausgezeichnete Erklärung liefert.

Dem holographischen Weltbild folgend kann man sich vorstellen, dass es an jeder Masche des Raumgewebes einen Abdruck der Vergangenheit, Gegenwart und Zukunft aller Ereignisse gibt. Das würde auch perfekt zum Konzept der Akasha-Chronik passen, das ähnliche Ideen beinhaltet und von der theosophischen Bewegung im 19. Jahrhundert entwickelt wurde. Talbot benutzt dieses Konzept ebenfalls als eine mögliche Erklärung für alle Arten von außergewöhnlichen Ereignissen, wie sie in der esoterischen Literatur beschrieben werden. Hellsichtigkeit? Ganz einfach auf die Fähigkeit zurückzuführen, die Aufzeichnung eines entfernten Geschehens im lokalen holographischen Raum zu entdecken. Außerkörperliche Erfahrungen (OBEs)? Genau dasselbe, abgesehen davon, dass man virtuell durch die Aufzeichnung reist. Vorahnungen? Zugang zu der zeitlichen Dimension des Hologramms. Rückführungen in frühere Leben? Durch geistige Übungen oder andere Methoden die Fähigkeit erlangen, die subtilen Energien wahrzunehmen, die frühere Inkarnationen in der Akasha-Chronik hinterlassen haben.

Wie kann diese unbeschreibliche Fülle an Informationen auf so kleinem Raum gespeichert werden? Rufen Sie sich in Erinnerung, was wir weiter oben über die Vakuumenergie gesagt haben. Einigen Quantenphysikern zufolge ist das Vakuum geradezu mit Quantenenergiefeldern durchdrungen – in einem solch extremen Ausmaß, dass die im Vakuum einer Glühbirne enthaltene Energie ausreichen würde, um das Wasser in allen Weltmeeren zum Kochen zu bringen. In esoterischen Kreisen nimmt dieses Konzept des „Nullpunktfelds" einen hohen Stellenwert ein, das zur Antwort auf alles geworden ist: vom Lösen der weltweiten Energiekrise bis hin zur Erklärung von paranormalen Phänomenen. In diesem Zusammenhang sind Bohms holographisches Feld, die Akasha-Chronik und das Nullpunktfeld ein und dasselbe, wodurch erklärt werden kann, warum es ein derart großes Datenvolumen speichern kann. Physiker wie David Bohm, der seine Argumente in dem Buch „Die implizite Ordnung" zusammenfasste, glaubten an diese Möglichkeit. Zu den weiteren Wissenschaftlern, die seine Theorien entweder akzeptieren oder einigen Aspekten zustimmen, gehören der Nobelpreis-Kandidat Ervin László, der berühmte Kosmologe Roger Penrose aus Oxford und der mit dem Nobelpreis ausgezeichnete Physiker Brian Josephson.[23]

Geoffrey Chew, emeritierter Professor für Physik an der University of California, Berkeley, hat einen ähnlichen Ansatz zur Erklärung der Realität entwickelt, den er als „Bootstrap-Hypothese" bezeichnet. Diese besagt, dass alle Materieteilchen, Gesetze und Gleichungen nicht mehr sind als ein Netz von Wechselbeziehungen und letztlich als Eigenschaften des menschlichen Bewusstseins erachtet werden können.[24]

Die Beschaffenheit der Zeit

„Die Zeit fliegt wie ein Pfeil, Fruchtfliegen auf Bananen."

– Groucho Marx

Bevor wir die einigermaßen seriösen Bereiche der Physik und der Philosophie zugunsten der etwas abgehobenen Bühne der Unterhaltung verlassen, müssen ein paar Dinge über die Beschaffenheit der Zeit gesagt werden. Das Zeitkonzept ist so lange eine einfache Vorstellung, bis man versucht, es ohne zirkuläre Argumente zu erläutern. Wissenschaftsgeschichtlich betrachtet wurde die Zeit entweder als eine wirkliche, messbare Entität oder als eine Vereinbarung gesehen, um Messungen durchführen zu können. Der Einfachheit halber stellte man die Zeit als einen Pfeil dar, der beständig in eine Richtung fliegt. Der deutsche Philosoph Friedrich Nietzsche zog die Möglichkeit in Betracht, dass die Zeit kreisförmig verläuft und alle vergangenen Ereignisse letztendlich erneut auftreten. Dies ist wahrscheinlich der Grund, weshalb die von Nietzsches Buch „Also sprach Zarathustra" inspirierte Musik in Stanley Kubricks Film „2001: Odyssee im Weltraum" sowohl während der Anfangs- („Der Morgen der Menschheit") als auch der Schlussszenen („Wiedergeburt") eingesetzt wurde. (Warum die Boston Red Sox sich entschieden haben, das Stück für die Eröffnungsfeier auszuwählen, die auf ihren World-Series-Sieg des Jahres 2004 folgte, ist ein wenig schwieriger zu beantworten …)

Wie gewohnt stellte Einstein das gesamte Zeitkonzept auf den Kopf, indem er anhand seiner Allgemeinen Relativitätstheorie nachwies, dass die Zeit keine absolute Größe ist, sondern ebenso wie der Raum einen Bestandteil des Raum-Zeit-Kontinuums bildet. Wie die räumlichen Dimensionen lässt sich auch die Zeit nicht absolut festlegen, weshalb Beobachter in verschiedenen Bezugssystemen zu unterschiedlichen Ergebnissen kommen, wenn sie die Zeit messen. Aus diesem Grund ist es schwierig, Begriffe wie „Gleichzeitigkeit" oder auch die Reihenfolge von Ereignissen eindeutig zu bestimmen. Ebenso wie im Zen und in der Quantenmechanik wird der Beobachter zu einem wesentlichen Bestandteil der Messung und sogar der Existenzweise der Zeit.

Muss die Relativitätstheorie überdacht werden?

Armer Albert Einstein. Exakt 100 Jahre, nachdem Einstein eine Reihe von Artikeln veröffentlicht hatte, mit denen er die Grundlagen der Wissenschaft erschütterte, scheint nun jeder Wissenschaftler und Möchtegern-Forscher aufs Geratewohl auf die Relativitätstheorie zu schießen. Eigentlich entstand dieses Buch aus meiner vorübergehenden Absicht, den Beweis zu führen, dass die Lichtgeschwindigkeit nicht die oberste Geschwindigkeitsgrenze der Informationsübertragung ist. Obwohl ich die Relativitätstheorie in der Schule kennen und verstehen lernte und bei den Prüfungen sehr gut abschnitt, störte mich immer irgendetwas. Einsteins Theorie wurde mithilfe von Raum-Zeit-Diagrammen dargestellt; die mathematischen Berechnungen basierten auf Gleichzeitigkeit und Lichtpulsen, was in Ordnung war – abgesehen davon, dass die Konstanz der Lichtgeschwindigkeit immer von vornherein festzustehen schien. Intuitiv war ich davon überzeugt, dass es für uns sehr schwierig wäre, etwas wahrzunehmen, dessen Geschwindigkeit die des Lichts übertrifft, weil unser „schnellster" Sinn der Sehsinn zu sein scheint. Wir stehen vor demselben Problem, das ein blinder Menschenschlag hätte, wenn er sich um den Beweis bemühte, dass irgendetwas mit einer rascheren Geschwindigkeit reisen könnte als es die Begrenzungen der übrigen Sinnesorgane zulassen (in diesem Szenario würde wahrscheinlich der Schall zum schnellsten Sinneseindruck erklärt werden). Einstein setzte die intuitive Annahme, dass die Lichtgeschwindigkeit in allen Bezugssystemen konstant sei, an den Beginn seiner revolutionären Theorie. Alles Übrige leitete er davon ab. Aber wie deduzierte er die Geschwindigkeit des Lichts? Gemäß der Maxwell-Gleichungen ist die Lichtgeschwindigkeit c eine Funktion der Durchlässigkeit und Permittivität eines Vakuums und kann deswegen als eine Konstante des Raums betrachtet werden. Das impliziert, dass sich im Vakuum alles mit Lichtgeschwindigkeit ausbreiten muss. Aber wie verhält es sich, wenn der Raum nichts weiter als Information ist (vgl. Schleifenquantengravitation)? Kann sich Information dann relativ zu einer anderen Position im Raum ausbreiten? Und wo lägen die Grenzen dieser Ausbreitung?
In Bezug auf die Konstanz der Lichtgeschwindigkeit gibt es viele abweichende Ansichten, von

denen manche eindeutige Missverständnisse sind, andere wiederum nachdenklich stimmen. Dies ist eine Auswahl:

- Auch wenn die Relativitätstheorie die Beschleunigung einer Masse auf eine Geschwindigkeit verbietet, die diejenige des Lichts übertrifft, so schließt sie nicht aus, dass es Teilchen geben könnte, die sich zu Beginn ihres Daseins mit Überlichtgeschwindigkeit bewegen. Solche „Tachyonen" sind theoretisch möglich und haben eine imaginäre Masse („imaginär" in der Bedeutung, dass das Quadrat der Masse negativ ist); sie sind im Experiment aber sehr schwer fassbar, da sie mit der gedanklichen Schwierigkeit ausgestattet sind, noch vor ihrer Entstehung zu verschwinden. Dennoch gelang es Philip Crough und Roger Clay 1973 ein derartiges Objekt in einem kosmischen Teilchenschauer zu identifizieren; bedauerlicherweise konnte diese Beobachtung nicht wiederholt werden.

- Im Jahr 2000 erzeugten Physiker in Princeton (New Jersey) einen Lichtpuls, dessen Gruppengeschwindigkeit die Lichtgeschwindigkeit überschritt; allerdings wurde dieser Versuch in einer Cäsium-Kammer und nicht im Vakuum vorgenommen. Dennoch konnte dadurch bewiesen werden, dass eine Überschreitung der Lichtgeschwindigkeit möglich ist.[25]

- Im selben Jahr verfasste Tom Van Flandern einen Artikel, der Beweise dafür liefert, dass die Geschwindigkeit der Gravitationskraft die Lichtgeschwindigkeit um ein Vielfaches übertrifft, nämlich mindestens um den Faktor 20.000.000.000, wie eines seiner Experimente bewies.[26]

- Die Konstanz der Lichtgeschwindigkeit wurde jahrelang heiß debattiert. Dabei konnte der experimentelle Nachweis geführt werden, dass sich die Lichtgeschwindigkeit auf einer kosmischen Zeitskala verlangsamt, weshalb sie keine universelle Naturkonstante sein kann. Der russische Kosmologe Dr. V. S. Troitskii veröffentliche 1987 einen Artikel, in dem er postulierte, dass die Lichtgeschwindigkeit ursprünglich 10^{10} mal schneller war als sie es heutzutage ist.[27] Diese Argumentationslinie wird dadurch gestützt, dass – wie einige Websites berichteten – Dr. Van Flandern, der zwanzig Jahre lang am United States Naval Observatory als Astronom tätig war und die Abteilung für Himmelsmechanik leitete, einige Testergebnisse veröffentlichte, die darauf hinweisen, dass die Geschwindigkeit der Atomuhren abnimmt.

- Dr. Florentin Smarandache von der University of New Mexico hat vorgeschlagen, dass es keine echte Geschwindigkeitsbeschränkung im Universum gibt. Seine Argumentation scheint hauptsächlich auf dem Phänomen der Quantenverschränkung zu basieren.[28]

Das Fazit lautet, dass bisher niemand das Einstein'sche Postulat der Lichtgeschwindigkeit als Obergrenze der Geschwindigkeit widerlegen konnte. Aber dennoch scheint diese Beschränkung nur für die Ausbreitung elektromagnetischer Strahlung im Vakuum zu gelten, und es stellen sich ebenso viele unbeantwortete Fragen wie es Hintertürchen für die Lichtgeschwindigkeit als Maximum gibt. Mit welchem Tempo breitet sich die starke Wechselwirkung aus? Oder die Schwerkraft? Welches Prinzip liegt der Quantenverschränkung zugrunde? Kann sich der Raum an sich ausbreiten? Und wie schnell? (Die Definition des Vakuums ist für ein derartiges Argument bedeutungslos.) Könnten für exotische Formen der Materie (dunkle Materie, dunkle Energie) andere Regeln gelten? Gilt die Begrenzung durch die Lichtgeschwindigkeit auch für die Durchquerung von Paralleluniversen? Wie verhält es sich in den ausgedehnten Dimensionen der Stringtheorie? Falls telepathische Kommunikation möglich ist und ohne Elektromagnetismus auskommt, wie rasch geht sie vor sich? Wenn die Welt programmiert ist: Wie schnell werden Rückmeldungssignale verbreitet und gibt es irgendeinen Grund, warum wir nicht irgendwann einmal ein kleines bisschen davon zu Gesicht bekommen sollten? Zum Beispiel dann, wenn wir glauben, es herausgefunden zu haben? Erinnern Sie sich daran, dass die klassische Physik nur für geringe Geschwindigkeiten und die Physik abgesehen von der Quantenmechanik nur für Objekte ab einer gewissen Größe Gültigkeit besitzt. Trotzdem konnten sich diese Theorien jahrhundertelang bei tausenden der klügsten Menschen auf der Welt behaupten. Warum sollten wir so arrogant sein und glauben, dass die Relativitätstheorie nicht eines Tages ausschließlich in der vierdimensionalen, nichtexotischen, elektromagnetischen Raumzeit gültig und eine Annäherung an eine umfassendere Theorie sein könnte?

> „Am schwersten auf der Welt zu verstehen ist die Einkommensteuer."
>
> – Albert Einstein

Unter Extrembedingungen – beispielsweise, wenn es um die Singularität eines Schwarzen Loches geht –, gibt es keine friedliche Koexistenz zwischen Quantenmechanik und Relativitätstheorie. Aus diesem Grund entwickelten Physiker eine neue Theorie, die in diesen Bereichen die Führung übernehmen sollte: die Schleifenquantengravitation. Im Wesentlichen macht sie Einsteins Beitrag zur Vereinheitlichung von Raum und Zeit rückgängig; sie trennt beide, negiert die Zeit und reduziert den Raum auf probabilistischen Schaum.[29] Die Schleifenquantengravitation ist ein drastisches Modell der Quantisierung von Raum und Zeit, in dem der Raum durch ein Netzwerk von Zuständen (Spin-Netzwerk) repräsentiert wird. Materie und Energie sind lediglich Eigenschaften dieser Knoten im Netzwerk. Deswegen besteht die Realität in dem Modell ausschließlich aus Daten; Materie und Energie sind „Datenstörungen", die sich im Netzwerk ausbreiten.[30]

Zumindest ein Physiker, nämlich Julian Barbour, glaubt, dass die Zeit auch außerhalb des Bereichs der Schleifenquantengravitation nicht existiert und nur eine Illusion unseres Denkens ist. In seinem Buch „The End of Time" argumentiert er, dass die Zeit nichts anderes ist als eine Reihe von Quantenzuständen. Dadurch, dass wir diese Quantenzustände aneinanderreihen, wird die Illusion der Zeit erweckt – vergleichbar mit den Einzelbildern auf einer Filmrolle. Abgesehen davon hat das Entfernen der Zeit aus den physikalischen Gleichungen einen hübschen, vereinheitlichenden Nebeneffekt. Eine derartige Theorie ist interessant, wirft aber die Frage auf, weshalb sich die Zeit nur in eine Richtung zu bewegen scheint; denn die Gesetze der Physik schließen den Zeitfluss von der Gegenwart in die Vergangenheit keineswegs aus. Alle diesbezüglichen Gleichungen sind widerspruchsfrei. Warum scheint sich dann die Zeit ausschließlich vorwärts zu bewegen? Ich schlage wiederum vor, dass das auf unsere programmierte Wirklichkeit zurückzuführen ist. Julian Barbour hat Recht: Es gibt keine Zeit. Was ich in Kapitel 7 begründen werde.

Die meisten Zeitreiseverbrechen werden innerhalb der Familie verübt ...

Und dann gibt es das Konzept der Zeitreise. Nachdem Zeitreisen lange Zeit als Kopfgeburten von Science-Fiction-Schriftstellern erachtet wurden, machen sich inzwischen viele angesehene Wissenschaftler ernsthafte Gedanken darüber. Ich möchte voranstellen, dass Zeitreisen in die Zukunft aufgrund der Allgemeinen Relativitätstheorie als theoretische Wahrscheinlichkeit längst bewiesen sind. Wenn sich ein Mensch oder Gegenstand annähernd mit Lichtgeschwindigkeit in eine Richtung bewegt, sich umdreht und mit derselben Geschwindigkeit zurück zum Ausgangspunkt reist, ist für ihn weniger Zeit verstrichen als für die Menschen oder Gegenstände, die sich vorsichtiger bewegt haben. Aus diesem Grund ist der Mensch bzw. das Objekt im Grunde in die Zukunft gereist. Aber sind auch Zeitreisen in die Vergangenheit denkbar? Wieder stellt sich heraus, dass kein physikalisches Gesetz die Möglichkeit von Zeitreisen in die Vergangenheit ausschließt. Der am California Institute of Technology tätige theoretische Physiker Kip Thorne stellt in seinem exzellenten Buch „Black Holes and Time Warps" (dt.: „Gekrümmter Raum und verbogene Zeit") Zeitreisemethoden für beide Richtungen vor, die mit den heute bekannten Gesetzen der Physik vollkommen in Einklang sind. Einzige Voraussetzung ist die Existenz von „exotischer Materie", die eine negative Energiedichte aufweist. Obwohl diese Materie noch nicht nachgewiesen ist, gibt es einen empirischen Beleg in Gestalt des Verhaltens am Ereignishorizont eines Schwarzen Loches und einen experimentellen Beleg in Form des Casimir-Effekts. Der Casimir-Effekt bezeichnet eine Anziehungskraft, die zwischen ungeladenen Metallplatten auftritt. Thornes Zeitmaschine ist im Wesentlichen ein Wurmloch, das aus dieser exotischen Materie besteht und nicht nur Zeitreisen ermöglicht, sondern auch Reisen mit Überlichtgeschwindigkeit.[31] Abbildung 2-19 veranschaulicht das Modell:

Abbildung 2-19a

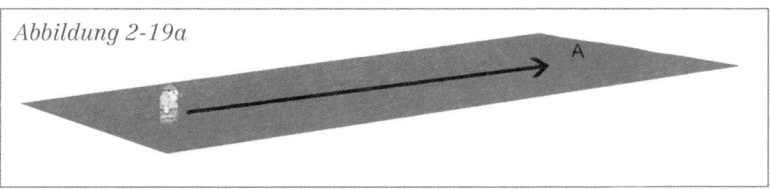

Abbildung 2-19b

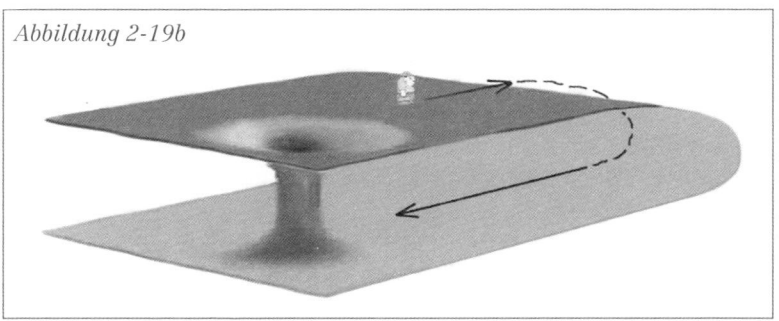

In Abbildung 2-19a steht Joe Lunchbox, unser alter Bekannter, auf der „Oberfläche" seines Flächenland-Universums. Um zu Punkt A zu reisen, muss er der bewährten Maxime folgen, die besagt, dass der kürzeste Abstand zwischen zwei Punkten die gerade Linie ist. Falls A ein Lichtjahr entfernt ist und Joe mit Lichtgeschwindigkeit reist, benötigt er ein Jahr, um zu Punkt A zu gelangen. Erinnern wir uns jedoch an unsere Diskussion über multiple Dimensionen und krümmen Joes Universum wie in Abbildung 2-19b dargestellt, wodurch wir zwischen ihm und Punkt A ein Wurmloch erschaffen. Nun kann er durch das Wurmloch schlüpfen, so dass er nicht nur schneller als das Licht zu Punkt A gelangt, sondern auch in der Zeit zurückreist. Auch wenn es schwer zu zeichnen ist, können Sie sich vorstellen, dass derselbe Effekt auf unser dreidimensionales Universum anwendbar ist. Das Wurmloch verbindet zwei Punkte mittels einer höheren Dimension und ermöglicht vorwärts- und rückwärtsgerichtete Zeitreisen.

Dem Physiker Amos Ori ist es sogar gelungen, die Einschränkung durch die exotische Materie zu umgehen und ein realistischeres Zeitmaschinenmodell zu entwickeln, das „topologisch trivial" ist.[32]

All das klingt sicherlich aufregend, aber wie sieht es mit den philosophischen Implikationen aus, wie zum Beispiel dem wohlbekannten „Großvaterparadoxon", bei dem Sie in der Zeit zurückreisen und

Ihren Großvater töten, so dass sie Ihre eigene Existenz verhindern, ganz wie in „Zurück in die Zukunft"? Kluge Köpfe haben auch diesen Fall durchdacht und Konzepte wie die Paralleluniversen und die Everett-Interpretation der Quantenmechanik herangezogen, um einen Ausweg aus dem Paradoxon zu finden. Sobald Sie Ihren Großvater getötet haben, spaltet sich ein neues Universum ab, in dem er tot ist und Sie nie geboren werden. Wer ist dann der Kerl, der ihn getötet hat? Jemand aus einem anderen Universum. Damit wäre alles völlig widerspruchsfrei.

Nanotechnologie

Nun ist es an der Zeit, ein paar Worte darüber zu verlieren, wohin uns die technischen Errungenschaften unserer Zeit führen werden. Die Nanotechnologie befasst sich mit Objekten im Maßstab von Nanometern, also 10^{-9} Metern. Das ist die Größenordnung, in der einzelne Moleküle manipuliert werden können, um Materialien und Strukturen mit Eigenschaften (z.B. Stärke und Leitfähigkeit) herzustellen, die bislang als unmöglich galten. Eric Drexlers ausgezeichnetes Buch „Engines of Creation" bietet einen Überblick über das Potenzial der Nanotechnologie und auch die Gefahren, die von ihr ausgehen könnten.

Nanotechnologie wird schon heute in vielen Bereichen genutzt: Kleidung, Kosmetik, Sportausrüstung, Wasserfilterung und neuartige Druckfarben sind allesamt Produkte, die von dieser Technologie profitiert haben. Quantenpunktkristalle kommen in der Blue-Laser-Technologie zum Einsatz, wie wir sie von der Sony PlayStation 3 und HD-DVDs kennen.

Zu den weitreichendsten Anwendungen, die im Raum stehen, zählen spektakuläre Ideen zur Entwicklung von Nanobots (Roboter im Nanometerbereich), die in den Körper injiziert werden sollen, um Krebszellen aufzuspüren und unschädlich zu machen oder um den menschlichen Alterungsprozess zu aufzuhalten. Die Fähigkeit zur Synthese neuer Moleküle ermöglicht es, Designermedikamente und -chemikalien für jede vorstellbare medizinische und industrielle Anwendung herzustellen. Dazu gehört auch die Möglichkeit,

AIDS-Viren zu zerstören.³³ Molekulare Assembler werden dazu in der Lage sein, jedwedes gewünschte Material oder Objekt zu erzeugen, darunter Kernbrennstoff, Diamanten oder Raketentriebwerke, was weitreichende Auswirkungen auf die Verteilung der Arbeitskraft (Minen- und Fabrikarbeiter werden dann nicht mehr gebraucht) und die Weltwirtschaft haben wird (Länder, die auf Einkünfte aus seltenen natürlichen Ressourcen angewiesen sind, werden eine andere Finanzierungsmöglichkeit finden müssen). Die Gentechnik bewirkt möglicherweise eine neue Verteilung von „Arm" und „Reich". Eine verbesserte Nahrungsmittelproduktion könnte dem Welthunger entgegenwirken, und Nanobots könnten darauf programmiert werden, die Folgen von Umweltverschmutzung und -zerstörung zu beseitigen.

Der Computerwissenschaftler J. Storrs Hall entwickelte das unglaublich elegante Konzept eines „Utility Fog". Stellen Sie sich ein nanoskopisches Objekt vor, das Foglet genannt wird und ein intelligenter Nanobot ist, der die Fähigkeit hat, mit seinen Artgenossen zu kommunizieren. Ferner verfügt er über Arme, die sich verhaken können, um größere Strukturen zu bilden. Billionen dieser Foglets werden möglichweise dazu in der Lage sein, einen Raum auszufüllen, ohne dass sie von jemandem bemerkt werden, solange sie sich in ihrem „unsichtbaren Modus" befinden. Zu jedem beliebigen Zeitpunkt könnten sie sich verschwören und eine Struktur bilden – eine undurchdringliche Wand, ein Sofa, eine alle Sinne einbeziehende Erfahrung einer anderen Realität. Die Möglichkeiten sind grenzenlos.³⁴

Andererseits besteht die Gefahr, dass die Nanotechnologie für militärische Zwecke missbraucht wird – wie jede andere Technik, die es davor gab. Nanobots, die Schwärme von Viren transportieren oder sich als Fleischfresser betätigen, könnten die nukleare Abschreckung der Zukunft sein und eine Kluft zwischen dem Klub der unsichtbaren Bedrohungen und dem Non-Nano-Klub erzeugen. Noch heimtückischer mutet das Schreckgespenst vom „grauen Glibber" an – der theoretischen Katastrophe, die unausweichlich ist, wenn eine Nano-Vorrichtung mit zwei Befehlen hervorgebracht wird: Selbstreplikation und Verzehr von allem, was sich den Glibberteilchen in den Weg stellt. Letztlich führt das dazu, dass die gesamte Erdoberfläche verschlungen wird.

Künstliche Intelligenz

Es ist kein Geheimnis, dass Computer immer schneller und Programme immer ausgereifter werden; gleichzeitig nimmt die Rekonstruktion der menschlichen Intelligenz erschreckend vollständige Züge an. In Zusammenarbeit mit Science-Fiction-Schriftstellern hat Hollywood in Filmen wie „Terminator 2", „Matrix", „I, Robot" und „A.I. – Künstliche Intelligenz" das Motiv, dass Maschinen die Weltherrschaft übernehmen, ausgiebig behandelt. Wie wahrscheinlich ist dieses Szenario und wann könnte es eintreten?

Ray Kurzweil legt in seinem Buch „Menschheit 2.0: Die Singularität naht" die „technologische Singularität" unter anderem anhand dieser Kriterien dar:[35]

- Die Anzahl der technischen Innovationen verdoppelt sich alle zehn Jahre.

- Die Leistungsfähigkeit von Computern verdoppelt sich jedes Jahr.

- Das exponentielle Wachstum im Bereich der Informationstechnologie entwickelt sich hyperexponentiell weiter, das heißt, der Grad der Wachstumsbeschleunigung erhöht sich.

- Mitte der 2020er Jahre wird das menschliche Gehirn vollständig rekonstruiert sein, so dass wir ab diesem Zeitpunkt in der Lage sein werden, die menschliche Intelligenz soweit zu simulieren, dass sie den Turing-Test besteht. Dieser, nach dem Mathematiker Alan Turing benannte Test begrifflicher Konzepte besteht darin, dass ein Mensch einem unbekannten Wesen eine ausreichende Anzahl Fragen stellt, um dann zu entscheiden, ob es sich bei dem Dialogpartner um einen Menschen handelt oder nicht. Sobald eine KI-Maschine den Test besteht, wird die Menschheit nicht mehr die Spitzenposition im Wettbewerb der Intelligenzbestien beanspruchen können und Maschinen werden fähig sein, die menschliche Intelligenz und die Leistungsfähigkeit maschineller Prozesse auf eine sehr wirksame Art und Weise zu kombinieren.

- Der Wissensaustausch zwischen nichtbiologischen Intelligenzen (Maschinen) wird fast zeitgleich verlaufen – ganz im Gegensatz zu unseren langsamen, schwerfälligen Lernprozessen.

- Maschinen werden in der Lage sein, Signale drei Millionen Mal schneller als Menschen zu erfassen und zu verarbeiten.

- Maschinen werden das gesamte, von Menschen erzeugte Internetwissen absorbieren.

- Maschinen werden ihre eigene Software und ihre Betriebssysteme mit einer viel höheren Geschwindigkeit schreiben als Menschen dazu in der Lage wären. Dabei sind sie nicht den Zwängen unterworfen, die uns biologisches Dasein und evolutionärer Prozess auferlegen. Echte, nicht-hybride Menschen werden damit einfach nicht mehr Schritt halten können.

Weitere Grundzüge des Singularitäts-Konzepts werden in Kapitel 5 vorgestellt, nachdem wir die Möglichkeit hatten, die virtuelle Realität zu verdauen. Gönnen wir uns zuerst ein bisschen Spaß im Land der Phantasie ...

Endnoten

1. Radin, D. I.: „Unconscious perception of future emotions: An experiment in presentiment" in *Journal of Scientific Exploration*, 1997, 11 (2): 163-180
2. Gopnik, Adam: „Death of a Fish: The passing of a betta and the making of a child's mind" in *The New Yorker*, 04.07.2005: 42
3. Taylor, Humphrey: „The Harris Poll® #11, February 26, 2003. The Religious and Other Beliefs of Americans 2003" auf *Harris Interactive*, http://tinyurl.com/2a47gyk
4. Dei, Jipei, et al.: „Recovery of axonal transport in ‚dead neurons' in *The Lancet*, 351, 14.02.1998: 499-500
5. Brooks, Michael: „Reality Check" in *New Scientist*, 194 (2609), 23.06.2007: 30-33
6. Rincon, Paul: „Teleportation goes long distance" auf *BBC News Online*, 18.08.2004, http://tinyurl.com/5btrg
7. Tegmark, Max: „Parallel Universes" in *Scientific American*, Mai 2003, 288 (5): 40-51
8. Price, Michael Clive: „The Many-Worlds FAQ", Februar 1995, http://www.anthropic-principle.com/preprints/manyworlds.html
9. „Casimir effect" auf *Wikipedia*, 10.10.2005, http://en.wikipedia.org/wiki/Casimir_effect
10. „Life: Far out: Zero point energy", 17.07.2003, http://www.redorbit.com/news/display/?id=12269
11. Greene, Brian: „Fabric of the Cosmos", New York: Vintage Books, 2004
12. Guth, Alan H.: „The Inflationary Universe", Reading, MA: Addison-Wesley, 1997
13. Krauss, Lawrence, M.: „Cosmological Antigravity" in *Scientific American*, 2002, 12 (2): 31-39
14. Ostriker, Jeremiah P. und Paul J. Steinhardt: „The Quintessential Universe", 2002, 12 (2): 40-49
15. Arkani-Hamed, Nima, Savas Dimopoulos und Georgi Dvali: „The Universe's Unseen Dimensions" in *Scientific American*, 2002, 12(2): 66-73
16. Linde, Andrei: „The Self-Reproducing Inflationary Universe" in *Scientific American*, November 1994, 271 (5): 48-55
17. Laszlo, Ervin: „Science and the Akashic Field", Rochester, VT: Inner Traditions, 2004
18. Davies, Paul: „Laying down the laws", in *New Scientist*, 194 (2609), 30.07.2007: 30-34
19. Chown, Marcus: „‚Phantom menace' may rip up cosmos" in *New Scientist*, 05.03.2003, http://tinyurl.com/pqvlg2o
20. Bruce, F. F.: „Babylon and Rome" in *The Evangelical Quarterly*, 13, 15.10.1941, 241-261, http://theologicalstudies.org.uk/pdf/babylon_bruce.pdf

21. Talbot, Michael: „The Holographic Universe", New York: HarperCollins, 1991, 31
22. Ebd., 293
23. Ebd., 54
24. Cromwell, David: „Zen and the art of Theories of Everything" auf *Science Tribune*, August 1997, http://www.tribunes.com/tribune/art97/crom.htm
25. „Light can break its own speed limit, researchers say", 20.07.2000, http://www.ufoevidence.org/documents/doc1080.htm
26. Van Flandern, Tom: „The Speed of Gravity - Repeal of the Speed Limit", http://www.metaresearch.org/cosmology/gravity/speed_limit.asp
27. Troitskii, V.S.: „Physical constants and evolution of the universe" in *Astrophysics and Space Science*, 1987, 139: 389-411
28. Smarandache, Florentin: „There Is No Speed Barrier in the Universe", http://www.gallup.unm.edu/~smarandache/NoSpLim.htm
29. Thorne, Kip: „Black Holes & Time Warps", New York: W. W. Norton & Company, 476-477
30. Smolin, Lee: „Atoms of Space and Time" in *Scientific American*, 15 (3), 56-65
31. Thorne, K., 483-504
32. Ori, Amos: „A new time-machine model with compact vacuum core", Department of Physics, Technion-Israel Institute of Technology, Haifa, 32000, Israel, 19.12.2005, http://arxiv.org/pdf/gr-qc/0503077
33. Singletary, Michael: Zusammenfassung einer Präsentation die auf der Sixth Foresight Conference on Molecular Nanotechnology gehalten wurde, University of California, San Diego, http://www.foresight.org/Conferences/MNT6/Abstracts/Singletary/
34. Kurzweil, Ray: „The Age of Spiritual Machines", New York: Viking, 1999, 145
35. Kurzweil, Ray: „The Singularity is Near. When Humans Transcend Biology", New York: Viking, 2005, 25-29

Kapitel 3

Andere Wirklichkeiten: Matrix, frühere Leben, Pilze und „EverQuest"

Dieser Abschnitt soll die Leser mit den verschiedenen Erscheinungsformen anderer Wirklichkeiten vertraut machen. Einschlägige Erlebnisse können mancherlei Gestalt annehmen, und die Zahl der Menschen, die bereits Erfahrungen damit gemacht haben, ist groß.

Definition

Die Wirklichkeit wird gemeinhin als die erfahrbare Umwelt beschrieben – die Welt, wie wir sie mithilfe unserer Sinne und geistigen Fähigkeiten erleben. Im Mittelpunkt dieses Ansatzes befindet sich die Realität, der wir Tag für Tag gegenüberstehen: der Orangensaft, den wir morgens trinken; der Weg zur Arbeit oder zur Schule; die Menschen, denen wir begegnen. Kurz und bündig: unser Leben. Wenn wir uns darauf einigen, das gerade Beschriebene als „Wirklichkeit" zu bezeichnen – obwohl es weit davon entfernt ist, eindeutig „wirklicher" zu sein als andere Dinge –, dann ermöglicht uns diese Übereinkunft, andere Wirklichkeiten als all das zu definieren, was wir abgesehen davon erfahren.

Es gibt viele Möglichkeiten, das Erleben anderer Wirklichkeiten zu charakterisieren. Deshalb werden wir nun einige Begriffe festlegen, die wir zur Beschreibung verwenden können.

Immersion – Manche Erfahrungen zeichnen sich dadurch aus, dass wir nur partiell in die Umgebung eintauchen, sodass wir uns gleichzeitig unserer „realen" Umwelt eindeutig bewusst sind. Während anderer Erlebnisse wiederum kommt es zu einer vollständigen Versenkung – beispielsweise wenn wir träumen. Dadurch fällt es uns schwerer zu beurteilen, was „wirklich" ist.

Realitätsgefühl – Ein Realitätsgefühl kann in unterschiedlichen Graden hervorgerufen werden. Für gewöhnlich werden wir das Farbensehen als „wirklicher" erachten als die Wahrnehmung von Graustufen. Im Gegensatz zur Immersion kann man sich das Erleben einer virtuellen Realität als ein völliges Eintauchen der Sinne vorstellen, das jedoch von sehr wirklichkeitsfernen Klängen und Bildern begleitet wird. Allerdings erreicht die mittlerweile allgegenwärtige Technologie der CGI (Computer Generated Imagery, dt.: „Computeranimation") in Filmen ein hohes Niveau an Realitätsnähe, das von einem teilweisen Eintauchen in die Umgebung begleitet wird (nur Sehen und Hören).

Übertragung (Ausstrahlung) – Im Rahmen gewisser Erfahrungen kann die Wirklichkeit so treffend nachgeahmt werden, dass die Wirkung auf die „reale" Welt überschwappt.

Filme und andere Medien

Menschen sagen oft, dass sie beim Fernsehen oder im Kino dem Alltag entfliehen. Wenn wir einen Film ansehen, läuft weit mehr ab als das bloße Beobachten der Handlung auf dem Bildschirm. Wir können uns in die Handlung hineinversetzen, und mitunter identifizieren wir uns sogar richtiggehend damit. Warum sonst würden manche Kinobesucher kreischend von ihren Sitzen hochfahren, wenn auf der Leinwand plötzlich ein Hai aus dem Wasser schnellt? Warum weinen wir, wenn die Protagonistin stirbt oder die Tigermutter ihr Junges verliert? Haben Sie sich jemals nach einem Psychodrama mitgenommen gefühlt? Oder aufgestachelt nach einem Actionthriller? Wenn wir uns in einen Film hineinversetzen, befinden wir uns in einer Art anderer Wirklichkeit. Filmemacher nutzen die unterschiedlichsten Techniken, um die Wirkung zu erhöhen, darunter 3D-Brillen, Raumklang, Breitbild oder das Filmen aus der Perspektive des Protagonisten. Beachten sie, dass diese Kniffe dem Zweck dienen, treffsicher ein realitätsnahes Sinneserlebnis zu erzeugen.

Breitbild, Kuppelbild oder 360-Grad-Kino vergrößern den Wahrnehmungsbereich auf dem Bildschirm bzw. der Leinwand, indem sie ihn um den Bereich der peripheren visuellen Wahrnehmung ausweiten. So wird voller Sorgfalt nachempfunden, wie unsere Augen die Realität erfassen. Raumklang hat ähnliche Auswirkungen auf die Wahrnehmung der Töne, und 3D-Bilder ermöglichen das stereoskopische Sehen, auf das wir andernfalls mit unseren herkömmlichen Flachbildschirmen verzichten müssten. Beliebte Themenparks (z.B. Disneys „Liebling, ich habe das Publikum geschrumpft") heben die Erfahrung auf eine noch höhere Stufe und ergänzen das interaktive Erlebnis um den Berührungssinn. So wird etwa während einer Szene mit einem niesenden Hund Wasser auf das Publikum gespritzt.

Andere Medien rufen vergleichbare Phänomene der Realitätsflucht hervor. Abhängig vom jeweiligen Thema und der Einbildungskraft des Lesers können Bücher ausgezeichnete Katalysatoren für eine mehr oder weniger umfassende Immersion in eine andere Wirklichkeit sein. Wer von uns war noch nie so sehr in ein Buch vertieft, dass das Klingeln des Telefons unmöglich bis zu ihm vordringen konnte? Aufgrund des kleinen Bildschirms erzielt der Fernsehapparat einen geringeren Vertiefungseffekt als das Kino, aber durch die Heimkino-Technologie kommt es auf jeden Fall zu einem gewissen Ausgleich der Unterschiede.

Kurz gesagt ermöglichen verschiedene Medien und insbesondere Kinofilme ein teilweises Eintauchen in eine andere, einigermaßen realitätsnahe Wirklichkeit. Durch technische Feinheiten können diese Effekte verstärkt werden.

Schlaf und Träume

„Im Schlaf sind wir alle gleich."
– Spanisches Sprichwort

Warum schlafen wir?
Zahlreiche wissenschaftliche Quellen räumen ein, dass niemand so richtig weiß, welche Funktion der Schlaf hat. Akademische Abhandlungen sind prall gefüllt mit Phrasen wie „es ist möglich, dass ..."

und „wir denken, dass unter Umständen ...", wenn sie sich auf den Zweck des Schlafs beziehen. Wenn man bedenkt, dass der Mensch durchschnittlich ein Drittel seines Lebens in diesem Zustand verbringt, ist das höchst erstaunlich. Eine häufig vertretene und durch die Ergebnisse wissenschaftlicher Studien gestützte Ansicht ist die Vorstellung, dass der Schlaf dabei hilft, den Energiehaushalt zu stabilisieren, das Immunsystem zu stärken sowie Gewebe und Zellen zu regenerieren. Einige Theorien bringen die Überlegung zum Ausdruck, dass der Schlaf insofern einen evolutionären Ursprung hat, als nachtaktive Säugetiere in höherem Ausmaß gefährdet sind, zu verunfallen oder von nächtlichen Beutegreifern bedroht zu werden. Das Bedürfnis zu schlafen scheint im Alter geringer zu werden. Durchschnittlich schlafen Kleinkinder 16 Stunden am Tag, ältere Kinder ungefähr neun, Erwachsene acht und alte Menschen sechs bis sieben Stunden.

Vielleicht noch merkwürdiger ist das Bedürfnis zu träumen. Es gibt zwei Arten des Schlafs, orthodoxen Schlaf und REM-(Rapid-Eye-Movement-)Schlaf. Der orthodoxe Schlaf umfasst vier der fünf Schlafphasen, während in der fünften Phase, dem REM-Schlaf, Träume auftreten. Kleinkinder befinden sich täglich acht Stunden im REM-Schlaf und gleichermaßen acht Stunden im Tiefschlaf. Bereits im Alter von einem Jahr beträgt der REM-Schlaf nur noch vier Stunden pro Tag, während ältere Menschen für gewöhnlich nur eine Stunde pro Tag in der REM-Phase verbringen.[1] Unter Berücksichtigung all dessen kann man also darauf schließen, dass Schlaf und besonders der von Träumen begleitete Schlaf für die Entwicklung von Körper, Verstand, Geist oder von allen dreien von Bedeutung ist.

„Ich weiß nicht, ob ich damals ein Mensch war, der träumte, er sei ein Schmetterling oder ob ich jetzt ein Schmetterling bin, der träumt, er sei ein Mensch."

– Zhuangzi, chinesischer Philosoph

"Es ist vorstellbar, dass eines Tages sogar die Träume Anspruch darauf erheben werden, wirklich zu sein."

– Gottfried Wilhelm Leibniz, deutscher Philosoph

Es besteht kein Mangel an Theorien über den Zweck des Träumens, und es ist auch nicht überraschend, dass die verschiedenen

Deutungsversuche kaum übereinstimmen. Physiologisch orientierte Ansätze machen geltend, dass der Traum die Synapsen und Gehirnfunktionen insgesamt in Schuss hält, obwohl das in gewisser Weise dem physiologischen Sinn des Schlafes – nämlich sich zu regenerieren und auszuruhen – entgegenwirken würde. Warum sollten wir uns die Mühe des REM-Schlafes machen, wenn wir genauso gut wach bleiben und dabei die Synapsen trainieren könnten? Was das Gebiet der Psychologie betrifft, so war Sigmund Freud der Ansicht, dass im Traum unbewusste Wünsche erfüllt werden. Andere Forscher glauben, dass in Träumen Probleme bewältigt werden können, die sich besser ohne die im Wachzustand übliche Stimulation der Sinnesorgane lösen lassen. Francis Crick und Graeme Mitchison entwickelten die Theorie, dass das Träumen eine Möglichkeit für das Gehirn sei, den Datenmüll, der sich während des Tages angesammelt hat, zu entsorgen – womöglich, um einer Informationsüberflutung zu entgehen. Der Psychologe Joseph Griffin meint, dass das Träumen eine Gelegenheit für das Gehirn sei, sich „emotionale Erregungen" – Gefühle, die während des Tages unterdrückt wurden – vom Halse zu schaffen. Allerdings scheint dies der Annahme zu widersprechen, dass wir mehr, nicht weniger „emotionales Putzverhalten" nötig hätten, wenn wir altern und unser Leben immer komplizierter wird, gleichzeitig jedoch die Dauer unserer Traumschlafphasen zurückgeht.

Einige der parapsychologischen Ansätze hinsichtlich des Träumens regen zum Nachdenken an – besonders dann, wenn man die folgenden Berichte und Studien berücksichtigt:

Zwischen 1966 und 1972 wurden am Maimonides Medical Center in New York parapsychologische Traumstudien durchgeführt, bei denen „Sender", die sich in einem Raum aufhielten, versuchten, den Inhalt von Träumen der „Empfänger" zu beeinflussen. Diese befanden sich in einem anderen Raum, dessen Wände isoliert, schalldicht und für elektromagnetische Wellen undurchdringlich waren. Die Entfernung zwischen den Sendern und den Empfängern variierte zwischen 10 Metern und 70 Kilometern.[2] Die Studien kamen zu dem Ergebnis, dass Psi-Effekte eher während eines Traumes als im Wachzustand auftraten.[3] Dean Radin hat eine umfassende Meta-Analyse von 450 Traum-Telepathie-Experimenten aus 25 verschiedenen Studien vorgenommen, die zu dieser Zeit durchgeführt wurden. Die Trefferquote beträgt insgesamt 63 Prozent (verglichen mit 50 Prozent, die bei purem Zufall zu erwarten wären), wobei das Konfidenzintervall mit einer Wahrscheinlichkeit von 95 Prozent bei 63 +/- 5 Prozent liegt. Die Wahrscheinlichkeit, dass ein solches Ergebnis auf Zufall beruht, liegt bei eins zu 75 Millionen.[4]

Stephen LeBerge zufolge, der an der Universität Stanford Klarträume erforscht, „erhöhen Berichte über kollektive Träume (Träume, die offensichtlich von zwei oder mehr Personen geteilt werden) die Wahrscheinlichkeit, dass die Traumwelt in manchen Fällen genauso objektiv real ist wie die physische Welt."[5] Wir wollen das Phänomen der kollektiven Träume am Beispiel von Ed Kellog und Harvey Grady veranschaulichen: Die beiden Traumforscher hatten am 20. Dezember 1994 ungefähr zur selben Zeit einen Traum, der von einer Ausgrabung in der Wüste handelte, wo eine kleine Gruppe von Archäologen nach altertümlichen Artefakten suchte; jeder der beiden Forscher erschien im Traum des jeweils anderen. Zu den weiteren Gemeinsamkeiten gehörten das Vorhandensein mehrerer Bewusstseinsebenen und die Erkenntnis, dass der Traum „eine Probe für ein reales Ereignis war."[6] Sofern der Inhalt dieses und anderer Berichte über kollektive Träume nicht einfach auf Zufall zurückzuführen ist, scheint es nur zwei Erklärungen dafür zu geben: Entweder existiert ein gemeinsames Informationsfeld, auf das beide Personen zugreifen oder sie haben die Alltagswelt verlassen und sind in eine alternative Wirklichkeit gereist.

Offensichtliche Hellsichtigkeit und Vorausahnung sind in Träumen sehr häufig anzutreffen. Bernard Gittelson berichtet über einen solchen Fall: „Eine Frau, die auf einer Farm in Oregon lebte, wurde eines Morgens um 3 Uhr 40 durch laute Schreie aus dem Schlaf gerissen. Das Geräusch verstummte rasch, doch ein rauchiger, unangenehmer Geschmack machte sich in ihrem Mund breit. Sie weckte ihren Ehemann, worauf sie gemeinsam das Gelände der Farm durchkämmten, aber nichts Auffälliges entdecken konnten. Am selben Abend wurde in einer Nachrichtensendung im Fernsehen von der Explosion einer Fabrik berichtet, in der Chemikalien ein riesiges Feuer ausgelöst hatten, dem sechs Menschen zum Opfer gefallen waren. Die Explosion hatte sich um 3 Uhr 40 nachts ereignet."[7]

In der Nacht auf den 28. Juni 1914 träumte der ungarische Bischof Josef von Lanyi, dass er einen Brief des österreichischen Erzherzogs Franz Ferdinand erhielt, in dem er darüber informiert wurde, dass auf den Thronfolger und seine Frau in Sarajevo ein Attentat verübt werden würde. Der Bischof schrieb den Traum nieder, ließ ihn bezeugen und musste mitansehen, wie sich die Geschichte noch während desselben Tages in der im Traum angekündigten Art und Weise ereignete.[8] Abraham Lincoln soll einige Wochen vor seiner Ermordung von dem Ereignis geträumt haben. Im Traum konnte er Menschen beobachten, die sich im Weißen Haus um seinen Sarg versammelten, der in genau dem Raum stand, in dem er später tatsächlich aufgebahrt werden sollte. Für ihre Dissertation führte Mary S. Stowell eine Studie über 51 präkognitive Träume durch, von denen sich 37 als zutreffend erwiesen hatten.[9]

Wie nicht anders zu erwarten, hat die auf wissenschaftliche Methoden fixierte westliche Welt das Träumen auf eine reine Gehirnaktivität eingeschränkt. Andere Kulturen haben freilich einen weit weniger reduktionistischen Zugang: In der Yogacara-Schule des Buddhismus beispielsweise wird die äußere Welt (= unsere „Wirklichkeit") als illusionsbehaftete Projektion des Geistes angesehen. Das Träumen ist demzufolge nur ein weiterer Geisteszustand, in dem sich die Wirklichkeit als Illusion erweist. Die Chinesen meinen, dass die Seele während des Traums in eine andere Welt reise. Verschiedene indigene amerikanische Kulturen haben ähnliche Ansichten über die Traumaktivität und glauben außerdem, dass die Ahnen in der Traumwelt leben, sodass man sie im Traum besuchen könne. Der Traumforscher Robert Moss weist darauf hin, dass für die Stämme der Irokesen Träume eine Möglichkeit darstellen, Zugang zur Dimension der Verstorbenen und anderen Ebenen zu erhalten, deren Räumlichkeit und Zeitlichkeit sich unserem Alltagsverständnis entziehe. Träume würden uns dabei helfen, das „Wissen wiederzuerlangen, über das wir einst verfügten […] bevor wir in unser gegenwärtiges Leben eintraten."[10] Antike griechische und ägyptische Zivilisationen deuteten Träume als Botschaften der Götter, weshalb sie die Traumdimension wertschätzten und sie nicht als eine Ebene abtaten, in der man nur illusionäre Erfahrungen machen konnte.

Eine wachsende Forschergemeinschaft ist von der therapeutischen Wirkung des Träumens überzeugt. Robert Moss hat viele Einzelfälle beschrieben, in denen ein an einer schweren Krankheit – beispielsweise an Krebs – leidender Patient durch einen Traum auf seine Krankheit aufmerksam gemacht wurde. Ferner wird während des Traums oft eine „Heilungssymbolik" erfahren, die dem Patienten dabei hilft, erfolgversprechende Methoden zur Linderung und Heilung aufzuspüren. Wo kommen diese Traumbilder her? Aus dem kollektiven Unbewussten, würde Carl Gustav Jung sagen. Edgar Cayce würde die Akasha-Chronik als Informationsquelle identifizieren. Was auch immer zutreffen mag: Es hat sich oft gezeigt, dass Träume eine heilsame Wirkung haben können.

Falls man zu der Ansicht neigt, dass all diese außergewöhnlichen Traumerlebnisse und Studien über pure Zufälle hinausgehen – so wie es Belege und kulturelle Aufzeichnungen nahelegen – ist die Schlussfolgerung zu ziehen, dass Träume mehr sind als ein zufälliges Muster unseres mäandrierenden Denkens, das voll und ganz anhand der physischen Beschaffenheit unseres Gehirns erklärt werden kann. Vielmehr könnte es sich um eine vollständige Immersion in eine andere und manchmal ziemlich reale Daseinsebene handeln.

Veränderte Bewusstseinszustände

Definitionsgemäß kann jede von der Norm abweichende geistige Verfassung als ein veränderter Bewusstseinszustand angesehen werden. Auch wenn man wach ist und nicht unter dem Einfluss von synthetischen Drogen steht, gibt es noch immer viele Möglichkeiten, in einen veränderten Bewusstseinszustand einzutreten und eine umfangreiche Palette an Erfahrungskategorien zu erleben. In diesem Abschnitt widmen wir uns einer Vielfalt an veränderten Bewusstseinszuständen, von denen manche bewusst herbeigeführt werden können, während andere spontan auftreten.

Meditation, Yoga und Trance

Der Zweck der Meditation besteht darin, den Geist zu beruhigen. Dies kann normalerweise durch die Konzentration auf einzelne Faktoren erreicht werden, wie zum Beispiel die Atmung, ein Wort (Mantra), eine geometrische Form (Yantra) oder einen Klang. Die meditierende Person befindet sich voll und ganz in der Gegenwart, der Stress der Zukunftsplanung oder die Verarbeitung vergangener Ereignisse werden ausgeblendet. Die Forschung legt nahe, dass

Meditation zahlreiche positive Wirkungen entfaltet, darunter Tiefenentspannung, Steigerung der kreativen Fähigkeiten, Bewusstseinserweiterung, verringerte Krankheitsanfälligkeit, Schmerzlinderung sowie die erfolgreiche Behandlung von Drogenmissbrauch, Herzkrankheiten, Krebs, Depressionen und so ziemlich allen übrigen Leiden. Zu den physiologischen Auswirkungen, die an Yogis beobachtet wurden, die sich mit Transzendentaler Meditation (TM) befassen, zählen Blutdrucksenkung, Verringerung von Puls- und Atemfrequenz, Alphawellen im Gehirn und erhöhte Widerstandskraft gegenüber elektrischer Stimulation.[11] Yoga hat eine dem Meditieren vergleichbare Wirkung, zumal Meditation ohnehin ein wichtiger Bestandteil verschiedener Yoga-Praktiken ist. Die Ziele des Yoga ähneln denjenigen der Kampfkünste: Angestrebt werden die Meisterschaft über Geist und Körper, Erleuchtung sowie die Transzendenz irdischer Begierden. Man sagt, dass Yoga und Meditation den Meister letztendlich zur wahren Erkenntnis der Wirklichkeit führen. Östliche Philosophien behaupten, dass das Nirwana den Kreislauf von Geburt, Leiden, Tod und Wiedergeburt beendet und die Praktizierenden in einen neuen Seinszustand versetzt, in dem sie eins mit dem Universum und von den Fallstricken des Ich-Konzepts befreit sind. Es wird immer wieder davon berichtet, dass fortgeschrittene Yoga- und Meditationsausübende einige erstaunliche und die Schwerkraft herausfordernde Kunststücke vollbracht haben, wie zum Beispiel Levitation und yogisches Fliegen. Die Website *Amazingabilities.com* dokumentiert, dass sich der indische Yogi Subbayah Pullavar im Jahr 1936 für fünf Minuten selbst in die Lüfte erhob – vor 150 Zeugen, zu denen auch ein Fotograf der *Illustrated London News* gehörte, der das Ereignis ablichtete. Vincent J. Daczynski, ein Erforscher paranormaler Phänomene, behauptet, das yogische Fliegen auf einer TM-Sidhi-Veranstaltung in der Schweiz ausgeübt zu haben und stellt die fotografischen Beweise auf der oben genannten Website zur Verfügung.

Das bekannte amerikanische Medium Edgar Cayce hatte im Alter von 13 Jahren eine Vision: Er sah ein Wesen, das einem Engel oder einer schönen Frau glich, und er erzählte ihr, dass er den Menschen gerne helfen wolle. Sie sagte: „Deine Gebete werden erhört. Dein Wunsch wird erfüllt werden. Bleibe dir treu! Sei ehrlich zu dir selbst! Hilf den Kranken, den Leidgeprüften." Daraufhin entwickelte er unerklärliche Begabungen, beispielsweise ein fotografisches Gedächtnis, das ihm ermöglichte, den Inhalt von Büchern und wissenschaftlichen Artikeln wiederzugeben, nachdem er sie über Nacht unter sein Kopfkissen gesteckt hatte. Später entdeckte er dann seine Fähigkeit, sich hinzulegen und in eine tiefe Trance zu fallen, in der er Informationen und Anleitungen für die Zubereitung von Heilmitteln gegen Krankheiten erhielt, denen die Schulmedizin bislang ratlos gegenübergestanden hatte. Manchmal erfuhr er von einzigartigen osteopathischen oder chirurgischen Behandlungen, oft von natürlichen Heilverfahren auf der Basis von Kräutern, Wurzeln oder Baumrinde sowie den dazugehörigen Anweisungen für die Herstellung und Anwendung. Er wiederholte die Anweisungen, die er von „The Source" erhielt, mit sehr veränderter Stimme. In den meisten Fällen, in denen die Patienten die Anwendungen ausprobierten, war das Resultat ein voller Erfolg und es gibt viele dokumentierte Fälle, in denen es zu einer vollständigen Genesung von Krankheiten kam, die von der Schulmedizin als unheilbar eingestuft worden waren. Als Beispiel sei Cayces Frau Gertrude erwähnt, bei der im Jahr 1911 eine unheilbare Tuberkulose diagnostiziert wurde. Gesundheitsexperten sagten, dass es nichts gebe, was man für sie tun könne und dass sie bis Jahresende sterben würde. In Trance verordnete ihr Cayce einige Kräuter und die Inhalation von Apfelbranntwein-Dämpfen aus einem ausgekohlten Eichenfass. Einige Monate später war sie vollständig geheilt. Eine andere Erfolgsgeschichte dreht sich um ein kleines Mädchen aus Cayces Umgebung, das im Alter von fünf Jahren unter Krämpfen auf dem Totenbett lag, nachdem es seit drei Jahren an den Folgen einer Grippe litt und sich ihr Zustand immer weiter verschlechterte. In Cayces Trance stellte sich heraus, dass das Leiden des Kindes in Wirklichkeit auf einer Infektion der Wirbelsäule beruhte und die Folge eines Sturzes war, den sie kurze Zeit vor der Grippe-Diagnose erlitten hatte. Cayce verordnete eine osteopathische Einrenkung der Wirbelsäule, und nachdem diese vorgenommen worden war, erholte sich das Mädchen innerhalb einiger Monate wieder vollständig. Die meisten Readings wurden jedoch für kranke Menschen durchgeführt, die Cayce zuvor unbekannt gewesen waren und oft in verschiedenen Regionen der Vereinigten Staaten wohnten. Es ist geschätzt worden, dass die Erfolgsquote seiner Readings 85 Prozent übertraf. Über 14.000 Readings wurden detailliert aufgezeichnet und katalogisiert und stellen gewissermaßen eine Enzyklopädie homöopathischer Heilmittel dar. Während des Ersten Weltkriegs hielt Cayce seine Readings auch im Auftrag von Menschen, die Klarheit über das Schicksal ihrer Angehörigen in Europa erhalten wollten. In einem Fall wurde Cayce von einer wohlhabenden Frau aus Sizilien kontaktiert. Es stellte sich heraus, dass er sein Reading in italienischer Sprache hielt – eine Sprache, die er nicht im Geringsten beherrschte. Noch seltsamer wurde es, als sein Sohn einen Obstverkäufer in einer nahegelegenen Stadt aufsuchte, der aus dem Italienischen ins Englische übersetzen konnte. Dieser war überrascht, dass Cayce einen Dialekt sprach, den er nicht problemlos verstehen konnte; er identifizierte ihn aber eindeutig als die Muttersprache der Sizilianer.[12]

Die Tatsache, dass die meisten dieser Readings eindeutig die Fähigkeiten und den Wissensstand von Cayce überstiegen, liefert einen Hinweis darauf, dass etwas Geheimnisvolles vor sich ging. Deshalb begann Cayce zu einem späteren Zeitpunkt in seinem Leben, den Mechanismus zu erforschen, der seinen Readings zugrunde lag. Während er sich in Trance befand und mit einer Entität in Kontakt trat, die er als „The Source" (dt.: „die Quelle") bezeichnete, ließ er sich ein Fragenskript vorlegen. Die von der „Quelle" zur Verfügung gestellten Informationen lassen sich folgendermaßen zusammenfassen:

- Seelen können sich auf verschiedenen Planeten oder in verschiedenen Dimensionen befinden;

- Seelen nehmen körperliche Gestalt an, um Sinneswahrnehmungen und Gefühle erfahren zu können, was in ihren Sphären nicht möglich ist;

- Wenn man stirbt, trifft die Seele auf einen spirituellen Führer, der dabei hilft, das nächste Leben zu planen;

- Das Ziel jeder Inkarnation ist es, universelle Lektionen zu lernen und die Qualität der Seele zu verbessern;

- Die Lebenskraft manifestiert sich in Form von Schwingungen, die Ähnlichkeiten mit elektromagnetischen Wellen aufweisen. In der materiellen Welt ist das Wissen um den Umfang dieser Schwingungen aufgrund der sinnlichen Wahrnehmung beschränkt. Diese Theorie weist viele Gemeinsamkeiten mit der Quantenmechanik auf, welche die gesamte Materie als Wellenfunktion behandelt;

- Man kann sich die Menschen aussuchen, die im nächsten Leben eine Rolle spielen sollen; in der Regel sind sie zum Teil mit den Personen identisch, die man bereits aus vergangenen Inkarnationen kennt. Die Geschlechter können von Leben zu Leben wechseln (das vorherige Leben wurde als Mann, das nächste Leben wird als Frau verbracht), die Rollen können sich ändern (Ihre Frau im vergangenen Leben kann Ihr Sohn oder Ihr bester Freund im nächsten Leben sein), aber der Bestand an Seelengefährten bleibt derselbe;
- Positive und negative Gedanken sind wie Energien, die sich auf die Gesundheit auswirken. Stille Meditation kann Ihr Leben und die Energien in Ihrem Körper in einen ausgeglichenen Zustand versetzen.

Beachten Sie bitte, dass die Konzepte der positiven Suggestion und Meditation recht neuartige Phänomene in der westlichen Welt darstellen, was darauf hinweist, dass Cayce – oder wenigstens seine Readings – seiner Zeit weit voraus war. Die Rede von positiven und negativen Energien erinnert stark an östliche Weisheitslehren (Zen), in denen Ausgeglichenheit für das Leben wichtig ist. Auch wenn der Westen diese Lehren erst langsam annimmt, so werden sie doch schon erfolgreich praktiziert – beispielsweise das „Heilen durch Berührung" oder Nambudripads Allergie-Eliminierungs-Technik (NAET).

Genauso wie der Schatz an homöopathischem Wissen, der seinen Trance-Readings entsprang, bilden diese „Lebens-Readings" den Grundstock für einen Großteil des esoterischen Gedankenguts von heute (Sie werden viele Ähnlichkeiten mit den weiter unten vorgestellten Konzepten entdecken, auf die der Hypnotherapeut Brian Weiss gestoßen ist). Cayce selbst war ein gläubiger Christ, dessen Credo eigentlich im Widerspruch zu Reinkarnationslehre und esoterischen Aspekten der Trance-Readings stand. Allerdings verstand er es, seine persönlichen Überzeugungen und jene, die er in Trance äußerte, zu trennen, da er erkannte, dass die Stimme, die aus ihm sprach, keinesfalls seine eigene war. Diese Tatsache und der gute Ruf dieses Mannes stellen einen starken Hinweis darauf dar, dass es mehr im Universum gibt als unsere Alltagsrealität.

Hypnose

Hypnose wird oft als geführte Meditation beschrieben. Die geistigen Zustände sind im Grunde dieselben, abgesehen davon, dass eine weitere Person (der Hypnotiseur) zugegen ist, um Sie zu führen, die Richtung vorzugeben, Vorschläge zu machen oder Sie zu beeinflussen. Hypnose ist seit langem eine von der Amerikanischen Psychiatrischen Gesellschaft anerkannte Therapiemethode. Menschen, die Erfahrung mit Hypnose haben, bezeichnen diese Methode oft als einen Zustand tiefer Entspannung, der von gesteigertem Bewusstsein begleitet wird. Forscher haben bestimmte Gehirnwellenmuster, nämlich die Alphawellen, identifiziert, die mit Hypnose in Zusammenhang stehen. Einige Wissenschaftler haben Hypnosestufen unterschieden und, obwohl eine solche Kategorisierung in gewisser Hinsicht willkürlich ist, spiegeln die Tatsachen wider, dass alles noch interessanter wird, je tiefer man in das Thema eindringt.

Hypnosestufe	Merkmale
Bewusstheit	Wachzustand
Leichte Trance	Tagträumerei
Schlafwandeln	Für Suggestionen und Verbesserungsvorschläge offen; Vorhandensein der Fähigkeit, verdrängte bzw. unterdrückte Erinnerungen abzurufen; Phase des hypnotischen Zustands
Esdaile-Stufe	Hypnotische Anästhesie; Operationen ohne Betäubung möglich
Sichort-Stufe (tiefste Stufe)	Das Bewusstsein hat sich verflüchtigt, vollständig für Suggestionen empfänglich

Abgesehen von den altbekannten Aspekten steht Hypnose manchmal auch im Mittelpunkt von Bühnentricks, Rückführungen in frühere Leben und einigen unglaublichen Behauptungen über Kraftakte und paranormale Phänomene.

Der Autor Michael Talbot erzählt von einem Ereignis, dem er in den 1970er Jahren beiwohnte. An jenem Abend hatte sein Vater einen Hypnotiseur engagiert, um einige Freunde im Rahmen einer geselligen Zusammenkunft zu unterhalten. Der Hypnotiseur wählte eine Versuchsperson mit dem Namen Tom aus, dem er niemals zuvor begegnet war und versetzte ihn in Trance. Er erzählte ihm, dass seine Tochter Laura vollkommen unsichtbar für ihn wäre, wenn er aus der Trance aufwachte. Er platzierte Laura unmittelbar im Blickfeld von Tom und holte ihn aus seiner Hypnose zurück. Er selbst stand hinter Laura und hielt eine Uhr an ihren Rücken, sodass niemand das Zifferblatt sehen konnte. Nun bat er Tom, die Zeit abzulesen. Tom lehnte sich nach vorne und kniff die Augen zusammen, als ob Laura nicht da wäre und nannte die korrekte Zeit.[13] Wir können uns etliche Erklärungen für dieses Ereignis ausmalen, aber alle lassen uns die Grenzen der normalen Wirklichkeit überschreiten. Eine Möglichkeit wäre, dass dem Hypnotiseur die Aufschrift bekannt war und er sie zusammen mit einem Bild der Uhr Tom auf telepathischem Weg während der Vorführung übermittelte. Diese Erklärung verlangt viele Annahmen seitens des Hypnotiseurs, der jedoch vor der Sitzung weder Tom kannte noch seine Fähigkeit zur Telepathie. Eine andere Möglichkeit besteht darin, dass Tom die Akasha-Chronik anzapfte, das Jung'sche kollektive Unbewusste oder das Bohm'sche „holographische Universum". Vielleicht war auch Toms Tochter niemals dort, wo wir sie vermuteten, und wir nehmen nur das unterbewusst wahr, was man uns vorgibt. Der Hypnotiseur hätte in diesem Fall Tom geholfen, die unterbewussten Instruktionen, seine Tochter wahrzunehmen, zu umgehen, sodass nur die Anweisung Gültigkeit behalten hätte, die Uhr und alle sonstigen Menschen im Raum zu bemerken. Wir werden uns im Kapitel 7 weiter mit diesem Beispiel beschäftigen.

Dr. Brian Weiss ist ein Absolvent der Columbia University und der Yale Medical School. Er wurde in Psychiatrie ausgebildet und wurde eines Tages dadurch überrascht, dass eine Patientin unter Hypnose damit begann, Erlebnisse aus früheren Leben zu erzählen. Er war skeptisch, verschloss sich jedoch nicht und beschäftigte sich intensiv mit Fallgeschichten aus der Reinkarnationsliteratur. Weiss fand heraus, dass die Erinnerung an frühere Leben im Falle seiner eigenen Patienten von großem therapeutischen Nutzen war (beachten Sie die Ähnlichkeiten mit Traumtherapien, die weiter oben angesprochen wurden), und deshalb wandte er die Methode weiter an, wobei er die Wirkung einer unbewussten Verbindung zuschrieb, wie sie aus dem Werk von Carl Gustav Jung bekannt ist. Als die Patienten jedoch begannen, Vorfälle zu beschreiben, von denen nur er wissen konnte (zum Beispiel Einzelheiten über den Tod seines kleinen Sohnes) sowie Orte und Ereignisse aus früheren Leben zu erwähnen, die durch Nachforschungen bestätigt werden konnten, wurde er ein Anhänger der Reinkarnationslehre. Einige seiner Patienten begannen – ähnlich wie Edgar Cayce in seiner selbst ausgelösten Trance – Botschaften aus der „Phase zwischen den Leben" mit einer vollständig veränderten Stimme zu channeln. Diese Botschaften schließen die folgenden Konzepte mit ein, die in den Sitzungen sorgfältig aufgezeichnet wurden:[14]

- Unsere Seelen sind unsterblich. Nach dem Tod treffen wir geistige Führer (die „Meister"), die uns dabei helfen, unser nächstes Leben zu gestalten.

- Unsere Seelen haben die Aufgabe, zu lernen und „gottähnlich durch Wissen" zu werden (Barmherzigkeit, Hoffnung, Vertrauen, Liebe).

- Es gibt mehrere Dimensionen bzw. Bewusstseinsebenen, genau genommen sieben. Wohin wir nach unserem Tod gehen werden, hängt vom Fortschritt unserer Seele ab.

- Schlechte Gewohnheiten, die in einem bestimmten Leben nicht abgelegt werden, nimmt man in die nächste Inkarnation mit, bis die Seele lernt, davon loszukommen. (Das ist nahezu identisch mit dem Konzept der karmischen Schuld, das wir aus dem Hinduismus und dem Buddhismus kennen.)

- Wenn man stirbt, trifft die Seele auf einen geistigen Führer, der einem dabei hilft, das nächste Leben zu gestalten.

- Man kann sich die Menschen aussuchen, die im nächsten Leben eine Rolle spielen sollen; in der Regel sind sie zum Teil mit den Personen identisch, die man bereits aus vergangenen Inkarnationen kennt. Die Geschlechter und Konstellationen zwischen den Menschen können sich von Leben zu Leben ändern, aber die Auswahl an Seelengefährten bleibt dieselbe.

- Möglicherweise gelangen manche Menschen durch Drogenkonsum auf andere Ebenen, aber wenn sie das tun, verstehen sie ihre Erfahrungen nicht.

Klingt das vertraut? Das sollte es, wenn Sie sich an den Abschnitt über Edgar Cayce an einer früheren Stelle in diesem Kapitel erinnern. Es ist wichtig zu beachten, dass die Medien, die Botschaften von geistigen Lehrern erhielten, oft über keinerlei esoterisches Hintergrundwissen verfügten und persönlich völlig andere Ansichten vertraten als diejenigen, die sie vortrugen. Deshalb und auch aufgrund der unterstützenden Belege für frühere Leben erscheint es als sehr unwahrscheinlich, dass diese zahlreichen Fälle als Schwindel eingestuft werden müssen.

Außerkörperliche Erfahrungen, Fernwahrnehmung, Nahtoderfahrungen

Michael Talbot berichtet von Maria, einer Patientin eines Krankenhauses in Seattle, die in ihrem Spitalzimmer einen Herzstillstand erlitt. Während sie wiederbelebt wurde, hatte sie eine Nahtoderfahrung (NTE), in deren Verlauf sie ihren Körper verließ und von oben beobachten konnte, wie Ärzte und Krankenschwestern um ihr Leben kämpften. Dann schwebte sie durch das Fenster ins Freie und bewegte sich einige Stockwerke empor, wo sie auf einem Mauervorsprung einen Turnschuh entdeckte. Als sie das Bewusstsein wiedererlangte, erzählte sie einem Mitarbeiter des Spitals von ihrem Erlebnis und erwähnte dabei auch den Turnschuh. Dieser beschloss, der Sache nachzugehen: Er fuhr hinauf in den dritten Stock, öffnete dort ein Fenster und holte den Turnschuh herein. Dieser befand sich genau an der Stelle, wo Maria ihn gesehen und sah auch so aus, wie sie es beschrieben hatte – ohne im Freien zu schweben, hätte man ihn wohl nicht entdecken können.

Hunderte ähnlicher Berichte veranlassten Michael Sabom, Professor für Medizin an der Emory University, eine eigene Studie durchzuführen. Seine Probanden setzten sich aus Herzpatienten zusammen, die Nahtoderfahrungen gemacht hatten. Dadurch unterschieden sie sich von den Mitgliedern der Kontrollgruppe. 97 Prozent der Patienten aus der NTE-Gruppe lieferten zumindest allgemein zutreffende Beschreibungen, wenn sie danach gefragt wurden, was sie wahrgenommen hatten; ein Viertel dieser Berichte war sehr detailliert und genau. Wenn die Personen der Kontrollgruppe beschreiben sollten, was sich ihrer Ansicht nach ereignet hatte, gaben nur zwölf Prozent allgemein zutreffende Erklärungen ab, während die restlichen Berichte entweder grobe Mängel aufwiesen oder die Patienten gar keine Ahnung hatten, was sich zugetragen hatte.[15]

Darüber hinaus entdeckte man im Rahmen von Laborexperimenten, die von der American Society for Psychical Research in New York durchgeführt wurden, dass außerkörperliche Erfahrungen manche Probanden quer durchs Land führten. In der Folge waren sie dazu in der Lage, bestimmte Objekte und Bilder zu beschreiben, auf die sie während ihrer Reisen gestoßen waren.

Der Autor William Buhlman hat umfangreiche Studien durchgeführt und dabei festgestellt, dass geschätzte 50 Millionen Menschen über außerkörperliche Erfahrungen verfügten. Die Forschungsergebnisse der englischen Psychologin und Skeptikerin Susan Blackmore zeigen, dass bei Umfragen normalerweise zehn Prozent der Befragten über außerkörperliche Erfahrungen zu irgendeinem Zeitpunkt in ihrem Leben berichten.

Für außerkörperliche Erfahrungen sind die folgenden Elemente bezeichnend:

- Sie treten oft mitten in der Nacht auf oder in extremen Stresssituationen (z.B. während eines gewalttätigen Angriffs);
- Die mitten in der Nacht auftretende Form beginnt oft mit einem summenden Klang und einem Gefühl der Schlafparalyse;
- Das Gefühl zu schweben und die Fähigkeit, durch Gedankenkraft zu reisen, stellen sich ein;
- Das Vermögen, Dinge wahrzunehmen, die eine „geerdete" Person normalerweise nicht wahrnehmen kann.

Obgleich viele Menschen außerkörperliche Erfahrungen unwillkürlich machen, haben andere gelernt, sie durch vielerlei Techniken selbst auszulösen.

Die Sonne scheint. Aber das Eis ist überaus glatt ...

Im Jahr 1972 regte die CIA ein Programm am Stanford Research Institute an und stattete es mit Forschungsgeldern aus. Es ging darum, Fernwahrnehmung zu erforschen – eine Methode, um geheimdienstlich relevante Informationen zu sammeln, indem ferne Objekte mithilfe von Hellsichtigkeit beobachtet werden. Das Programm entstand als Reaktion auf und aus Besorgnis über die parapsychologische Forschung („Psi-Forschung") in der Sowjetunion.

Unterlagen, die Informationen über das Projekt und dessen Geldgeber enthielten, wurden im Jahr 1995 von der Regierung Clinton freigegeben. Realisiert wurde das Programm in den 1970er-Jahren von Dr. Hal Puthoff, dem Physiker Russell Targ und dem Künstler Ingo Swann, die auch bei der Ausarbeitung der Vorgehensweise federführend waren.[16] Die genannten Wissenschaftler sowie in das Projekt eingebundene praktische Ärzte des US-amerikanischen Militärs, wie zum Beispiel Joseph McMoneagle und Lyn Buchanan, hatten nach der Freigabe der Papiere viel über Fernwahrnehmung zu erzählen. Einige von ihnen haben weitergemacht und Trainingskurse entwickelt, die meisten haben Bücher darüber geschrieben, und alle miteinander haben faszinierende Belege dafür präsentiert, dass die Methode funktioniert und präzise ist. Targ beispielsweise hat beschrieben, wie er, Puthoff und Pat Price zur Zusammenarbeit mit der Polizei von Berkeley aufgefordert wurden, um Patty Hearst im aufsehenerregenden Entführungsfall zu finden. Er erinnert sich, dass Price einen der Entführer aus dem Fahndungs-Fotobuch herauspickte und den Standort seines Autos zutreffend bestimmte. Er erwähnt auch eine „architektonisch zutreffende Zeichnung eines Brückenkrans, der sich in einem sowjetischen Waffenlabor befand, was durch Satellitenfotos bestätigt wurde."[17] McMoneagle wurde mit der Aufgabe betraut, NATO-General James Dozier aufzuspüren, der von den italienischen Roten Brigaden von Dezember 1981 bis Januar 1982 gefangen gehalten wurde. Laut der *Washington Post* war „Joe McMoneagle ausgesprochen erfolgreich. Er konzentrierte sich auf den Raum, in dem Dozier an einen Heizkörper angekettet festgehalten wurde. Er beschrieb das Zimmer, kam aber nicht auf die Hausnummer. Dennoch gelang es ihm, den Ort in Erfahrung zu bringen: die italienische Stadt Padua."[18] Eine gewinnbringendere Anwendungsmöglichkeit der Fernwahrnehmung wurde von zwei Schülerinnen von Ed Dames, nämlich Mary und Cherise Rivera entdeckt, die behaupten, die texanische Pick-Three-Lotterie gleich zweimal mithilfe von Fernwahrnehmung gewonnen zu haben.

Im Jahr 1995 schloss Jessica Utts, Professorin für Statistik an der University of California in Davis einen Bericht über ihre Analyse von Fernwahrnehmung am Stanford Research Institute ab, dessen Ergebnisse höchst signifikant mit einer Wahrscheinlichkeit von 10^{20} zu 1 gegen ein zufälliges Zustandekommen der untersuchten Phänomene sprechen. Sie schließt darauf, dass es sich bei Fernwahrnehmung um eine tatsächliche Fähigkeit handelt:

„Unter Anwendung der für alle Wissenschaften verbindlichen Standards ist die Schlussfolgerung zu ziehen, dass die Existenz parapsychologischer Phänomene als erwiesen betrachtet werden kann. Das Ergebnis der analysierten Studien geht weit über das hinaus, was bei zufälligen Treffern zu erwarten wäre. Argumente, dass diese Ergebnisse auf methodische Mängel in den Experimenten zurückzuführen sind, können als eindeutig widerlegt betrachtet werden. Effekte ähnlicher Größenordnung wie in den von der Regierung finanzierten Forschungen am Stanford Research Institute und am SAIC konnten in zahlreichen Instituten auf der ganzen Welt wiederholt werden. Eine solche Übereinstimmung kann nicht einfach durch den Hinweis auf Mängel und den Vorwurf des Betrugs erklärt werden."[19]

Ins Licht gehen

Einer Gallup-Umfrage aus dem Jahr 1991 zufolge hatten bereits mehr als 13 Millionen US-Amerikaner eine Nahtoderfahrung. Die Ergebnisse verschiedener Studien legen nahe, dass es bei Menschen aller Glaubensrichtungen und auch denjenigen, die sich zu keinem Glauben bekennen, mit gleicher Wahrscheinlichkeit zu einer Nahtoderfahrung kommen kann. NTEs wurden bereits im alten Griechenland, Ägypten und Indien beschrieben und scheinen damals den heutigen Erlebnissen sehr ähnlich gewesen zu sein.[20] Die klassische NTE tritt auf, wenn ein Mensch dem Tod gerade noch von der Schippe springt und beinhaltet die folgenden Merkmale:

- Außerkörperliche Erfahrungen; dabei wird der eigene Körper von oben beobachtet;
- das Gefühl, mit hoher Geschwindigkeit durch einen Tunnel und in Richtung eines Lichts zu reisen;
- das Betreten eines Bereichs, der von strahlendem Licht und Wärme erfüllt ist;
- Begrüßung durch verstorbene Verwandte und/oder Freunde;

- überwältigendes Gefühl der Freude und des Friedens;
- Treffen von geistigen Führern oder „Lichtwesen";
- eine Lebensrekapitulation (schneller Durchlauf aller Ereignisse im Leben);
- entweder fällt man selbst die Entscheidung, zurück zur Erde zu gehen oder jemand sagt einem, dass die Zeit noch nicht gekommen sei.

„Geh' nicht hin zum Licht. Es ist eine List."
– John Lear paraphrasiert Whitley Strieber, Autor von „Communion"[21]

Zu den häufig auftretenden Nachwirkungen eines Nahtoderlebnisses zählen ein neu entstandenes Interesse an Spiritualität und der Glaube an ein Leben nach dem Tod. Außerdem fällt auf, dass viele Menschen über körperliche Veränderungen berichten, wie etwa gewellte Fingernägel.

Skeptiker haben die Phänomene, die im Rahmen eines Nahtoderlebnisses auftreten, den physiologischen Vorgängen im absterbenden Gehirn zugeschrieben; in gleicher Weise haben sie außerkörperliche Wahrnehmungen auf sensorische Deprivation (Reizentzug) zurückgeführt. Diese Erklärung berücksichtigt jedoch nicht die Tatsache, dass die Menschen während ihrer Erlebnisse Einzelheiten wahrgenommen haben, von denen sie unmöglich auf anderem Wege hätten erfahren können. So haben Patienten beispielsweise die Kleidung von Personen beschrieben, die sie vorher nie gesehen hatten. Oder denken Sie an die Fälle vollkommen blinder Menschen, die während einer Nahtoderfahrung die Gegenstände, die sich um sie herum befanden, in allen Einzelheiten, wahrnehmen konnten. Des Weiteren treten Nahtoderfahrungen häufig auf, wenn der Patient ein flaches EEG hat; Halluzinationen dagegen werden von EEG-Aktivitäten mit höherer Amplitude begleitet.[22] Ebenso wie der Arzt und Forscher Dr. Melvin Morse und der Psychiater und Forscher Raymond Moody sind viele andere Wissenschaftler, die das Phänomen jahrelang untersucht haben, zu der Schlussfolgerung gelangt, dass Nahtoderlebnisse eine reale Reise der Seele darstellen. Was die Skeptiker betrifft: Maurice Rawlings, dem Autor von „Beyond Death's Door", ist niemals ein einziger Atheist oder Skeptiker begegnet, der nach einer Nahtoderfahrung nicht von einem Leben nach dem Tod überzeugt gewesen wäre.[23]

Dr. Bruce Lipton liefert eine interessante Interpretation des Lichts. Erinnern Sie sich an die Fourier-Transformation aus Kapitel 2? In Liptons Modell entspricht jede Seele einer schwingenden Frequenz. Und das Ergebnis der Fourier-Analyse ist, dass alle Frequenzen zusammen weißes Licht ergeben. Also könnte das weiße Licht, das Sie sehen, wenn Sie sterben, die Gesamtheit aller Seelen oder auch die als Gott bekannte geistige Energie sein.

„Ich wurde so oft geboren wie niemand sonst, abgesehen von Krishna."
– Mark Twain

Halluzinogene oder Entheogene?

Drogen, die sich auf die Wahrnehmung auswirken und veränderte Bewusstseinszustände auslösen, werden traditionell als Halluzinogene bezeichnet. Die experimentelle Forschung vor 1970 führte zu widersprüchlichen Meinungen darüber, was während eines „Trips" tatsächlich vor sich gehe. Einige Wissenschaftler glaubten, dass die ausgelösten Erlebnisse ausschließlich auf physiologischen Änderungen im Gehirn beruhen, während andere der Ansicht waren, dass die Drogen Schleusen zu anderen Ebenen der Wirklichkeit öffnen könnten. In den 1970er Jahren wurde der Krieg gegen die Drogen vom Zaun gebrochen, und ebenso wie der damals weitverbreitete Glaube an mögliche spirituelle Aspekte der Drogenerfahrung verebbten auch die Forschungsbemühungen. Psychedelische Drogen würden, so die allgemeine Ansicht, das Gleichgewicht der Chemikalien im Gehirn stören und Neurotransmitter dahingehend beeinflussen, dass sich die Wahrnehmung verändert. Vor kurzem gab es jedoch eine Renaissance der Untersuchungen darüber, was vor sich geht, während wir unter dem Einfluss psychoaktiver Substanzen stehen und eine wachsende Anzahl von Personen ist der Ansicht, dass bestimmte Drogen das Gehirn tatsächlich an eine andere, aber keineswegs weniger reale Wirklichkeit, anpassen. Einige Menschen benutzten das Wort „Entheogen" (was „durch Gott inspiriert" bedeutet) für die erwähnte Stoffklasse.

„Es gibt zwei hauptsächliche Produkte, die aus Berkeley kommen: LSD und UNIX. Wir glauben nicht daran, dass das auf Zufall beruht."

– Jeremy S. Anderson

Die vielleicht berühmt-berüchtigtste aller psychedelischen Drogen, LSD (Lysergsäurediethylamid), ist eine halbsynthetische (erzeugt aus dem Mutterkornpilz) Droge, die bei der Einnahme bewusstseinsverändernde Symptome hervorruft. LSD ist in seiner chemischen Struktur dem Serotonin ähnlich, einem natürlich vorkommenden Neurotransmitter des Gehirns. Dank früher Forschungen über die Wirkung der Droge, die von Stanislav Grof, Assistenzprofessor für Psychiatrie am Johns Hopkins Hospital, durchgeführt wurden, kamen Fälle ans Tageslicht, in denen Menschen unter dem Einfluss von LSD Erlebnisse hatten, die nicht durch einfache Halluzinationen erklärt werden konnten: beispielsweise detailgetreue Beschreibungen von prähistorischen Reptilien, Ereignissen und Gegenständen aus längst vergangenen Jahrhunderten, altertümlichen Stammesritualen und kulturellen Gepflogenheiten, Ansichten und Bekleidungsstücken.[24]

Der Weihnachtsmann war ein Pilz ...

Psilocybin (4-Phosphoryloxy-N,N-dimethyltryptamin) ist eine psychedelische Droge aus der Stoffgruppe der Tryptamine, die in Pilzen der Gattung Psilocybe natürlich vorkommt. Meskalin (3,4,5-Trimethoxyphenethylamin), ein psychedelisch wirkender Stoff aus der Gruppe der Phenethylamine, kann aus vielen Kakteen extrahiert werden, einschließlich Peyote, San Pedro und dem Peruanischen Stangenkaktus. Die Belege für die Verwendung von psychotropen Pflanzen und Pilzen gehen 9.000 Jahre zurück. Schamanische Rituale, die Komponenten beinhalten, die zu ekstatischen und spirituellen Trancezuständen verhelfen, waren für Jahrtausende ein nicht wegzudenkender Bestandteil der indigenen Religionen auf der ganzen Welt.[25] Sowohl Psilocybin als auch Meskalin wurden jahrhundertelang in schamanischen Ritualen der autochthonen Bevölkerung Nord-, Mittel- und Südamerikas verwendet. Im Rahmen eines berühmten Experiments mit Halluzinogenen, das als „The Good Friday Marsh Chapel Experiment" bekannt und von Dr. Timothy Leary beaufsichtigt wurde, erhielten zehn Versuchspersonen eine hohe

Dosis Psilocybin und weitere zehn Probanden ein Placebo. Daraufhin nahmen alle an einem Karfreitagsgottesdienst teil. Laut dem Psychologiestudenten Rick Doblin, der die Teilnehmer 25 Jahre danach befragte, „war jeder, mit dem ich sprach und der Psilocybin zu sich genommen hatte, nach einer 25-jährigen Reflexion davon überzeugt, dass das Erlebnis eine authentische mystische Erfahrung gewesen ist. [...] Es war eine klare Sicht auf so etwas wie eine letzte Ebene der Realität und hatte eine positive Langzeitwirkung auf den weiteren Verlauf des Lebens."[26] In einem zeitgemäßeren Setting beschreibt die Peyote Way Church of God ihre Einstellung hinsichtlich Peyote auf ihrer Website: „Wir glauben, dass das Heilige Sakrament Peyote, wenn es gemäß unseren sakramentalen Richtlinien genommen wird und einen ganzheitlichen Lebensstil ergänzt [...] den Weg zu einem spirituelleren Leben weisen kann." Während in manchen Kulturen Erleuchtung nach vielen Jahren der Meditation und Askese erfahren wird, scheinen andere Zivilisationen nichts dabei zu finden, das Eintreten ähnlicher Ergebnisse durch die Verwendung halluzinogener Drogen zu beschleunigen. Der verstorbene Ethnomykologe und geweihte Priester James Arthur machte Karriere, indem er die symbiontischen Beziehungen zwischen Pilzen bzw. Pflanzen und Menschen erforschte. Er legte dar, dass indigene Kulturen spirituelle Experten hatten, die von den einheimischen psychotropen Pflanzen Gebrauch machten, um außergewöhnliche und mystische Bewusstseinszustände hervorzurufen. Wie schon an früherer Stelle angemerkt, stimmen die meisten Historiker und Religionswissenschaftler darin überein, dass das Weihnachten, wie wir es heute kennen, ein Feiertag ist, der seine Wurzeln in sehr alten, vorchristlichen Ritualen hat, die bei Feierlichkeiten zur Wintersonnenwende begangen wurden. Die römisch-katholische Kirche hat eine lange Geschichte hinter sich, in der sie sich heidnischer ritueller Orte und Praktiken bemächtigte und diese der christlichen Kultur einverleibte oder einfach ersetzte. Die Vorgehensweise war doppelt nützlich, da nicht nur die heidnischen Plätze und Riten ersetzt wurden, was sie für ihre vormaligen Anhänger nutzlos machte, sondern beides auch in die neue Religion eingegliedert wurde, sodass es für die Massen einfacher war, sich dem christlichen Dogma zu fügen. In Hinblick auf diese Vorstellung geht James Arthur noch einen Schritt weiter, da er glaubt, dass die weit in die Vergangenheit reichenden Wurzeln der meisten Weihnachtstraditionen in heidnischen schamanischen Praktiken zu finden sind – nicht wegzudenken ist dabei der Fliegenpilz. Zu den Indizien, die er auf seiner Website nennt, gehören:[27]

- Der Weihnachtsmann, der an die Stelle der Schamanen trat, ist in Sibirien der Schutzpatron der Kinder.
- Fliegenpilze wachsen häufig unter Nadelbäumen, die als Weihnachtsbäume verwendet werden.
- Die Rentiere essen diese Pilze, weshalb man annahm, dass sie fliegen können.
- Der Weihnachtsmann bringt in seinem weißen Beutel/Sack Geschenke. Pilze werden in Beuteln gesammelt, und der Fruchtkörper des Fliegenpilzes erscheint, wenn die weiße, sackförmige Hülle (Velum) platzt.
- Fliegenpilze sind rot und weiß gefärbt und wachsen oft unter einem immergrünen Baum. Die Farben der Weihnachtszeit sind rot, weiß und grün.
- In der Regel werden die roten und weißen Pilze getrocknet, indem man sie auffädelt und über die Feuerstelle hängt. Weihnachtsstrümpfe sind rot und weiß, haben eine ähnliche Form und werden meist am Kamin angebracht.
- Die jungfräuliche Geburt ist ein Symbol für die „samenlose" (kryptogame) Entwicklung des Pilzes. Vor der Erfindung des Mikroskops, das die Entdeckung der Sporen ermöglichte, wurde das Auftreten des Pilzes als übernatürlich erachtet.
- Die englische Bezeichnung für Weihnachten ist zusammengesetzt aus den Wörtern „christ" (bedeutet „jemand, der gesalbt ist mit einer magischen Substanz") und „mas" (lässt sich von „mass", dt.: „Messe" ableiten = eine besondere religiöse Zeremonie, in deren Verlauf der „Leib Christi" aufgenommen wird). In der katholischen Tradition taucht diese Substanz (Körper/Soma) in der Doktrin der „Transsubstantiation" (Wesensverwandlung) auf, bei der die Priester im Rahmen einer magischen Zeremonie Anspruch auf die Fähigkeit erheben, eine Oblate (Hostie) in den sprichwörtlichen „Leib Christi" zu verwandeln; das bedeutet, in einen Ersatz oder Placebo.

Übrigens ist Arthur nicht der einzige, der überzeugt davon ist, dass der Pilz auch von Jesus symbolisch verkörpert wird. Eine kürzlich auf Google vorgenommene Suche nach „mushroom", „Santa" und „Jesus" erbrachte 373.000 Treffer.

Das Molekül des Geistes

DMT (N,N-Dimethyltryptamin) verhält sich zu LSD wie die New York Yankees zu Mudville Nine – nicht im Sinne der Mächtigkeit oder Intensität der Erfahrungen, die damit verbunden sind, sondern hinsichtlich der empfundenen Realitätsnähe und der Tragweite. Aus chemischer Sicht ist DMT ebenso ein Tryptamin wie der Neurotransmitter Serotonin, der unter anderem im Gehirn auftritt und Depressionen, Sexualverhalten sowie Appetit reguliert und beeinflusst. Auch DMT ist in unseren Gehirnen vorhanden, die richtiggehend danach zu verlangen scheinen. Die Blut-Hirn-Schranke ist ein Schutzschild, der das Gehirn vor den allermeisten im Blut vorhandenen Substanzen abschirmt. Nur wenige Ausnahmen sind bekannt, beispielsweise Glucose (der Kraftstoff fürs Gehirn), Aminosäuren (sie sind für die Synthese der Proteine notwendig) und – aus bisher unbekannten Gründen – DMT. Dr. Rick Strassman, außerordentlicher Professor für klinische Psychiatrie an der University of New Mexico School of Medicine, einer der führenden Experten für DMT, bezeichnet die Substanz als das „Molekül des Geistes", ein Name, der sich durchgesetzt hat. Nach einer mehr als 20 Jahre währenden Pause führte Strassmann in den frühen 1990er Jahren die ersten US-amerikanischen Forschungen über die Wirkung von psychedelischen Drogen auf Menschen durch. Die Substanz seiner Wahl war DMT. Er vermutet, dass DMT in der Zirbeldrüse gebildet wird, eine winzige und geheimnisumrankte endokrine Drüse mitten im Gehirn, die von René Descartes als „Sitz der Seele" bezeichnet wurde. Einige Menschen nennen sie „das dritte Auge" oder Ajña, das tantrische Chakra (Stirnchakra), das verantwortlich ist für Intuition und außersinnliche Wahrnehmung (ASW). Es stellte sich heraus, dass es wissenschaftlichhe Belege für eine solche Zuordnung gibt, da der Aufbau der Zirbeldrüsenzellen demjenigen der Photorezeptorzellen in der Retina ähnelt. Dem Forscher K.W. Min zufolge „ist es plausibel, darauf zu schließen, dass die menschliche Zirbeldrüse zelluläre Merkmale aufweist, die an sich entwickelnde Photorezeptoren erinnern, wie bei anderen Säugetieren gezeigt werden konnte."[28] Edgar Cayce setzte die Zirbeldrüse mit der „silbernen Schnur" in Beziehung, die ihn angeblich mit dem kollektiven Unbewussten während seiner Trancezustände verband. Er bezeichnete die damit verbundene Energie als „Lebenskraft" oder „Kundalini". Die Kundalini-Lehre ist ein wohlbekanntes Konzept östlicher Religionen, beispielsweise des Hinduismus. Mit Kundalini-Erwachen bzw. –Aufstieg ist die Erleuchtungserfahrung während eines plötzlichen spirituellen Erwachens gemeint, das im Westen als religiöse Erfahrung bezeichnet werden könnte (siehe weiter unten). Dr. Strassman weist auf die interessante Übereinstimmung zwischen der Lehre des tibetanischen Buddhismus hin, dass die Seele 49 Tage nach dem Verlassen ihres vorherigen Körpers reinkarniert und den 49 Tagen, die es dauert, bis sich die Zirbeldrüse im menschlichen Embryo entwickelt hat sowie der 49-Tage-Frist der embryonalen Entwicklung, nach der eine Differenzierung in einen männlichen oder weiblichen Körper einsetzt. Er glaubt, dass die Zirbeldrüse der Sitz der Seele ist und schlägt vor, dass die plötzliche Welle an „DMT-Freisetzung aus der Zirbeldrüse 49 Tage nach der Empfängnis den Eintritt des Geistes in den Embryo markiert."[29] Es ist esoterisches Gedankengut, dass die menschlichen Fähigkeiten, die unter der Kontrolle der Zirbeldrüse stehen, solange schlummern, bis wir die kulturelle Reife erlangt haben, die notwendig ist, um solche Fähigkeiten handzuhaben. Diese Ansicht steht eindeutig im Widerspruch zum Darwinismus und riecht förmlich nach Kreationismus, aber wir können unmöglich beide Positionen in diesem Zwist beweisen.

Den Schleier lüften ...

„DMT zu rauchen ist so, als wenn man mit einer Kanone in eine andere Dimension geschossen und in weniger als zehn Minuten in diese Welt zurückkehren würde."
– Daniel Pinchbeck, aus „Breaking Open the Head"

(Anmerkung: Dieser Abschnitt soll nicht als Aufforderung zum Konsum von DMT aufgefasst werden.)
Mit DMT wurde auf vielfältige Weise experimentiert. Strassmans Probanden erhielten DMT-Injektionen unter klinischen Bedingungen. Manche Menschen nutzen DMT zur Entspannung und rauchen oder

inhalieren es. Wenn man die Substanz auf diese Weise konsumiert, setzt die Wirkung innerhalb einer Minute ein und ist nach zehn bis 30 Minuten wieder vorüber. Bei oraler Einnahme wird DMT sehr rasch durch Enzyme abgebaut, den sogenannten Monoaminooxidasen. Wenn DMT jedoch gemeinsam mit einem Monoaminooxidase-Hemmer eingenommen wird, kann die Erfahrung stundenlang andauern. Dies ist das Geheimnis von Ayahuasca, einem Tee, der in Brasilien aus einer Kombination einer psychotropen Pflanze wie Chacruna (*Psychotria viridis*, die Quelle von DMT) mit der riesigen Yage-Kletterpflanze (*Banisteriopsis caapi*, die Quelle der Monoaminooxidase-Hemmer) gebraut wird; beide Pflanzen kommen im Regenwald vor. Historisch wurde Ayahuasca in religiösen Zusammenhängen verwendet, beispielsweise während schamanischer Heilungsrituale. Die Verwendung könnte sogar bis zu den frühesten Bewohnern des Amazonas-Regenwaldes zurückreichen. Wie diese Völker das Geheimnis lüften konnten, eine Kombination aus genau den beiden richtigen Pflanzen zu nutzen – bei Myriaden an neotropischen Arten – ist unbekannt, aber Dutzende Stämme, die im Gebiet der heutigen Staaten Peru, Ecuador, Kolumbien, Bolivien und Brasilien weit voneinander entfernt lebten, brachten allesamt unterschiedliche Ayahuasca-Rezepturen hervor. Heutzutage gibt es viele Religionsgemeinschaften in Brasilien, die Ayahuasca für ihre Riten verwenden. Deshalb dauerte es selbstverständlich nicht lange, bis moderne Sucher des Vergnügens die Magie des Tees entdeckten und die Pilgerreise nach Brasilien antraten, um an der Erfahrung teilzuhaben. In Stings Autobiographie, „Broken Music", widmet er die ersten 60 Seiten der Beschreibung seiner einschlägigen Erlebnisse. Ein Auszug:

> „Nun ist alles erfüllt von dieser Gezeitenwelle der Energie, die den Himmel auf die Erde spült, sodass jedes Materieteilchen in mir und um mich herum vor Bedeutungsfülle schwingt. Alles in meiner Umgebung scheint einen Zustand der Gnade und der Ewigkeit angenommen zu haben. Das Absonderlichste daran ist, dass solch überschwängliche Gedanken diesem Anlass vollkommen gerecht werden, als ob diese atemberaubenden Visionen einen Eingang freigelegt hätten in eine andere Welt der unmittelbaren kosmischen Möglichkeiten."[30]

Benny Shanon, Professor für Psychologie an der Hebrew University in Jerusalem hat in einer Studie die Wirkung von Ayahuasca auf eine Vielzahl von Probanden dokumentiert, ihn selbst eingeschlossen. Die Ergebnisse sind insofern ziemlich interessant, als die Menschen einige übereinstimmende bzw. ähnliche Grundthemen erlebten, obwohl sich ihre sozialen und kulturellen Hintergründe stark voneinander unterschieden (zu den Teilnehmern gehörten unter anderem Stammesmitglieder aus dem Amazonasgebiet, aber auch Bewohner von Megastädten wie New York). Shanons Ergebnisse, Strassmans Studien und die Arbeiten anderer Forscher und Autoren, wie beispielsweise Daniel Pinchbeck und Clifford Pickover, lassen den Schluss zu, dass folgende Motive während einer DMT-Erfahrung häufig vorkommen:[31]

- Verschachtelte Landschaften und kunstvolle Stadtbilder;
- Präzisionsdesign, das ein tiefgründiges mathematisches Gewebe reflektiert;
- Vergoldete, glitzernde, märchenhafte, in Licht getauchte Städte mit goldenen und juwelenbesetzten Palästen und Tempeln;
- Das Gefühl des „Lüftens eines Schleiers", das Entfernen des Vorhangs also, der normalerweise die Sicht auf die wahre Wirklichkeit verstellt;
- Die Erkenntnis der Gewissheit eines Lebens nach dem Tod;
- Die Überlagerung von DMT-Welt und „normaler" Welt;
- Schlangen und Wildkatzen, besonders schwarze Pumas;
- Andere Wesen mit der Neigung, elfenähnlich, engelsgleich oder insektenhaft zu erscheinen bzw. an Außerirdische zu erinnern;
- Die Visionen sind weder verzerrt noch verändern sie sich, wie es bei Träumen und anderen halluzinierten Erlebnissen der Fall ist, sondern erscheinen vielmehr als vollständig und intakt, wenn der Schleier erst gelüftet ist. Sobald die Wirkung der Substanz nachlässt, verschwinden sie wie hinter einem fallenden Vorhang.

Das wichtigste Ergebnis dieser Studien ist, dass die große Mehrheit der Probanden das Gefühl hat, die Erfahrungen mit DMT seien nicht bloße Halluzinationen, sondern vielmehr eine eigenständige

Wirklichkeit, die noch realer ist als die „normale". Diese Annahme wird durch zwei Tatsachen gestützt: Zum einen treten gewisse Motive regelmäßig und unabhängig von den sozialen und kulturellen Voraussetzungen der Menschen auf, zum anderen ergeben diese Grundthemen aus psychologischer, auf das Unterbewusstsein gerichteter Sicht so gar keinen Sinn (wer träumt schon von schwarzen Pumas und Maschinenelfen?). Vielleicht gibt es noch etwas anderes – etwas vollständig anderes als das, was wir aufgrund unseres Denkprogramms für möglich halten. Manche Personen vergleichen dieses Konzept mit der Feineinstellung eines Radios: Zu jedem Zeitpunkt erfüllen Signale von tausenden Sendestationen den Raum. Radioapparate können aber nur auf eines dieser Signale eingestellt werden. Unser Gehirn ist insofern mit einem Radioapparat vergleichbar, als das Einstellen auf die Wirklichkeit davon abhängt, wie wir die Sinnesreize verarbeiten. Wäre es möglich, dass die Chemikalien und Neurotransmitter im Gehirn, insbesondere das DMT, das von unserer Zirbeldrüse synthetisiert wird, für die Einstellung der „normalen" Wirklichkeit verantwortlich sind, wenn sie in der geeigneten Konzentration vorliegen? Falls das Gleichgewicht der chemischen Verbindungen im Gehirn gestört ist – wenn beispielsweise der DMT-Spiegel signifikant höher ist als normalerweise –, schaltet das Gehirn auf eine andere Realität um. Könnte diese andere Realität nicht eine wahrere Wirklichkeit sein, während unsere Gehirne absichtlich auf die fingierte Realität eingestellt wurden, die wir für normal halten? Wie wir gesehen haben, gibt es einige Belege dafür. Wir werden zu einem späteren Zeitpunkt in diesem Buch sehr detailliert darauf zurückkommen und die Wahrscheinlichkeit einer anderen Wirklichkeit erkunden sowie der Frage nachgehen, wer darüber entscheiden könnte, auf welchen „Sender" wir eingestellt sind.

Psychosen

Der alte Spruch, der besagt, dass der Grat zwischen Genie und Wahnsinn sehr schmal sei, geht auf den römischen Philosophen Seneca zurück, der vor 2.000 Jahren schrieb: „Nie hat es einen großen Geist ohne eine Beimischung von Wahnsinn gegeben." Lord Byron, Samuel Taylor Coleridge, Paul Gauguin, Jackson Pollock, Pjotr Iljitsch Tschaikowski, Winston Churchill, John Keats, Rudyard Kipling, Edgar Allan Poe, T.S. Eliot und Virginia Woolf werden allesamt mit der bipolaren Störung in Verbindung gebracht. Der geniale Mathematiker und Nobelpreisgewinner John Nash litt an Schizophrenie, genauso wie Syd Barrett, Gründungsmitglied von Pink Floyd, und der Maler Vincent van Gogh. Benjamin Franklin, Albert Einstein, Thomas Jefferson, Wolfgang Amadeus Mozart, Leonardo da Vinci, Mark Twain, Leo Tolstoi und Charles Dickens stehen ganz oben auf der Liste der berühmten Autisten. Die Erfahrungen der Menschen, die unter einer dieser Beeinträchtigungen leiden, können sicherlich als Kenntnis einer anderen Wirklichkeit eingestuft werden, da sie sich stark von den Wahrnehmungen unterscheidet, die wir anderen haben. Und genau das ist es, was diese Phänomene überhaupt zu Störungen oder Krankheiten macht – das Abweichen von der Norm. Wenn 99 Prozent der Menschheit schizophren wären, dann wären es die „Normalen", die diesen sonderbaren griechischen Namen für ihr Leiden erhalten hätten.

Geistige Störungen sind weitverbreitet, besonders unter begnadeten oder talentierten Menschen. Schätzungen besagen, dass einer von 100 an Schizophrenie, der Urmutter der Geisteskrankheiten, leidet. Die Symptome dieser Krankheit sind annähernd identisch mit den Wirkungen, die Anwender von Halluzinogenen verspüren: die Unfähigkeit zu beurteilen, was wirklich ist, Halluzinationen und veränderte Wahrnehmung. Es scheint fast so, als ob Schizophrenie ein natürlicher Zustand des veränderten Bewusstseins sei, das so viele Forscher, Schamanen und Experimentatoren durch psychedelische oder religiöse Rituale aufzuspüren suchen. Kann es sein, dass die Schizophrenen vom Glück begünstigt sind?

„Der Schizophrene ertrinkt in demselben Gewässer, in dem der Mystiker verzückt schwimmt."
– Joseph Campbell

Es ist bemerkenswert, dass man weder einen Labortest kennt, um Schizophrenie zu diagnostizieren noch eine eindeutige organische Krankheitsursache. Möglicherweise ist Verrücktheit, genauso wie eine DMT-Erfahrung, einfach ein Ungleichgewicht der Neurotransmitter und der allgemeinen Gehirnchemie – eine Abkehr von dem Gleichgewicht, das dazu dienen soll, uns in unserer *Wirklichkeit* zu behalten. Müssen wir uns erneut die Frage stellen, welche nun die wahre Wirklichkeit ist?

Uh, oh, in fünfzehn Minuten beginnt „Richter Wapner"

Autistische Savants sind Menschen, die in gewissen Bereichen unglaubliche kognitive Fähigkeiten an den Tag legen, beispielsweise ein fotografisches Gedächtnis, die Fähigkeit, blitzschnell zu rechnen oder Fakten und Statistiken in Erinnerung zu behalten. Der „Störung" liegt oft eine Kopfverletzung zugrunde, die sich der Betroffene zugezogen hat. Edgar Cayce führte seine außergewöhnlichen geistigen Fähigkeiten angeblich auf eine Kopfverletzung zurück, die er als Junge erlitten hatte. Ist es denkbar, dass die Menschen einen effektiven Regulationsmechanismus oder einen Regler für übergeordnete Funktionen in ihrem Gehirn haben, der die Gehirnaktivität auf diese 10 bis 20 Prozent der Gesamtkapazität beschränkt, von der so oft die Rede ist? Und kann dieser Regulationsmechanismus durch eine Kopfverletzung beschädigt werden, sodass verschiedene Aspekte einer umfassenderen Gehirnfunktion freigelegt werden?

Schamanismus und religiöse Erfahrungen

Wir haben die Gemeinsamkeiten von schamanischen Ritualen bzw. Bräuchen, die seit Jahrtausenden auf der ganzen Welt praktiziert werden, bereits angesprochen. Allerdings müssen religiöse Erfahrungen einer anderen Wirklichkeit nicht unbedingt durch chemische Stimulantien hervorgerufen werden. In vielen Fällen wird die Erfahrung durch rituelle Tänze und Trommelklänge ausgelöst, wie es sowohl bei verschiedenen indigenen Völkern Amerikas der Fall ist als auch – ungefähr die halbe Welt entfernt – bei den San (Buschmänner) Afrikas. Das Gegenstück unserer Tage ist möglicherweise der Rave, bei dem hunderte oder tausende Menschen synchron zu den monotonen Rhythmen der Trancemusik tanzen.

Im Wikipedia-Artikel über Kundalini wird angemerkt:

> „Als spirituelle Erfahrung hat Kundalini Parallelen in vielen der mystischen und gnostischen Traditionen der großen Weltreligionen. Viele Faktoren legen die Allgemeingültigkeit des Phänomens nahe. Die frühen Christen hätten das Konzept wohl als „Pneuma" bezeichnet, und es gibt einige Entsprechungen zum Motiv des „Heiliger Geistes" in der modernen christlichen Strömung der charismatischen Erneuerung. Religionswissenschaftliche Forschungen weisen außerdem auf

Parallelen im Quäkertum hin, im Shakerismus, zum Beten im Judentum (Gebet, bei dem man den Oberkörper wiegt), zum schwankenden Dhikr und drehenden Derwisch im Islam, zum zitternden Beben des byzantinisch-orthodoxen Hesychasmus, zu den fließenden Bewegungen im Tai Chi, zum ekstatischen schamanischen Tanz, zum Ntum-Trancetanz der Buschmänner, zum Tummo-Heat der tibetischen Buddhisten, wie er von Milarepo praktiziert wird und dem ursprünglich aus Indien stammenden andalusischen Flamenco."[32]

Der Autor und Forscher Graham Hancock glaubt, dass menschliche Kulturen auf der ganzen Welt im Grunde seit 40.000 Jahren dieselben spirituellen Erfahrungen machen, die durch die Besonderheiten ihrer kulturell bedingten Überzeugungen nur geringfügig gefiltert werden. So vertritt er beispielsweise die Ansicht, dass die prähistorische Kunst des alten Afrika, Europa und Australien Wesen abbildet, die bei den Schamanen dieser Kulturen als „Götter" und „Geister" bekannt sind. Sie sollen eine erstaunliche Ähnlichkeit mit den Lebewesen besitzen, die im europäischen Mittelalter als „Elfen" und „Kobolde" und heutzutage als „grüne Männchen" bezeichnet werden. Es bestünden Entsprechungen in den Verhaltensweisen und Entführungserfahrungen, nur die Namen und kulturellen Zusammenhänge hätten sich geändert. Ebenfalls interessant ist die annähernde Übereinstimmung des Anteils der Bevölkerung, bei dem Schizophrenie diagnostiziert wurde (1%) mit demjenigen der Personen, die Hancock zufolge schon immer fähig waren, ohne künstliche Stimulation paranormale Erfahrungen zu machen (2% der Bevölkerung). Während diese Menschen in manchen Kulturen als Schamanen verehrt werden, macht man sich in der westlichen Welt oft lustig über sie. In seinem Buch „Supernatural" stellt Hancock Überlegungen darüber an, ob die heutigen UFO-Entführten die Schamanen unserer Zeit sein könnten.

Um die Abschnitte über Entheogene, Psychosen und spirituelle Erfahrungen zusammenzufassen, kann gesagt werden, dass einige Übereinstimmungen bestehen: Alle Phänomene sind mit Veränderungen des chemischen Gleichgewichts im Gehirn verbunden. Sie alle führen zu ähnlichen Erfahrungen und Wahrnehmungen alternativer Realitäten. Stellen Sie sich das Gehirn wiederum als Radioempfänger vor. Der Empfänger kann auf jeden verfügbaren Sender eingestellt werden, indem Induktivität und Kapazität im Schwingkreis aufeinander abgestimmt werden. Vielleicht arbeitet das Gehirn auf ähnliche Weise und ist in der Regel fest auf das eingestellt, was Strassman den „Kanal Normal" nennt. Unter bestimmten Umständen können wir den Sperrkreis jedoch durchbrechen und das Gehirn auf den „Kanal Andere Wirklichkeit" umschalten.

Simulatoren

In diesem Buch werden zwei Kategorien der Simulation diskutiert: Zur ersten zählen Flugsimulatoren und ähnliche geschlossene Systeme, die von audiovisuellen Signalen begleitete Bewegungen in alle Richtungen nachahmen. Bei der zweiten Kategorie handelt es sich um die Simulation einer virtuellen Realität, die weniger platzraubende Ausstattung, dafür jedoch mehr neuronale Stimulation beinhaltet. Zwar verschwimmt ab einem gewissen Punkt der Unterschied zwischen den Kategorien, aber der Zweck dieses Abschnitts ist bereits erfüllt, wenn wir die großen, sperrigen analogen Simulatoren berücksichtigen. Der anderen Kategorie ist ohnehin ein ganzes Kapitel in diesem Buch gewidmet.

Um Piloten und Crew-Mitglieder zu trainieren, werden seit langem Flugsimulatoren für Fluglinien entwickelt. Sie sind ideal für Anfänger, aber auch für erfahrene Piloten, die ein neues Flugzeug ausprobieren wollen und für das Üben von Manövern, die normalerweise zu gefährlich sind, um sie unter realen Flugbedingungen durchzuführen. Simulatoren kosten in der Regel einige Millionen Dollar und bestehen aus einer Flugkabine mit Motoren und Hydraulik, um Bewegungen in alle Richtungen zu erzeugen. Im Inneren befinden sich große Bildschirme, die von Computersystemen gesteuert werden, um den visuellen Aspekt des Fluges zu simulieren – also all das, was der Pilot vom Cockpit aus sieht. Das echte Fluggefühl wird außerdem durch Audiosysteme simuliert und die Ausstattung mit Instrumenten ist nahezu identisch mit derjenigen des nachgebauten Flugzeugs. Alles läuft darauf hinaus, dass drei der fünf für das Steuern eines Flugzeugs wichtigen Sinne (Gesichts-, Gehör- und Tastsinn) getäuscht werden, sodass der Pilot glaubt, tatsächlich zu fliegen. Die zusätzliche Simulation von Bewegungen lässt das Fluggefühl noch realistischer werden. Obwohl wir alle in der Grundschule gelernt haben, dass wir fünf Sinne besitzen, ist dies nur eine auf Übereinkunft beruhende Kategorisierung, die letztlich auf Aristoteles zurückgeht; seitdem gehört die Vorstellung von „fünf Sinnen" zu unserem wissenschaftlichen Status quo. Manche Quellen berücksichtigen nicht weniger als 20 verschiedene Sinne, einschließlich des Fühlens von Hitze, Schmerz und des Gleichgewichts. Und sicherlich fällt die Fähigkeit, sich in einem Schwerkraftfeld zurechtzufinden, nicht ohne Vorbehalt in den Zuständigkeitsbereich der großen Fünf. Auf jeden Fall wurden noch kompliziertere Simulatoren entwickelt, damit auch Astronauten trainieren können, da solche Simulationen die einzige Möglichkeit sind, ein Gefühl für die Schwerelosigkeit und für andere Aspekte des Raumfluges zu erlangen.

Simulatoren in Themenparks wie Universals „Back to the Future" und Disneys „Soarin' Over California" bringen dem Laien, oder besser gesagt, dem Adrenalin-Junkie, das Simulationserlebnis nahe. Eine weitere Kategorie der Simulatoren sind Programme wie Microsofts „Flight Simulator", der auf Bewegungsempfindungen zugunsten eines sehr hohen Grades an visueller Realitätsnähe verzichtet – für weniger als 100 Dollar. Alle paar Jahre gibt das Unternehmen eine neue und verbesserte Version heraus, die das Ausmaß der Realitätsnähe hinaufschraubt. Und wirklich haben sich manche Menschen darüber beklagt, dass das Programm ein wenig zu realistisch sei und darüber spekuliert, ob es möglicherweise verwendet wurde, um für die Flugzeugentführungen vom 11. September 2001 zu trainieren. Auf jeden Fall dreht sich bei diesen künstlich erzeugten Wirklichkeiten alles um die Täuschung des Gehirns und die oben beschriebenen Simulatoren ermöglichen einen hohen Grad an Realitätsnähe und Immersion.

(Computer)spiele

(*Warnung:* Die Spielergemeinde scheint noch mehr Akronyme hervorzubringen als die Telekommunikationsindustrie ... <*soapbox*> ... auch wenn die aufgedunsene, bürokratische Internationale Organisation für Normung (ISO), die in Europa ihren Sitz hat, eine nicht zu überbietende Hölle an Abkürzungen geschaffen hat. </*soapbox*>) Spiele decken sehr viele Gattungen alternativer Wirklichkeiten ab. Sogar ein Brettspiel wie „Monopoly" entführt die Teilnehmer in eine Phantasiewelt – nämlich in die eines Grundstücksspekulanten. Der Grad des Eintauchens ist sehr gering, es gibt nur einen Hauch von Realitätsnähe – wie viele Menschen leben in einer Welt, die aus einem einzigen Wohnblock besteht? –, aber nichtsdestotrotz handelt es sich um eine andere Wirklichkeit. Auch „Dungeons & Dragons" (D&D), der Prototyp eines Rollenspiels, fällt in die Kategorie der technisch anspruchslosen alternativen Realitäten. Bei „D&D" erschaffen die Spieler ihre eigenen Charaktere und leben eine Phantasie aus bzw. ziehen in ein vom Dungeon Master entworfenes Abenteuer, dessen Ende offen ist. Die Aktivitäten der Charaktere, zu denen Reisen, Kämpfen und soziale Interaktionen zählen, werden mit Papier, Bleistift und einem 20-seitigen Würfel umgesetzt. Sowie die Spieler Erfahrungen sammeln, Monster töten usw. steigen sie in verschiedene höhere Level auf. Eine Weiterentwicklung auf diesem Gebiet sind die sogenannten Live-Rollenspiele (LARPs). Anstatt eine Tischplatte oder BBS (Bulletin Board System, ein elektronisches Schwarzes Brett, das es mehreren Computernutzern mit Einwahlverbindungen ermöglicht, gegeneinander zu spielen) zu benutzen, finden LARPs im wahren Leben statt. Dabei identifizieren sich die Beteiligten völlig mit den gewählten Charakteren, deren Rollen sie in der vertrauten Umgebung ihrer Heimatstadt verkörpern. Beobachter eines in Aktion befindlichen LARP-Darstellers könnten beispielsweise einen als Zauberer verkleideten Mann auf der Suche nach einem versteckten Schlüssel entdecken oder auch eine Gruppe mittelalterlich gekleideter Bauern, die sich auf einem Krautacker eine Kissenschlacht liefert. Als Beispiel für ein LARP sei „The Gathering" erwähnt, das alljährlich von einer Gruppe namens Lorien Trust in Derbyshire (England) organisiert wird. Laut der Website des Veranstalters

> „findet ‚The Gathering' in der Spielwelt Erdreja statt, einer eiförmigen Phantasiewelt, die in der kosmischen Leere schwebt. Diese vom Lorien Trust erschaffene Phantasiewelt hat sich im Lauf der letzten zehn Jahre vergrößert; durch die Menschen, die als Mitspieler an den Veranstaltungen teilge-

nommen haben, konnte diese Welt an Bedeutung gewinnen. Erdreja befindet sich noch immer in Entwicklung – durch Ihre Teilnahme haben Sie die Chance, die Zukunft mitzugestalten. Den Mittelpunkt Erdrejas und der Kampagnenwelt bilden die ‚Heartlands'. Obwohl diese Weltregion hauptsächlich von Menschen bewohnt wird, ist sie auch die Heimat dutzender Phantasierassen: von den allseits bekannten Elfen und Zwergen, die auf dem Festland beheimatet sind; von im Meer lebenden Frithen; von Dunkelelfen, die in den finstereren Regionen von Erdreja hausen – um nur einige herauszugreifen. Abenteuer und Spannung erhöhen sich, wenn Reisende aus anderen themenverwandten Phantasiewelten oder den entfernten Regionen Erdrejas die Heartlands besuchen."[33]

Als Mitspieler können Sie einen Menschen, Werwolf, Elf, Kobold, Zwerg oder Halbling verkörpern. Abhängig vom gewählten Charakter steht Ihnen die Gilde der Alchemisten, Bogenschützen, Waffenschmiede, Banker, Barden, Heiler, Beschwörer, Magier, Milizen oder Kundschafter offen. Außerdem besteht die Möglichkeit, sich Vereinigungen wie den Defenders of Adelana, den Tempelrittern oder Primal Urge anzuschließen. Auf der Homepage der Defenders of Adelana wird die von Elly dargestellte Miss Celestria Worthington folgendermaßen beschrieben: Als 20-jähriger Halbling übt Celestria eine Diplomatenfunktion in der Interessensgruppe der Einhörner aus. Charakteristisch für sie sind bodenlange Kleider und weite Umhänge. Ihr Haupt ziert ein silbernes Diadem mit ihrem Namen, ihr Haar ist mit weißen Blumen geschmückt. In die Versammlung der Nationen wurde sie eingeführt, nachdem sie Treseryn – die Stadt, in der sie aufgewachsen war – verlassen hatte. Nach ihrem Beitritt zur Interessensgruppe der Einhörner bewarb sie sich um eine Diplomatenposition, die sie auch erhielt. Seit Molly und Grendal sie freundlicherweise aufgenommen haben, lebt Celestria auf der Insel Adelana. Dort kümmert sie sich um Mollys Kinder und wartet darauf, dass ihr Geliebter Valten Dredd, Ritter von Ancalime und amtierender General der dritten Armee, aus der Schlacht zurückkehrt. Celestria schloss sich den Defenders of Adelana an, um die Krieger und Helden, die für ihre wunderbare Heimat kämpfen, beschützen zu können.[34]

Mit solch bemerkenswerten Kreationen wie „Final Fantasy VII" (für die Playstation), „Star Wars: Knights of the Old Republic" (für PC und X-Box) oder auch „Diablo" (für PC und Macintosh) leiteten Computer- und Konsolenspiele eine völlig neue Ära der Rollenspiele ein. Graphiken und Sound sorgten für ein aufregend hohes Maß an Realitätsnähe und lösten starke Faszination aus. Eine weitere Kategorie der Computerspiele sind die Ego-Shooter: In einer simulierten Umwelt – meist handelt es sich um finstere Verliese oder neblige Spionageschauplätze – muss der Spieler ein vorgegebenes Ziel erreichen und hat dabei ein Waffenarsenal zur Verfügung, das sogar den Mossad beeindrucken würde. Diese Spiele, die extrem gewalttätig und ebenso umstritten sind, machen verdammt viel Spaß. Die graphische Darstellung der frühen Ego-Shooter war zweidimensional, aber schon zu Beginn der 1990er Jahre kamen etliche 3D-Angebote auf den Markt – unter anderem die berüchtigten Spiele „Doom" und „Duke Nukem 3D". Einige Produkte waren mit Einschränkungen mehrspielerfähig, wobei die Teilnehmer mittels eines lokalen Netzwerks (LAN) oder einer seriellen Schnittstelle miteinander verbunden waren. Der Ego-Shooter „Quake" führte mithilfe des Internets in die echte Mehrspielererfahrung ein, so dass sich nun beispielsweise ein 16-jähriger Teenager aus Thailand mit einem 60-jährigen britischen Anwalt und einer 35-jährigen Hausfrau aus Toledo in Ohio verbünden konnte, um eine Schar rabiater Ungeheuer im Kooperationsmodus ins Jenseits zu befördern. Wahlweise erhielten Spieler auf der ganzen Welt die Möglichkeit, sich an einem Todeskampf zu beteiligen. Sieger wurde, wer in der vorgegebenen Zeit die meisten virtuellen Morde für sich verbuchen konnte. Im Jahr 1999 wurde „Quake" mit der GNU General Public License (GPL) ausgestattet, so dass die Spielergemeinde zu Veränderungen am Quellcode berechtigt war. Neue Szenarien, Texturen, Waffen, Regeln und Beschränkungen wurden entwickelt, um das Originalspiel zu erweitern. Auch „Half-Life" ist für seinen äußerst komplexen Handlungsstrang bekannt. Ursprünglich von Sierra Entertainment veröffentlicht, spielt der Ego-Shooter in einer Umgebung, die an die berühmt-berüchtigte Area 51 erinnert.

Weil sich die Geschwindigkeit der Computer – dem Moore'schen Gesetz entsprechend – alle 18 Monate verdoppelt, haben sich Rollenspiele und Ego-Shooter seit damals beträchtlich verändert. Der dramatische Anstieg der Festplattengeschwindigkeit ermöglichte unglaublich realistische Effekte: zum Beispiel hochentwickelte Echtzeitberechnungen von Licht und Schatten, inklusive Physik-Engines, die Schwerkraft in Echtzeit nachahmen. (Vergleichen Sie diese Effekte mit der vorher üblichen Darstellungsweise anhand von vorgefertigten Animationen der Spielfiguren.) Weil zeitgleich die Speicherkapazität der optischen Medien anstieg, konnten weitaus verwickeltere und längere Spiele entworfen werden, die sich durch äußerst komplexe Umgebungen auszeichneten, in denen es viel mehr Räume und Regionen zu erkunden gab.

Machen Sie sich bereit für das Genre der Massen-Mehrspieler-Online-Rollenspiele (MMORPGs), manchmal vereinfacht als MMOGs (Massen-Mehrspieler-Online-Spiele) bezeichnet und auch unter der Bezeichnung Massive Money Making Games (MMMGs) bekannt – *zugegeben, das letztgenannte Akronym stammt von mir.*

Das Geschäft mit den Onlinespielen

Als einen nicht ganz uninteressanten Nebenaspekt möchte ich kurz den finanziellen Erfolg der Onlinespiele-Industrie ansprechen. Branchenanalyst DFC Intelligence schätzt, dass die „Onlinespiele-Industrie im Jahr 2003 1,9 Milliarden US-Dollar Umsatz erzielte. [...] Für das Jahr 2006 wurde ein Umsatzwachstum auf 5,2 Milliarden US-Dollar prognostiziert."[35] Blizzard Entertainments World of Warcraft trumpft mit über einer Million Abonnenten auf. Bei einer Teilnahmegebühr von 15 Dollar pro Monat macht dies einen Jahresumsatz von 180 Millionen Dollar aus, wobei die 50 Millionen Dollar, die von den Abonnenten anfangs für den Kauf des Spiels bezahlt werden müssen, nicht einberechnet sind. Laut Jupiter Research, einem weiteren Analysten, betragen die Kosten für die Zurverfügungstellung eines derartigen Spiels 10 Millionen Dollar pro Jahr.[36] Das bedeutet, dass die Gewinnspanne für World of Warcraft bei annähernd 1.000 Prozent liegt. Versuchen Sie, eine andere Branche mit derartigen Zahlen zu finden! Natürlich gibt es auch MMORPGs, die weniger erfolgreich sind, weshalb die Attraktivität des einzelnen Produkts entscheidend ist. Allerdings können MMORPGs eine lukrative Marktnische sein, wenn die Kombination aus Spiel und Marketingstrategie richtig gewählt ist.

MMOGs wurden entwickelt, um eine sehr hohe Anzahl gleichzeitig aktiver Spieler zu bedienen – oft handelt es sich um Tausende pro Server. Infolgedessen stellt die Teilnehmergemeinde einen sehr wichtigen Aspekt für das Ambiente des Spiels dar. Anders als das Dutzend Personen, das von einigen frühen Ego-Shootern vereint wurde, können Tausende Mitspieler eine kleine Stadt oder Gesellschaft bilden. Aus diesem Grund werden solche Spiele auf ein offenes Ende hin entworfen und besitzen häufig sehr wenig Handlung. Stattdessen dreht sich alles darum, ein Teil einer alternativen Gemeinschaft zu sein, in der niemand wirklich weiß, wer Sie sind.

!) „Im Internet weiß niemand, dass Sie ein Hund sind."

– Aus einem berühmten Cartoon von Peter Steiner, der in der Ausgabe des New Yorker vom 5. Juli 1993 erschien, und in dem ein Hund vor einer Tastatur sitzt und einem Artgenossen von der Faszination des Internets erzählt.

So findet beispielsweise die Handlung des ursprünglichen „EverQuest" – mittlerweile gibt es „EverQuest II" – in der virtuellen, dreidimensionalen Welt Norrath statt, in einem Phantasieszenario à la Tolkien. Als Spieler verfügen Sie über einen Avatar, eine bildhafte Darstellung Ihrer Person. Mit Ihrem Avatar durchwandern Sie das Land, bekämpfen dabei Ungeheuer und andere böse Kreaturen, knüpfen soziale Bande, lösen Aufgaben, bestehen Abenteuer und bilden Ihrem Spielcharakter entsprechend handwerkliche Fähigkeiten aus. Norrath besteht aus mehreren Kontinenten, von denen jeder geographische Besonderheiten und spezielle Eigenheiten aufweist. Nebelwälder, Flüsse, Wüsten, Ebenen, Berge und Ozeane – sie alle tragen ihren Teil zum Spielerlebnis bei. Zur Erfüllung der meisten Aufgaben ist es notwendig, sich zu Gruppen zusammenzuschließen. Das allgemeine Ziel besteht darin, das Level des Avatars kontinuierlich zu erhöhen, was durch das Erfüllen immer schwierigerer Aufgaben und durch das Töten immer gefährlicherer Ungeheuer bewältigt wird. Den Spielfiguren, die höhere Stufen erreicht haben, stehen neue Jagdgründe, bessere Waffen und mächtigere Zaubersprüche zur Verfügung. So haben beispielsweise Waldläufer erst ab Level 9 die Möglichkeit, Zaubersprüche aufzusagen. Die Personen, die Ihnen im Spiel begegnen, können sowohl Avatare anderer Spieler sein als auch Nicht-Spieler-Charaktere, wie zum Beispiel Mrysila, die sympathische Zigeunerin (gut) oder Zarchoomi, der Menschenfresser-Schamane (böse). Sony Entertainment hat zahlreiche Updates des Spiels veröffentlicht – unter anderem die Erweiterungen „The Ruins of Kunark", „The Scars of Velious", „Legacy of Ykesha" und „Lost Dungeons of Norrath". Jede dieser Erweiterungen stellt neue Kontinente, Jagdreviere, Rassen, Gegenstände und Aufgaben zur Verfügung. In einigen Fällen wurde die Anzahl der möglichen Level von 50 auf 60 und später von 60 auf 70 hinaufgesetzt – offensichtlich, um starke Spieler zum Weitermachen und damit auch zur Aufrechterhaltung des Abonnements zu animieren.

Unter seinen Mitgliedern hat „EverQuest" ein vollständig neues Vokabular geschaffen. Beispielsweise ist die „butt-scratch brigade" eine mitgliederstarke Gruppe von Trollen oder Menschenfressern mit der Tendenz ... Sie wissen schon. „Buff hunting" (dt.: etwa „Vorteilsjagd") bezeichnet die Suche nach einer Person, die ihre Leistung durch Zauberkraft steigern kann. Mit „Slum looting" (dt.: „Raub im Elendsviertel") ist eine wenig einträgliche Art der Leichenfledderei gemeint, nämlich das Bestehlen von Leichen, deren Mörder sich nicht die Mühe gemacht haben, nach Wertgegenständen zu suchen. Und so weiter und so fort. Natürlich hat „EverQuest" auch seine Kritiker. Offensichtlich gibt es viele besessene Fans, die zugunsten ihrer Onlineaktivitäten auf die Hygiene verzichten und Freunde und / oder Ehepartner aufgeben. Psychologen warnen vor den suchterzeugenden Qualitäten des Spiels, indem sie Bezeichnungen wie „NeverRest" (Schlafe nie!) oder „EverCrack" (Brich dauernd zusammen!) dafür erfinden. Online-Unterstützergruppen, wie zum Beispiel die Yahoo-Gruppe „EverQuest-Witwen" schießen aus dem Boden, um vernachlässigten Angehörigen Hilfe anzubieten.

Aber es kommt noch schlimmer.

Im November 2001 erschoss sich der 21-jährige Shawn Woolley vor seinem Computer, während er „EverQuest" spielte. Laut Liz Woolley, seiner Mutter, war Shawn dem Spiel völlig verfallen. „Er konnte einfach nicht drauf verzichten. Das zeigt, wie stark das Spiel ist. Man kann nicht eben mal so aufstehen und weggehen", sagte sie. „Er erschoss sich wegen des Spiels." Es zirkulierten Gerüchte über den Grund für seine Tat und letztendlich wurde die Übereinkunft erzielt, dass Shawns Spielfigur getötet und die Leiche ausgeraubt wurde, bevor er die Möglichkeit hatte, sie wiederzubeleben. *CBS News* kommentierte, dass „das Spiel letzten Endes zur Wirklichkeit wurde."[37]

Noch seltsamer ist diese Begebenheit: Am 3. August 2005 begann ein 28-jähriger Mann in einem südkoreanischen Internetcafé StarCraft zu spielen (in Südkorea sind Onlinespiele stark verbreitet; 30% der Bevölkerung haben sich zumindest bei einem MMOPRG angemeldet; Südkorea war auch Gastgeber der jährlichen World Cyber Games). Nach 50 Stunden und nachdem er nur kurze Schlaf- und Toilettenpausen eingelegt hatte, brach der Mann zusammen und starb an Erschöpfung. Ein örtlicher Polizeibeamter fand heraus, dass der 28-jährige vor kurzem entlassen worden war, weil er aufgrund seiner Vorliebe für Computerspiele seine Arbeit vernachlässigt hatte.[38]

Ausstrahlungseffekte auf die Realität

Aus den MMORPGs ist ein ganzer Wirtschaftszweig für virtuelle Spielgegenstände hervorgegangen. Denn ein Objekt, das von einem Avatar in einem Rollenspiel erworben wurde – zum Beispiel eine Waffe –, lässt sich an Mitspieler verkaufen. Im Jahr 2003 fanden allein auf eBay Transaktionen virtueller Spielgegenstände in einem Gesamtwert von über neun Millionen Dollar statt. Laut Bob Kiblinger, dem Betreiber von UO Treasures, setzte der Sekundärmarkt für in MMORPGs geraubte Gegenstände ungefähr 500 Millionen Dollar im Jahr 2004 um. Der Schriftsteller Julian Dibbell wies nach, dass man mit dem Handel virtueller Güter sein Leben bestreiten kann: Ausschließlich durch den An- und Verkauf virtueller Gegenstände erzielte er in einem Monat einen Profit von 3917 Dollar.[39] Wenn Sie glauben, dass er die virtuelle Welt zu ernst genommen hat, sollten Sie den Fall des chinesischen Spielers Qiu Chengwei prüfen: Im Jahr 2005 lieh Qiu Chengwei seinem Mitspieler Zhu Cauyuan ein virtuelles Schwert. Als dieser das Schwert verkaufte, erstach ihn der erzürnte Mr. Qiu.[40] Während ich dieses Buch verfasse, steigt die virtuelle Kriminalitätsrate explosionsartig an – zumindest in den Ländern, die Gesetze gegen solche Aktivitäten erlassen haben. Im August 2005 wurde in Japan ein Mann verhaftet, weil er mithilfe von Computerprogrammen („bots") im Onlinespiel „Lineage II" virtuelle Raubüberfälle durchgeführt hatte. Die Cyberkriminellen stahlen das Eigentum anderer Mitspieler und verkauften es dann für Echtwährung auf dem Markt für virtuelle Gegenstände.[41] Und dann gibt es noch die Ausbeuterbetriebe der Goldfarmer in China, in denen Angestellte zwölf Stunden pro Tag mit der Monitorüberwachung automatisierter Makroprogramme zubringen. Diese Programme kontrollieren Onlineakteure, die in „Lineage II" töten, heilen und Gold stehlen. Während die Angestellten für ihre Tätigkeit 150 Dollar pro Monat verdienen, erzielt der Arbeitgeber im selben Zeitraum die stolze Summe von 60.000 Dollar.[42] Mittlerweile schlagen die Spieleentwickler zurück und statten ihre Produkte mit Nachbesserungen aus, um Goldfarming zu verhindern oder zumindest zu erschweren. Das heißt, bis Hacker Methoden gefunden haben, die Hürden zu umgehen. Blizzard Entertainment hat über 1.000 Zugänge zu „World of Warcraft" wegen Goldfarmings gesperrt.[43] Der Ökonom Edward Castronova hat geschätzt, dass, basierend auf dem Reichtum, den alle Teilnehmer dieses Spiels geschaffen haben, „EverQuest" über ein Bruttonationaleinkommen von 2.216 Dollar pro Kopf verfügt, was dem 77. Platz auf der Liste der reichsten Länder der Welt entspricht.[44]

Nichts davon überrascht Neal Stephenson, den Autor des bahnbrechenden Virtual-Reality-Cyberpunk-Romans „Snow Crash" (der sich, nebenbei bemerkt, auf der Liste der 100 besten Romane aller Zeiten des *Time Magazine* befindet). Das im Jahr 1992 – vor der allgemeinen Nutzung des World Wide Web – verfasste Werk, beschreibt das Konzept des „Metaversums": Dabei handelt es sich um eine virtuelle Gesellschaft, in die sich die Menschen einklinken können, wenn sie eine Virtual-Reality-Brille aufsetzen und sich an eine Datenstation anschließen. Im „Metaversum" spiegelt „The Street" – eine Ansammlung virtueller Grundstücke voller Clubs, Läden, Appartements, Waschsalons und Restaurants – fast alles wider, was auch im realen Leben existiert. Das „Metaversum" verfügt über eine Währung, mit der Waren und Waffen gekauft und die Wohnungsmiete bezahlt werden können (die Miete ist umso höher, je näher die Wohnung im Zentrum von „The Street" liegt – genauso wie in Upper Manhattan.) In der realen Welt könnte man beispielsweise ein Pizzalieferant sein, während man im „Metaversum" ein Schwerter schleudernder Held ist. Das Erleben der virtuellen Realität wird als eine totale Immersion beschrieben, die sich gleichzeitig völlig wirklich anfühlt. Aber dann brechen die Gefahren von „The Street" auf eine dramatische Art und Weise in das wahre Leben ein ... Das Konzept des Avatars, einer graphischen Repräsentation der eigenen Person in einer virtuellen Welt, ist auf dieses Buch zurückzuführen. Möglicherweise hat es auch die Erfindung von VRML inspiriert: die Virtual Reality Modeling Language ermöglicht die Darstellung von dreidimensionalen browserbasierten Welten. Diese Erfindung war sicherlich eine Voraussetzung für die Unternehmensgründung von Black Sun Interactive, eine Firma, die Browser-Plugins für VRML kreierte und virtuelle Welten erschuf, die „Metaversum" ähnelten. Zu den „Metaversum"-Nachahmern zählten „Cybertown", eine virtuelle, browserbasierte dreidimensionale Community-Anwendung oder auch der 3D-Browser „Active Worlds".

Die Internetwelt, der „Metaversum" am stärksten ähnelt, ist Linden Labs „Second Life". Von „Snow Crash" inspiriert, ist „Second Life" (SL) eine informelle Gemeinschaft mit über sieben Millionen registrierten Zugängen (Stand Juli 2007). Wie allgemein üblich werden die Mitspieler von Avataren repräsentiert; die Welt hat ihre eigene Ökonomie (während ich an diesem Buch schreibe, beträgt der Wechselkurs 270 Linden pro Dollar), aber im Unterschied zu den MMORPGs bietet „Second Life" viel mehr Gestaltungsspielraum. Die Spielcharaktere arbeiten, haben Beziehungen, reisen, kaufen ein, verkaufen ihr Eigentum und erschaffen sogar ihre eigene Umgebung. Universitäten wie Harvard, Rice, University College Dublin, New York University und Stanford benutzen „Second Life" als virtuelle Unterrichtsstätte.[45] Ebenso dringen Unternehmen in die „SL"-Welt vor. Völlig reale Unternehmen haben Niederlassungen in „SL" gegründet, zum Beispiel Casinos, Designstudios, Immobilienmakler, Läden und Werbeagenturen.[46] Traditionelle Firmen wie IBM haben in SL Produkte eingeführt, Präsentationen abgehalten, Konferenzen veranstaltet und die Zusammenarbeit organisiert.[47]

In Kapitel 5 werden wir noch tiefer in die virtuelle Realität einsteigen und überlegen, ob diese Spieltrends nicht letztendlich zu einem völligen Aufgehen in der virtuellen Wirklichkeit führen. Und in Kapitel 7 werden wir darüber nachdenken, ob das nicht schon der Fall ist.

Endnoten

1. Roffwarg et al.: „Ontogenetic development of the human sleepdream cycle" in Science, 1966, 152: 604-619
2. Radin, Dean: „The Conscious Universe: The Scientific Truth of Psychic Phenomena", San Francisco, Harper, 1997, 68-73
3. Bem, Daryl J. und Charles Honorton: „Does Psi Exist? Replicable Evidence for an Anomalous Process of Information Transfer" in Psychological Bulletin, 1994, 115 (1): 4-18
4. Radin, D., 72
5. LaBerge, Stephen: „Lucid Dreaming", New York: Ballantine, 1985
6. Kellogg, E. W. III: „Mutual Lucid Dream Event", in Dream Time, 1997, 14(2): 32-34
7. Gittelson, B. und L. Torbet: „Intangible evidence", New York: Simon & Schuster, Fireside Books, 1987
8. Lange, Rense, Michael Schredl und James Houran: „What Precognitive Dreams are Made of: The Nonlinear Dynamics of Tolerance of Ambiguity, Dream Recall, and Paranormal Belief", http://tinyurl.com/o56z4ox sowie Clericus, J.: „Zum Wahrtraum des Bischofs Lanyi von Großwardein" in Psychische Studien, 1918, 45: 465-468
9. Stöwell, Mary S.: „Precognitive Dreams: A Phenomenological Study. Part I. Methodology and Sample Cases" in *Journal of the American Society for Psychical Research*, 91: 163, 1997
10. Moss, Robert: „Dreamways of the Iroquois: Honoring the Secret Wishes of the Soul", New York: Destiny Books, 2004
11. Bhattathiry, M. P.: „Neurophysiology of Meditation", http://tinyurl.com/o2ccqkh
12. Kirkpatrick, Sidney D.: „Edgar Cayce: An American Prophet", New York: Riverhead Books, 2000
13. Talbot, M., 141
14. Weiss, Brian: „Many Lives, Many Masters", New York: Fireside, 1988
15. Talbot, M., 231, 232
16. Puthoff, H.E., Ph.D.: „CIA-Initiated Remote Viewing at Stanford Research Institute" in *Journal of Scientific Exploration*, 1996, 10(1), 63-76, https://www.scientificexploration.org/journal/volume-10-number-1-1996
17. Targ, Russell: „Remote Viewing at Stanford Research Institute in the 1970s: A Memoir", Bay Research Institute, Palo Alto, CA, 10 (1): 7
18. Anderson, Jack und Jan Moller: „Military Psychic Unit's ‚Hits' and Misses" in *Washington Post*, 30.12.1996
19. Utts, Jessica: „An assessment of the evidence for psychic functioning", Division of Statistics, University of California, Davis, 1995
20. Talbot M., 240
21. Lear, John, Interview für *Coast to Coast AM*, 21.03.2004

22. Talbot M., 242
23. Rawlings, Maurice: „Beyond death's door", Bantam Books, 1979
24. Talbot M., 68-70
25. Seaman, Gary, & Day, Jane S.: „Ancient Traditions: Shamanism in Central Asia and the Americas", Niwot, CO: University Press of Colorado and Denver Museum of Natural History, 1994
26. Malmgren, Jeanne: „The Good Friday Marsh Chapel Experiment, THEN -- Rev. Mike Young – NOW, „TUNE IN, TURN ON, GET WELL?" in *St. Petersburg Times*, 27.11.1994
27. Arthur, James: „Mushrooms and Mankind", http://www.jamesarthur.net/mm_01.html
28. Min, K.W., Seo, I. S. und Song J.: „Postnatal evolution of the human pineal gland. An immunohistochemical study" in *Laboratory Investigation*, 1987, 57: 724-728
29. Strassman, Rick: „DMT: The Spirit Molecule", Rochester, VT: Park Street Press, 2001, xvii
30. Sting: „Broken Music: A Memoir", The Dial Press; 1st edition, 2003. 46-47
31. Pickover, Clifford A.: „Sex, Drugs, Einstein, & Elves", Petaluma, CA: Smart Publications, 2005, 83-109
32. „Kundalini" auf *Wikipedia*, 15.11.2005, http://en.wikipedia.org/wiki/Kundalini, sowie Sovatsky, Stuart: „Words from the Soul: Time, East/West Spirituality, and Psychotherapeutic Narrative", Suny Series in Transpersonal and Humanistic Psychology, New York: State University of New York Press, 1998
33. 04.08.2005, http://www.lorientrust.co.uk
34. 04.08.2005, http://www.doai.co.uk
35. „Sony Online Entertainment Launching Game Auction Site", auf *ecommercetimes.com*, 20. 04.2005, http://www.ecommercetimes.com/story/42464.html
36. Kent, Stephen L.: „Making an MMOG for the Masses" auf *gamespy.com*, 10.10.2003, http://archive.gamespy.com/amdmmog/week3
37. „Addicted: Suicide Over Everquest?" in *CBS News*, 18.10.2002, http://tinyurl.com/pv6u83a
38. „S Korean dies after games session" in *BBC News – World Edition*, 10.08.2005, http://tinyurl.com/aj9hr
39. „Virtual Trader Barely Misses Goal" in *Wired News*, 16.04.2004, http://www.wired.com/news/games/0,2101,63083,00.html
40. „Chinese gamer sentenced to life" in *BBC News – World Edition*, 08.06.2005, http://tinyurl.com/83b4a
41. „Computer characters mugged in virtual crime spree" auf *NewScientist.com*, 18.08.2005, http://tinyurl.com/nuzd6qt

42. Lee, James: „From sweatshops to stateside corporations, some people are profiting off of MMO gold", 05.07.2005, http://www.1up.com/do/feature?cId=3141815
43. „Blizzard bans 1,000 World of Warcraft gamers", 16.03.2005, http://www.macworld.com/article/1043640/wow.html
44. „EverQuest: 77th Richest Country", 04.07.2007, http://www.flatrock.org.nz/topics/info_and_tech/game_theories.htm
45. „Second Life" auf *Wikipedia*, 04.07.2007, http://en.wikipedia.org/wiki/Second_Life
46. „Businesses and organizations in Second Life" auf *Wikipedia*, 04.07.2007, http://en.wikipedia.org/wiki/Businesses_and_organizations_in_Second_Life
47. „Product Launch in Second Life - April 26 Event", 04.07.2007, http://www-03.ibm.com/developerworks/blogs/page/InsideSystemStorage?entry=product_launch_in_second_life

Kapitel 4

Eine kurze Geschichte der Programmierung

Fürchten Sie sich nicht. Dies ist weder ein Buch über Programmierung im dritten Jahrtausend noch ein Versuch, Sie schläfrig zu machen. Vielmehr möchte ich Ihnen an dieser Stelle nur einige grundlegende Konzepte der Programmierung vorstellen, weil sie so etwas wie ein Schlüssel zum Verständnis der in diesem Buch geäußerten Behauptungen sind, wie wir im weiteren Verlauf noch sehen werden. Denjenigen unter ihnen, für die der folgende Abschnitt eine echte Herausforderung darstellt, verspreche ich, dass es nicht zu lange dauern wird und bitte Sie, geduldig bei mir zu bleiben. Und was die Hacker unter Ihnen betrifft, so können Sie dieses Kapitel wohl getrost überspringen.

Hoffentlich hat der letzte Abschnitt über Massen-Mehrspieler-Online-Rollenspiele Ihnen Lust gemacht herauszufinden, wie derart spektakuläre Spiele entwickelt werden. Bedauerlicherweise werden wir gar nicht so weit gehen, sondern nur die Grundlagen hierarchischer Programmierung besprechen. Fortgeschrittene finden zahlreiche Bücher über die Programmierung von Spielen in der Computerabteilung ihres örtlichen Buchladens.

Sprachebenen

**Maschinencode –
Programmiersprache der ersten Generation**

Ende der 1930er Jahre entwickelte der deutsche Ingenieur Konrad Zuse mit dem Z1 die weltweit erste programmierbare elektronische Rechenmaschine.[1] Die Computer der 1940er Jahre bestanden aus ganzen Räumen voller Vakuumröhren und Relais; programmiert wurden sie durch die Zuweisung von Schalterzuständen. Der kombinierte Zustand dieser Schalter, von denen jeder entweder an- (1) oder ausgeschaltet (0) sein konnte, stellte das Binärprogramm dar. Der Code eines derartigen, in Binärzahlen (Einser und Nullen) geschriebenen Programmes wird als Maschinensprache bezeichnet. Auch alle heutzutage verwendeten Prozessoren verstehen nur die Maschinensprache, da diese Bauelemente auf einem logischen, binären Level arbeiten. Computersprachen höherer Ordnung wie Java oder C++ müssen durch Kompilation, Interpretation oder Assemblierung in Maschinensprache umgewandelt werden. Aus diesem Grund bildet die Maschinensprache die unterste Sprachebene und wird als Programmiersprache der ersten Generation bezeichnet. Ihr Binärcode sieht folgendermaßen aus:

1 0 0 1 0 0 1 1 1 0 1 0 1 1 ...

Ein Computerprozessor kann eine Reihe von Anweisungen ausführen, beispielsweise „verschiebe dieses Bit Information an jenen Speicherort". Die binären Zahlen repräsentieren entweder Anweisungen, deren Parameter oder Daten. Disassemblierter Code liegt normalerweise im Hexadezimalformat (16er-System) vor, wobei 4 binäre Stellen zu jeweils einer Hexadezimalstelle umgewandelt werden. Mit dem Zehnersystem stimmt das Hexadezimalsystem in der Verwendung der Zahlen von 0-9 überein; anstelle der Zahlen 10, 11, 12, 13, 14 und 15 werden jedoch die Buchstaben A, B, C, D, E und F benutzt. Der Hexadezimalcode – oder abgekürzt „Hex" – sieht folgendermaßen aus:

F601 AA78 7FFF C10D ...

Der Hexadezimalcode hat den Vorteil der leichteren Lesbarkeit, so dass jemand, der alle potenziellen Anweisungen für einen bestimmten Prozessortyp kennt, mit einem Blick auf den Code herausfinden kann, was ein beliebiges Programm leisten soll.

Assemblercode –
Programmiersprache der zweiten Generation

Klarerweise ist das Lesen und Schreiben von Maschinencode – sei es nun hexadezimaler oder binärer – extrem schwierig und ermüdend. Wäre es nicht besser, wenn man die Anweisungen auf Englisch schreiben könnte anstatt in Zahlen? Deswegen erfand die Eckert-

Mauchly Computer Corporation im Jahr 1948 die Assemblersprache[2], die Wörter aus dem Englischen verwendet, um das Hexadezimalsystem im Befehlscode und den Daten zu ersetzen. Beispielsweise addiert der folgende Assemblercode zwei Zahlen und speichert sie in einem Register (in einem der internen Speicherorte des Prozessors):

```
mov ax,2   ;weise dem Register ax den Wert 2 zu
mov bx,1   ;weise dem Register bx den Wert 1 zu
add bx,ax  ;addiere bx zu ax und speichere die Summe in bx
```

Der Satzbau bzw. die Grammatik einer Assemblersprache hängt im Allgemeinen von dem Prozessor ab, auf dem sie läuft, da jeder Befehl einer Assemblersprache mit dem Befehlscode eines Prozessors korrespondiert. Aus diesem Grund gibt es ungefähr ebenso viele Assemblersprachen wie Prozessorarten. Ein „Assembler" genanntes Programm konvertiert die Liste der Assemblerbefehle in Maschinencode, den der Computer lesen und ausführen kann. Weil sich die Assemblersprache auf einem höheren Level als der Maschinencode befindet, wird sie als Programmiersprache der zweiten Generation eingestuft.

Höhere Programmiersprachen – Programmiersprachen der dritten Generation

Eine der Schwierigkeiten der Assemblersprache ist die Tatsache, dass sie auf denjenigen Computer abgestimmt ist, auf dem sie läuft. Angenommen, sie entwerfen ein Assemblerprogramm für einen Pentium-Prozessor, das die Quadratwurzel einer Zahl berechnet. Wenn Sie dieses Programm auf einem PowerPC-Prozessor laufen lassen möchten, müssten Sie ganz von vorne anfangen und die Anwendung in einer anderen Assemblersprache neu schreiben. Wäre es nicht wunderbar, wenn das Programm, das Sie geschrieben haben, auf jedem Computer funktionieren würde? Das ist genau der Zweck, dem eine Programmiersprache der dritten Generation bzw. höhere Programmiersprache (HLL) dient. Die erste dieser Sprachen hatte die Bezeichnung FORTRAN (für FORmula TRANslation) und wurde von IBM im Jahr 1957 entwickelt. Eine Software konnte nun in FORTRAN geschrieben und mittels eines anderen, „Compiler" genannten Programms in jede Assemblersprache übersetzt werden. Folglich sind HLL-Programme auf unterschiedliche Computer portierbar. HLL-Programme haben außerdem den Vorteil, dass sie weniger Befehle benötigen, um zu demselben Ergebnis zu gelangen. Die Verwendung einer HLL anstelle der Assemblersprache ist im Allgemeinen mit einer kleinen Leistungsbeeinträchtigung verbunden, denn der Compiler kann die vom Eingabeprogramm erhaltenen Daten nicht immer bestmöglich in Assemblersprache umsetzen. Dieser Effekt wird jedoch wettgemacht durch die fünfhundertprozentige Geschwindigkeitssteigerung beim Schreiben der Software – und zwar bei allen, außer bei den leistungsabhängigsten Anwendungen.[3] Es wird geschätzt, dass es mittlerweile über 2.500 höhere Programmiersprachen gibt, wobei C++ und Java zu den populärsten gehören. Der folgende Textschnipsel ist ein Javacode, der „Hallo Welt!" auf den Computerbildschirm schreibt:

```
public class HelloWorld {
    public static void main (String[] args) {
        System.out.println(„Hallo Welt!");
    }
}
```

Hierarchischer Code

Es ist nicht sehr sinnvoll, das Rad jedes Mal neu zu erfinden, wenn Sie ein Programm schreiben. Nehmen wir an, dass Sie interaktive Geschäftsanwendungen programmieren. Möchten Sie jedes Mal, wenn Sie eine neue Software entwickeln, ein Programm entwerfen, das ein Pulldown-Menü erzeugt? Natürlich nicht. Stattdessen übernehmen Sie den Code für das Pulldown-Menü aus Ihrem ersten Programm und verwenden ihn für die neue Applikation. Dabei ist es hilfreich, die Software-Bestandteile so zu strukturieren bzw. zu packen, dass sie leicht erneut verwendet werden können. Es gibt viele Möglichkeiten des Packens. Die einfachste Form ist die eines Standalone-Programms, beispielsweise eine Funktion, Subroutine, Methode oder ein Objekt (die Nomenklatur hängt von der verwendeten Programmiersprache ab). Nennen wir es der Einfachheit halber eine Funktion. Die Funktion „Pulldown-Menü" kann als ein Baustein in Ihren zukünftigen Programmen wiederverwertet werden. Ebenso könnten Sie sie über das Internet an kleine Möchtegern-Hacker in der ganzen Welt verkaufen, so dass diese sie in ihren Programmen verwenden können.

Wenn Sie ein Haus bauen, werden Sie nicht mit Rohstoffen, wie zum Beispiel Holz, Metall oder Plastik beginnen. Stattdessen verwenden Sie Bausteine: Fenster, Kanthölzer, Sperrholzplatten, Beton, Fliesen, Wandbauplatten, Dachschindeln, Nägel usw. Genauso verhält es sich beim Programmieren. Es ist viel einfacher, ein aus Bausteinen bestehendes Programm zu bedienen, zu schreiben und zu verstehen, als ein lineares, das beispielsweise 42.000 aufeinander folgende Codezeilen umfasst. Bei den Bausteinen für das Haus sind manche Bestandteile, wie zum Beispiel das Waschbecken, selbst aus anderen Bausteinen zusammengesetzt (Schüssel, Rohrleitung, Wasserhahn). In ähnlicher Weise kann auch Software aus Komponenten bestehen, die ihrerseits aus kleineren Elementen zusammengesetzt sind. Diese Form der Programmierung wird als hierarchische Programmierung bezeichnet.

Hierarchische Programmierung hat viele Vorteile:

- Leichtere Wartung und Modifizierbarkeit: Wenn Sie bei einem Algorithmus, der dem Zeichnen einer Linie dient, eine Verbesserung vornehmen oder einen Fehler beseitigen wollen, müssen Sie – wenn Sie hierarchisch programmiert haben – dies nur an einer Stelle tun, während Sie andernfalls jede einzelne Instanz des Algorithmus verändern müssten (und in einem nichthierarchischen, linearen Programm kann es hunderte davon geben).
- Leichtere Weitergabe: Hierarchische Komponenten können einfach exportiert oder importiert werden, was die Software-Entwicklung schneller und preisgünstiger macht.
- Leichtere Skalierbarkeit: Umfangreiche Programme zu erzeugen kann genauso einfach sein wie die Erhöhung der Anzahl von Wiederholungen im Code – im anderen Fall müssten viel mehr Codezeilen geschrieben werden.
- Leichtere Verständlichkeit: siehe unten.

Nehmen wir an, dass Sie an einem Programm mit dem Namen `ErschaffeVirtuelleTüren` schreiben, das alle Türen eines in einer virtuellen Welt befindlichen Hauses erzeugt (natürlich werden solche Programme nicht auf diese Weise geschaffen, aber es dient dazu,

den entscheidenden Punkt zu veranschaulichen). Zu ihrer Realisierung ist jede Instanz einer Tür auf einige der folgenden Operationen angewiesen:
ErschaffeTürangeln
ErschaffeTürknauf
BestimmeTürposition
ZeichneTürumriss
ÜbertrageTürtextur
ÜbertrageTürschattierung
ÜbertrageTürschatten

Jede dieser Operationen wird auch als Funktion bezeichnet und kann weitere Funktionen beinhalten, wie zum Beispiel ZeichneLinie oder ZeichnePunkt.

Die Funktion ErschaffeTürknauf setzt folgende Operationen voraus:
ZeichneTürknaufUmriss
ÜbertrageTürknaufTexturen
ÜbertrageTürknaufReflektion

Es gibt mehrere grundlegende Wege, um das Programm zu schreiben, das die Türen erschaffen soll ...

Möglichkeit 1 – Die rohe Gewalt der linearen Programmiermethode erzeugt das Programm ErschaffeVirtuelleTüren anhand dieser Zeilen:

{
ZeichneTürUmriss(Tür 1)
ÜbertrageTürTextur(Tür 1)
ÜbertrageTürschattierung(Tür 1)
ÜbertrageTürschatten(Tür 1)
ErschaffeTürangeln(Tür 1)
ZeichneTürknaufUmriss(Tür 1)
ÜbertrageTürknaufTexturen(Tür 1)
ÜbertrageTürknaufReflektion(Tür 1)
BestimmeTürposition(Tür 1)
ZeichneTürumriss(Tür 2)
ÜbertrageTürtextur(Tür 2)
ÜbertrageTürschattierung(Tür 2)
ÜbertrageTürschatten(Tür 2)
ErschaffeTürangeln(Tür 2)
ZeichneTürknaufUmriss(Tür 2)

```
ÜbertrageTürknaufTexturen(Tür 2)
ÜbertrageTürknaufReflektion(Tür 2)
BestimmeTürposition(Tür 2)
ZeichneTürumriss(Tür 3)
ÜbertrageTürtextur(Tür 3)
ÜbertrageTürschattierung(Tür 3)
ÜbertrageTürschatten(Tür 3)
ErschaffeTürangeln(Tür 3)
ZeichneTürknaufUmriss(Tür 3)
ÜbertrageTürknaufTexturen(Tür 3)
ÜbertrageTürknaufReflektion(Tür 3)
BestimmeTürposition(Tür 3)
ZeichneTürumriss(Tür 4)
ÜbertrageTürtextur(Tür 4)
ÜbertrageTürschattierung(Tür 4)
ÜbertrageTürschatten(Tür 4)
ErschaffeTürangeln(Tür 4)
ZeichneTürknaufUmriss(Tür 4)
ÜbertrageTürknaufTexturen(Tür 4)
ÜbertrageTürknaufReflektion(Tür 4)
BestimmeTürposition(Tür 4)
ZeichneTürumriss(Tür 5)
ÜbertrageTürtextur(Tür 5)
ÜbertrageTürschattierung(Tür 5)
ÜbertrageTürschatten(Tür 5)
ErschaffeTürangeln(Tür 5)
ZeichneTürknaufUmriss(Tür 5)
ÜbertrageTürknaufTexturen(Tür 5)
ÜbertrageTürknaufReflektion(Tür 5)
BestimmeTürposition(Tür 5)
}
```

Möglichkeit 2 – Die hierarchische Methode kann durch die Ausführung des Befehls `ErschaffeVirtuelleTüren(5)` realisiert werden, der durch diese Codeblöcke implementiert wird:

```
ErschaffeVirtuelleTüren(n)
{ For i = 1 to n {
ErschaffeTür(i)
ErschaffeTürangeln(i)
```

```
ErschaffeTürknauf(i)
BestimmeTürposition(i)
next i }
}

ErschaffeTür(i)
{
ZeichneTürumriss(i)
ÜbertrageTürtexturen(i)
ÜbertrageTürschattierung(i)
ÜbertrageTürschatten(i)
}

ErschaffeTürknauf(i)
{
ZeichneTürknaufUmriss(i)
ÜbertrageTürknaufTexturen(i)
ÜbertrageTürknaufReflektion(i)
}
```

Abbildung 4-1 zeigt eine graphische Darstellung der Hierarchie dieses Programms. Ich habe mir die Freiheit genommen, niederstufigere Funktionen hinzuzufügen, die für dieses Beispiel sinnvoll wären.

Abbildung 4-1

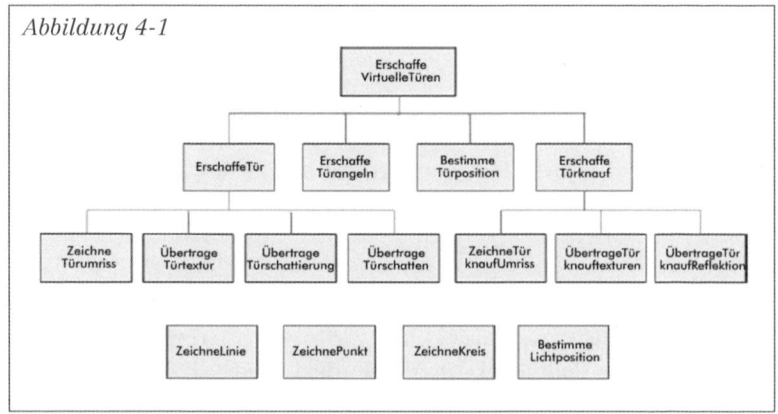

Die jeweiligen Details dieser hierarchischen Graphik sind ziemlich flexibel, aber die Grundregel besteht darin, dass eine Operation umso fundamentaler ist, je niederstufiger die Ebene (je weiter unten in der Abbildung). Üblicherweise bildet die unterste Ebene einer solchen Graphik nicht weiter zerlegbare Operationen ab, von denen jede Funktion auf einer höheren Ebene Gebrauch machen kann. Bezeichnen wir die unterste Funktionsebene aus Gründen der Konvention als Level 1. Je höher man sich in der Graphik hinaufbewegt, desto anspruchsvoller werden die Operationen. Beispielsweise ist die Erschaffung einer Reihe virtueller Türen eine viel anspruchsvollere und höherstufigere Funktion als das Zeichnen eines Punktes. Berücksichtigen Sie außerdem, dass keine Funktion von denjenigen Operationen Gebrauch macht, die sich auf derselben Ebene befinden; stattdessen greifen sie auf Funktionen niedrigerer Ebenen zurück, um ihr Potenzial aufzubauen. Möchten Sie eine brauchbare Hierarchie entwerfen, sollten Sie sicherstellen, dass alle Funktionen einer Ebene hinsichtlich ihrer Ausgereiftheit vergleichbar sind. ErgänzeBaum sollte sich beispielsweise auf derselben Ebene befinden wie ErgänzeWolke, während ErgänzeWald und ErschaffeHimmel eine Stufe höher angesiedelt wären.

So verhält es sich auch bei umfangreicheren Projekten, beispielsweise der digitalen Erschaffung eines Wolkenkratzers. Die Erzeugung des Wolkenkratzers ist die höchststufige Funktion. Die untersten Operationen sind Vernieten, Schneiden, Messen, Positionieren usw. Das Hinzufügen eines Liftschachts oder die Installation der Rohrleitungen wären mittlere Funktionen. Ich denke, Sie verstehen das Prinzip.

Zum Abschluss dieser Ausführungen möchte ich darauf hinweisen, dass das oben ausgeführte Beispiel nur aus Gründen der Anschaulichkeit gewählt wurde. In Wirklichkeit unterscheidet eine gute Software nicht zwischen verschiedenen Objektarten wie dem Zeichnen von Türen oder von Türknäufen. So wird zum Beispiel jedes Objekt durch seine Position und seine Eckpunkte definiert, weshalb auch die Funktion ÜbertrageTexturen auf alle Objekte anwendbar ist. Die Erschaffung flexibler Funktionen und flexibler Datenstrukturen, welche die Objekte vollständig abbilden, ermöglichen einen hohen Grad an Organisation und Präzision bei der höherstufigen Programmierung.

Anwendungsprogrammierung und APIs (Schnittstellen zur Anwendungsprogrammierung)

Sobald ein Satz wohldefinierter und flexibler Objekte, Datenstrukturen und Funktionen erzeugt wurde, müssen sich Programmierer nicht länger um Details kümmern – wie etwa darum, dass ein Türknauf abgerundet ist und glänzt, weshalb er das Licht anders reflektiert als eine flache Holztür. All dies wird von den niederstufigeren Funktionen erledigt. An dieser Stelle ist es den Programmierern möglich, auf einer sehr hohen Stufe, nämlich der Anwendungsebene, zu arbeiten und Funktionen zu schreiben wie ErschaffeWald (Baumdichte = 0,52) oder ErschaffeErdbeben (Richterskala = 7,2; Epizentrum = Middletown). Die Gesamtheit der Funktionen, die den Programmierern zur Verfügung stehen, wird als API (Application Programming Interface) bzw. Schnittstelle zur Anwendungsprogrammierung bezeichnet.

Stellen wir uns vor, dass jemand eine API mit 14 Ebenen für ein Virtual-Reality-Programm geschrieben hat. Nun könnte man eine zusätzliche, noch weiter ausgereifte Ebene oben drauflegen und sie als Ebene 15 bezeichnen. Auf diese Art und Weise können Komplexität und Anspruch eines Programms im Laufe der Zeit erhöht werden. Das bedeutet, dass mit der gleichen Anzahl von Codezeilen ein Programm geschrieben werden kann, das viel mehr leistet und viel anspruchsvoller ist als eines, das nur einige Ebenen weniger umfasst. Die Anzahl der Ebenen, die bestimmten Programmen – insbesondere der die Wirklichkeit abbildenden Virtual-Reality-Software – hinzugefügt werden können, scheint endlos zu sein.

Zurück zu unserem Beispiel: Nehmen wir an, dass Sie ihre Funktion ErschaffeVirtuelleTüren als Teil eines Programms mit dem Namen ErschaffeHaus verwenden. Dieses Programm enthält weitere Funktionen wie ErschaffeGarten, ErschaffeFenster, ErschaffeSchornstein und ErschaffeBaum. Sie können Ihre Funktion ErschaffeHaus mit einigen Parametern ausstatten, die ihr mitteilen, welche Art von Haus sie generieren soll: zum Beispiel ErschaffeHaus(Typ = Kolonialstil, Alter = 50, Farbe = weiß, Grundstücksgröße = 40 Ar, Bewaldung = 50%, Hügeligkeit = 20%) und das Programm wird ein komplettes Haus erzeugen, und zwar basierend auf den Funktionen, die schon für diejenige API, die sich nun eine Ebene darunter befindet, entwickelt worden sind. Wie müssen Sie vorgehen, wenn sie eine ganze Wohngegend erschaffen wollen? Jede Anweisung `ErschaffeHaus (Typ = Kolonialstil, Alter = 50, Farbe = weiß, Grundstücksgröße = 40 Ar, Bewaldung = 50%, Hügeligkeit = 20%)` hätte exakt dasselbe Ergebnis bzw. Haus zur Folge, so dass die Wohngegend ziemlich langweilig aussähe. Um die Umgebung abwechslungsreicher zu gestalten, könnten Sie bestimmte Parameter für jedes einzelne Haus, das sie erzeugen möchten, anpassen. Aber es gibt eine noch bessere Lösung! Nämlich die Verwendung eines bestimmten vordefinierten Elements – eines Zufallszahlengenerators –, so dass jedes Haus ein bisschen anders aussehen wird. Etwa auf diese Weise können Sie eine Tabelle der Haustypen, die in einer bestimmten Region stehen sollen und ihre Parameter erzeugen:

`TabelleHaustyp = {Kolonialstil(55%), Neuenglandstil(25%), Terrassenhaus (10%), Ranch (10%)}`
`TabelleHausalter = {5(40%), 10(15%), 15(15%), 25(10%), 50(10%), 75(10%)}`
`TabelleHausfarbe = {weiß(30%), gelb(20%), dunkelgrau (20%), beige(15%), blau(15%)}`

Die Anweisungen zur Erzeugung von Häusern in der Wohngegend könnten dann folgendermaßen aussehen:
`ErschaffeHaus(Typ = TabelleHaustyp(RND), TabelleHausalter(RND), TabelleHausfarbe(RND))`

Für jedes Haus würde dieselbe Anweisung verwendet werden, was den Vorgang der Erschaffung einer Wohngegend sehr stark erleichtert. `RND` teilt dem Programm mit, einen Parameter aus der dazugehörigen Tabelle auszuwählen, und zwar in Abhängigkeit von den in der Tabelle angegebenen Wahrscheinlichkeiten. Das Ergebnis ist eine hübsche Verteilung von Häusern in verschiedenen Stilrichtungen und Farben, unterschiedlichen Alters, mit variierenden Grundstücksgrößen etc. Sie können Ihre Parametertabellen so komplex gestalten wie Sie möchten; Sie können sogar Verteilungsfunktionen verwenden, um atypische Verteilungen abzubilden, wie zum Beispiel Bewaldung auf einem Grundstück.

Im Grunde können Sie sich jetzt auf eine höhere Ebene in der API begeben und eine neue Funktion definieren:

ErschaffeWohngegend(Häuser=50, Koordinaten=x.y, Durchschnittsalter=10, Bewaldung=50%, sozioökonomischeKlasse=mittlereOberschicht)
Wenn Sie nun noch ein wenig an Ihren Parameterverteilungstabellen und Zufallszahlen feilen, werden Sie bald in der Lage sein, eine Funktion ErschaffeStadt und später `ErschaffeWelt` zu schreiben. Wie ich es mir gedacht habe – der „Oh, jetzt begreife ich, worauf er hinauswill"-Chor ist unmöglich zu überhören ...

Endnoten

1. „The Industrial Era", The History of Computing Project, http://www.thocp.net/timeline/1947.htm
2. Ebd.
3. „The FORTRAN Programming Language", University of Michigan College of Engineering and Computer Science, http://www.engin.umd.umich.edu/CIS/course.des/cis400/fortran/fortran.html

Kapitel 5

Virtuelle Realität und Gedankenverschmelzung mit unseren zukünftigen Siliziumherrschern

Geschichtliches

Der Begriff „virtuelle Realität" (VR) wurde im Jahr 1989 von Jaron Lanier geprägt, einem Pionier auf diesem Gebiet. Im Allgemeinen versteht man darunter eine computergenerierte Simulation einer alternativen Wirklichkeit, die mithilfe von Geräten erzeugt wird, die unsere Sinne täuschen. Während Geruchs- und Geschmackssinn gegenwärtig noch weitgehend unberücksichtigt bleiben, weil sie für die Vorspiegelung einer alternativen Wirklichkeit nicht ganz so entscheidend sind, stehen optische, akustische und haptische Eindrücke im Mittelpunkt der technischen Bemühungen.
Klang lässt sich problemlos mit ein paar unauffälligen Kopfhörern erleben. Bilder werden von stereoskopischen Displays geliefert, die mit kleinen Computerbildschirmen vor jedem Auge ausgestattet sind. Man kennt sie auch unter den Bezeichnungen „Datenhelm", „Videobrille" oder „Helmdisplay". Bis hierher verhält es sich kaum anders als beim Betrachten eines 3D-Films auf einer Panorama-Leinwand, sofern man dabei Raumklang-Kopfhörer trägt. Gleichzeitig können Sie sich freilich Spezialhandschuhe überstreifen, die Tasteindrücke simulieren. Aber auch das wäre immer noch eine einseitige, traumähnliche Erfahrung. Ein letztes, entscheidendes Element wird benötigt, um ein überzeugendes Gefühl der Immersion zu erhalten: die Fähigkeit des Beteiligten, mit seiner Umwelt zu interagieren und diejenige des Computers, diese Interaktionen wahrzunehmen. Zum Teil wird dies durch die Handschuhe ermöglicht, deren bidirektio-

nale Sensoren die Fingerspitzen berühren. So beliefern sie die Finger der Träger nicht nur mit Tastsinnesreizen, sondern registrieren auch Finger- und Handbewegungen. Aus diesem Grund stellen sie die Hände im Sichtbereich korrekt dar, bilden das Ergreifen von Gegenständen nach usw. Üblicherweise ist auch der Datenhelm mit einem Sensor ausgestattet, um die Ausrichtung des Kopfes zu erfassen. Zwar ist die Montur insgesamt ein wenig schwerfällig, aber sie reicht aus, um das Gefühl zu erzeugen, sich in einer computergenerierten, alternativen Welt zu befinden und mit ihr zu interagieren. Abbildung 5-1 zeigt ein Astronautentraining im Virtual-Reality-Labor des Johnson Space Center. Im Handel erhältliche Videobrillen sind mittlerweile ein bisschen weniger klobig und unterstützen in der Regel eine Auflösung von 800x600 Pixel.

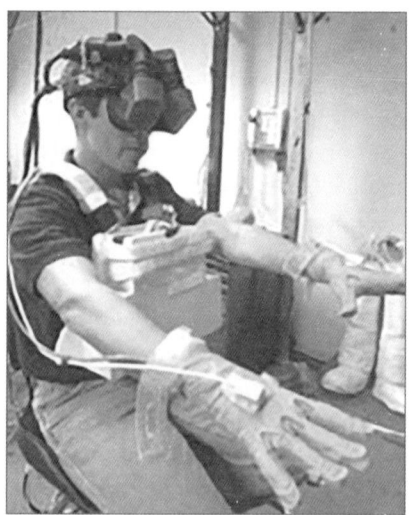

Abbildung 5-1 (mit freundlicher Genehmigung der NASA)

In den frühen 1990er Jahren versprach man sich noch Sagenhaftes von der VR-Industrie, als die noch in den Kinderschuhen steckende Branche zum ultimativen Renner hochgejubelt wurde. Aber langsame Computer, leistungsschwache Netzwerke, überzogene Erwartungen, armselige Auflösung von Cyber-Handschuhen und Videobrillen sowie teure Bauteile trugen allesamt Mitschuld daran, dass die Versprechungen nicht eingelöst werden konnten –

zumindest, was die Unterhaltungsindustrie angeht. Ihre ökonomische Nische fand die VR jedoch im Piloten- und Astronautentraining, bei der Schulung von Medizinern und Chirurgen, bei operativen militärischen Übungen mit gefährlicher Ausrüstung, im Automobildesign und in weiteren Sektoren von Industrie und Wissenschaft. Viele Zukunftsforscher glauben, dass es nur eine Frage der Zeit ist, bis das Konzept von Neuem abhebt. Schon jetzt existiert eine Vielzahl an Spielgeräten, die haptisches Feedback geben: Gaming-Sessel, Gaming-Westen, Rumble Pak, vibrierende Steuerräder etc. Und dann gibt es auch noch Teledildonics, die Verbindung von VR und Pornographie. Obwohl Vivid Entertainments Cyber-Sex-Anzug, der 1999 vorgestellt wurde, im Verbraucherschutztest durchfiel und nie zur Marktreife gelangte, hat die Vergnügungsindustrie nicht aufgegeben. Im Jahr 2004 präsentierte Doc Johnson, ein Hersteller von Sex-Spielzeug, auf der Fachmesse Erotica in Los Angeles Produkte, die es zwei Menschen ermöglichen, mithilfe des Internets virtuellen Sex zu haben. Dabei können sie „Geschwindigkeit und Rhythmus" der Rüstung kontrollieren, die der entfernte Partner trägt.[1]

Wahrnehmungen

Die gängige Ansicht lautet, dass wir all unsere Wahrnehmungen fünf Sinnen zu verdanken haben: Sehen, Hören, Riechen, Fühlen und Schmecken. Ihre Tätigkeit lässt uns die Wirklichkeit erleben, denn die Sinnesorgane sind mit spezifischen Rezeptoren ausgestattet, mit deren Hilfe sie Umgebungsreize erfassen. Diese Rezeptoren leiten die aufgenommenen Informationen an das Gehirn weiter, wo sie zu Wahrnehmungen verarbeitet werden. Die Netzhautrezeptoren der Augen fangen elektromagnetische Strahlung im sichtbaren Bereich (Licht) auf, die im Gehirn zu einem Bild zusammengefügt wird. Haarzellen im Innenohr erfassen Druckwellen in der Luft, die das Gehirn als Klang interpretiert. Geschmacksrezeptoren auf der Zunge schicken Informationen zum Gehirn, das diese in eine Geschmackswahrnehmung umwandelt. Die von den Tastrezeptoren in der Haut übermittelten Reize werden als Berührungen erkannt. Und Geruchsempfindungen resultieren aus der Verarbeitung von Signalen, die von den Riechzellen in der Nase stammen. Also sind in all diesen Fällen zwei Hauptkomponenten für die Wahrnehmung verantwortlich: zum einen die jeweiligen Sinnesrezeptoren, zum anderen die dazugehörige Verarbeitungseinheit, nämlich das Gehirn. In der oben beschriebenen Welt der virtuellen Realität wird die Wahrnehmung ausgetrickst, indem eine alternative Wirklichkeit in die betroffenen Rezeptoren eingespeist wird. Ist es vorstellbar, dass das Gehirn mit manipulierten Informationen gefüttert wird?

Betrachten Sie das folgende Gedankenexperiment: Ein Gerät, das wir den „Abfänger" nennen möchten, wird im Nervensystem unserer Versuchsperson Jessica zwischen den sensorischen Nervenendigungen und den Nervenbahnen, die ins Gehirn führen, angebracht (vgl. Abbildung 5-2).

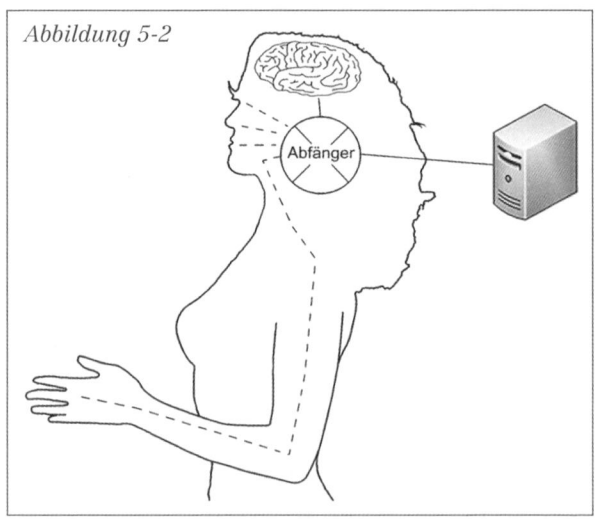

Abbildung 5-2

Ein Schalter kontrolliert die Bahnen der Signale, die von den Sinnesorganen geliefert werden. Zu Anfang stellen wir den Schalter auf „Durchlass", sodass alle aufgenommenen Informationen direkt an das Gehirn weitergeleitet werden. Weil sich für Jessica dadurch nichts ändert, hat sie keine Ahnung vom Vorhandensein des Abfängers.

Abbildung 5-3

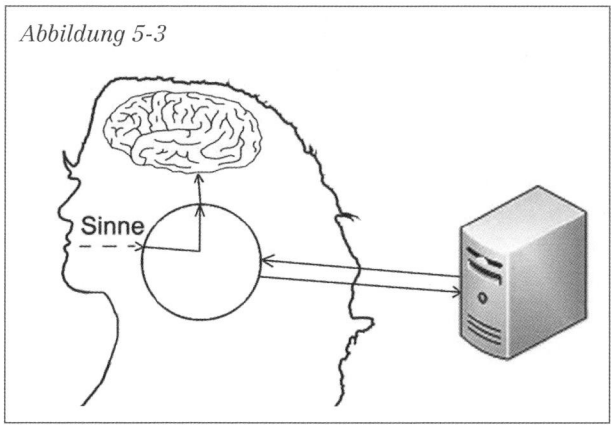

Der Abfänger ist außerdem mit einem hochentwickelten Remote-Computer verbunden, der in der Lage ist, das menschliche Gehirn nachzubilden – zumindest hinsichtlich der Kompetenz, Sinnesreize zu verarbeiten. Wenn wir mit dem Schalter den Remote-Control-Modus einstellen, werden alle Sinnesinformationen an den Computer geleitet und dieser antwortet, indem er davon abweichende Sinnesinformationen an Jessicas Gehirn zurückschickt (siehe Abbildung 5-4).

Abbildung 5-4

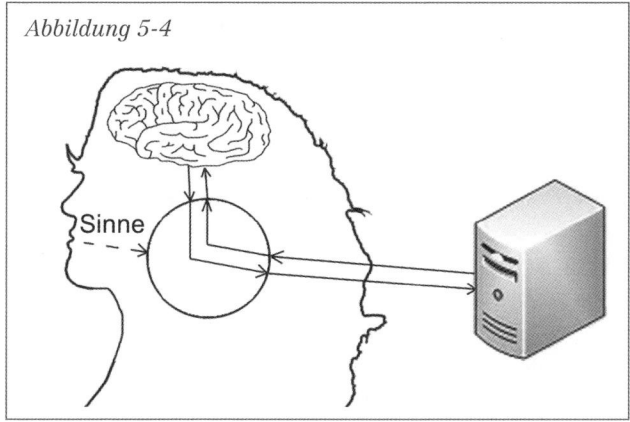

Wenn die Signale, die der Remote-Computer an Jessica schickt, mit denjenigen identisch sind, die von ihren Augen, den Ohren, der Nase, der Zunge und weiteren Nervenenden stammen, wird sie immer noch keinen Unterschied bemerken (außer wenn die Signalübertragung ein wenig zeitverzögert abläuft, weshalb sich Jessica ein bisschen langsam bzw. betrunken fühlen könnte). Falls der Remote-Computer jedoch abweichende Signale an Jessica zurücksendet, wird sie glauben, eine völlig andere Erfahrung zu machen. Nehmen wir an, dass Jessica eine Dose Thunfisch öffnet und herzhaft hineinbeißt. Der Remote-Computer fängt das von ihrer Zunge gelieferte „es schmeckt nach Thunfisch"-Signal ab und ersetzt es durch eine „es schmeckt nach Huhn"-Information. Falls Jessica den Thunfisch tatsächlich weder gerochen noch gesehen hat, könnte sie zweifelsfrei glauben, Huhn zu essen. Hat sie dagegen einen Blick auf den Inhalt der Dose geworfen, muss der Remote-Computer nur das „es sieht nach Huhn aus"-Signal zu den übrigen hinzufügen. Jetzt laden wir das „verwandle Jessicas Selbstbild in das eines Schimpansen"-Programm und laden sie ein, vor einen Spiegel zu treten. Die optischen Signale von Jessicas Spiegelbild werden vom Computer umgearbeitet, um sie glauben zu lassen, dass sie einen Schimpansen im Spiegel erblickt. Ihr Gehirn sagt: „Das kann nicht sein!", und befiehlt ihr, einen Arm zu heben und die Behaarung in ihrem Gesicht anzufassen. Als sie der Aufforderung nachgeht, werden die Signale wiederum durch solche von einem Schimpansen, der seinen Arm hebt, ersetzt. Überrascht betastet sie ihr Gesicht, um sicherzugehen, dass sich dort kein sonderbarer Affenpelz befindet. Obwohl ihre Hand tatsächlich ihr weiches Gesicht berührt, ist der Computer klug genug um zu erkennen, dass er, wenn ihre Finger in die Nähe des Gesichts kommen, „es fühlt sich nach Körperbehaarung an"-Signale erzeugen muss, die völlig synchron mit ihren Bewegungen erfolgen. Jessica wird lückenlos irregeführt, sodass sie denkt, sich in einen Schimpansen verwandelt zu haben. Jeder Sinnesreiz kann weiterverarbeitet werden, um Jessica alles glauben zu lassen, was sich die Programmierer des Computers wünschen. Wird das Gefühl der Schwerkraft verändert, fühlt sich Jessica schwerer oder leichter. Ihr kann der Eindruck vermittelt werden, aufzustehen, auch wenn sie sich gerade ausruht – und umgekehrt. Kurz gesagt: Das Computerprogramm kann Jessica eine umfassende virtuelle Realität erleben lassen, indem es einfach ihre Sinnesreize manipuliert.

Allerdings verfügt Jessicas Gedächtnis über das Wissen, einmal ein Mensch gewesen zu sein. Aus diesem Grund würde sie durch das Experiment wahrscheinlich traumatisiert werden – besonders dann, wenn es ohne ihr Einverständnis durchgeführt wird. Trotzdem könnte sie sich im Laufe der Zeit daran gewöhnen, ein Schimpanse zu sein. Und wenn sich ihr Leben als Schimpanse angenehm gestaltet, werden ihre Erinnerungen an ihre menschliche Vergangenheit wahrscheinlich langsam verblassen. Wenn der Abfänger von Geburt an eingeschaltet ist, wird sie nie daran zweifeln, ein Schimpanse zu sein. Aus ihrer Perspektive war sie immer schon ein Schimpanse und sie ist völlig überzeugt davon zu wissen, wie es sich anfühlt, ein Schimpanse zu sein.

Gehen wir noch einen Schritt weiter und nehmen an, dass der Schalter des Abfängers eine dritte Position besitzt. Wenn sich der Schalter in der dritten Stellung befindet, übernimmt der Remote-Computer die vollständige Kontrolle und ersetzt alle von Jessicas Sinnesorganen erfassten Wahrnehmungen durch computergenerierte Eindrücke (Abbildung 5-5).

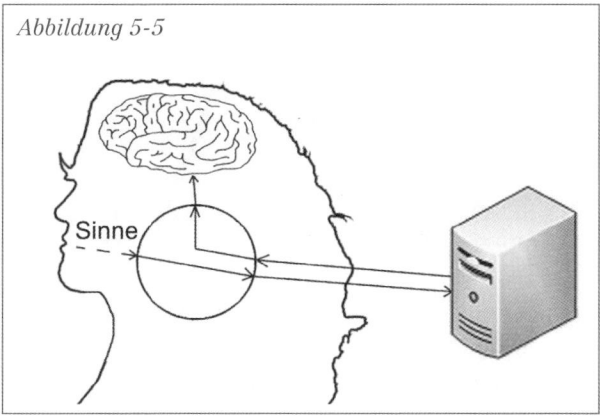

Abbildung 5-5

Beschließen wir außerdem, dass der Remote-Computer Zugriff auf alle elektrochemischen Bits in Jessicas Gehirn hat und sie nach Belieben modifizieren kann. Wie wir sehen werden, ist dies nicht so unrealistisch, wie es scheint. Im Wesentlichen wird die Sinneswahrnehmung nun vom Remote-Computer ausgeübt; Jessicas Gehirn befindet sich vollständig unter seiner Kontrolle. Aus diesem Grund ist der Computer in der Lage, Jessicas gesamte Erinnerungen an ihr früheres Dasein (als sie sich noch nicht auf dem Planet der Affen befand) auszulöschen und sie vollständig durch affentypische Erfahrungen zu ersetzen. In diesem Fall kann Jessica sofort zu einer anderen Persönlichkeit werden. Es ist weder nötig, auf das Verblassen ihrer Erinnerungen zu warten noch unmittelbar nach der Geburt mit der Manipulation zu beginnen.

Frage: Wie können Sie sich Ihrer Identität wirklich sicher sein?

Ist es möglich, dass Sie von einem Abfänger getäuscht werden? Von einem streng logischen Standpunkt aus müssen Sie zugeben, dass man ein solches Szenario nicht ausschließen kann. Denjenigen, die den Film „Matrix" gesehen haben, wird dieses Gedankenexperiment vertraut vorkommen. Außerdem muss es sich beim Abfänger nicht einmal um ein klobiges Implantat handeln, aus dem Drähte herausragen, wie in Abbildung 5-2 dargestellt ist. Der Abfänger könnte ein winziges Nano-Sende-Empfangsgerät sein, das in ihren Schädel implantiert ist und das mit dem Remote-Computer drahtlos kommuniziert. Warum fällt der Glaube daran so schwer? Heutzutage ist alles drahtlos – Fernsehen, Telefone, Computer, Routenkontrollgeräte (Navigatoren), RFID. Die Vorstellung einer Welt, in der jedermanns Gehirn mit dem „Mutter-Computer" verbunden ist, ist mit Sicherheit keine haltlose Spekulation. Wenn wir uns auf die Ebenen der Biochemie und der Parapsychologie begeben, könnte eine Drüse in Ihrem Gehirn dafür verantwortlich sein (beispielsweise die Zirbeldrüse), die Sinnesdaten erfasst und sie durch ein unbekanntes Medium (das „A-Feld", den „Äther") an das kosmische Bewusstsein weiterleitet, wo die Daten verarbeitet werden. Kontrollsignale, kodierte Erinnerungen usw. werden zurück durch den Äther an Ihr Gehirn gesendet, wobei dieselbe oder eine ähnliche Drüse zum Einsatz kommt. Erscheint Ihnen das unrealistisch? Haben Sie jemals mit Ihrem Laptop an einer drahtlosen Videokonferenz teilgenommen? Alle funktionalen Komponenten, die in diesem Gedankenexperiment beschrieben wurden, sind Bestandteil einer Videokonferenz: Sensoren, Transmitter, Empfänger (Receiver), Netzwerkschaltung und Computerverarbeitung. Es ist nur eine Frage der Skalierbarkeit.

Zum Abschluss dieses Abschnitts möchte ich darauf hinweisen, dass wir gegen Ende des oben durchgeführten Gedankenexperiments behauptet haben, dass Jessica mit Sofortwirkung zu einer anderen Person werden könnte. Das ist nicht ganz richtig: Zwar ist ihr Selbstbild veränderbar, aber die Frage, wer Jessica wirklich ist, haben wir noch gar nicht gestellt. Falls Jessica mit dem Zustand ihres Gehirns identisch ist, kann sie auf Knopfdruck zu jemand anderem werden. Wird Jessica jedoch durch ihre Seele definiert, ändert dieses Szenario nur ihr Selbstbild, nicht aber das, was sie ist.

Implantate

Die moderne Medizin hat uns künstliche Hüften, Kniescheiben und -gelenke, Brustimplantate, künstliche Herzklappen und Gliedmaßen, Zahnimplantate, synthetische Arterien, Hörprothesen, Penis-Implantate und dazugehörige Pumpen beschert. Die nahe Zukunft verspricht uns noch raffiniertere künstliche Organe, wie zum Beispiel Leber, Schilddrüse, künstliche Netzhaut und möglicherweise einigermaßen ausgereifte Methoden, mithilfe von Nanotech-Montage synthetische Ersatzteile direkt im Körper herzustellen. Letztendlich könnten unsere Körper zu einem Großteil künstlich hergestellt werden – zumindest in der gegenwärtigen Terminologie. Man könnte annehmen, die Produktion bionischer Menschen würde vor dem Nervensystem und damit dem Gehirn haltmachen.

Oder doch nicht?

Anscheinend steuern wir auf transplantierbare oder künstliche Gehirnteile zu: Im Jahr 1984 wurde zwischen zwei Laborratten eine Transplantation des Frontallappens vorgenommen, wobei der Empfänger die Operation überlebte.[2] Das Experiment beweist jedoch nur, dass ein Tier diese Operation überleben kann. Lehman et al. tauschten im Jahr 1987 einen der Kerne des Hypothalamus (den suprachiasmatischen Kern, der für den Schlafrhythmus verantwortlich ist) eines Hamsters gegen den eines Artgenossen aus. Nach der Operation konnte die „innere Uhr" des Hamsters mit dem ausgewechselten Kern wiederhergestellt werden. Es zeigte sich also, dass transplantierte Gehirnteile ihre Funktion beim Empfänger wieder aufnehmen können.[3] Die erste Gehirnprothese (ein künstlicher Hippocampus) wurde 2003 entwickelt und an Rattengehirnen getestet.[4] Höhere Säugetiere und Menschen werden wahrscheinlich nicht lange hinterherhinken müssen.

Gedankenverschmelzung mit unseren zukünftigen Siliziumherrschern

„Mein Lieber, du leidest unter einer Vulkan-Gedankenverschmelzung."
– Kirk (aus „Star Trek III: Auf der Suche nach Mr. Spock" (1984))

„Dieser gottverdammte, grünblütige Hundesohn. Das ist seine üble Rache, für all die Debatten, die er verloren hat."
– McCoy (aus „Star Trek III: Auf der Suche nach Mr. Spock" (1984))

Ray Kurzweil skizziert ein plausibles wissenschaftliches Zukunftsszenario, in dem der Status eines menschlichen Gehirns in einer künstlichen Vorrichtung gespeichert wird, um irgendwann wiederhergestellt zu werden. Dieses Verfahren soll in erster Linie das Hoch- und Herunterladen von Erinnerungen ermöglichen. Denjenigen Menschen, die glauben, dass uns ausschließlich unsere Erinnerungen zu dem machen, was wir sind, bietet sich die Aussicht auf Unsterblichkeit: entweder durch einen vollständigen organischen Ersatz ihres Körpers oder durch den Austausch des biologischen durch einen synthetischen Leib.[5]

Aber welche Konsequenzen hätte diese Entwicklung für die Personen, die der Ansicht sind, dass unser Wesen aus ein bisschen mehr besteht (aus einer Seele beispielsweise)? Abhängig von der Verortung der Seele bieten sich zwei Möglichkeiten: Die Seele könnte sich im Gehirn befinden, weil das Gehirn womöglich das einzige Organ ist, das nicht durch eine künstliche Kopie ersetzt werden kann. Es existiert eine traditionelle Ansicht mit religiösen Wurzeln, die besagt, dass die Seele bzw. der Geist von außerhalb kommt und den Körper zu irgendeinem Zeitpunkt während der Embryonalentwicklung betritt. Die katholische Kirche hat zwar keine offizielle Position hinsichtlich des genauen Termins, der Einzug der Seele in den Körper ist jedoch der Dreh- und Angelpunkt in der Debatte zwischen Abtreibungsgegnern und Befürwortern. Und erinnern Sie sich daran, dass

Dr. Strassmans Überzeugung, dass der Geist am 49. Entwicklungstag den Körper aufsucht, auf buddhistischen Lehren beruht. Falls es sich so verhält, wäre es dann möglich, den Status unseres Gehirns samt Seele auf der Basis von Silizium zu speichern? Mir scheint, dass die Seele unmöglich an etwas Materielles gefesselt werden kann, wenn sie wirklich diese geheimnisvolle, vitale Kraft ist. In diesem Fall würde sie den transplantierten Erinnerungen nicht nachfolgen. Vielleicht könnte sie ihnen aber auch folgen und sich in dem neuen, künstlichen „Seelenschiff" niederlassen. Es gibt sicherlich keine schlüssige Antwort.

Andererseits besteht die Funktion des Gehirns möglicherweise darin, wie ein Zwischenspeicher zu funktionieren: ein lokaler Informationsspeicher mit einer häufig benötigten Verarbeitungsfunktion. Erinnern Sie sich an Dr. Bruce Liptons Ansicht (Kapitel 2), dass sich Geist und Bewusstsein nicht im Gehirn, sondern irgendwo außerhalb davon befinden. Lipton steht mit dieser Überzeugung keineswegs allein da, sondern befindet sich in Gesellschaft einer bunt zusammengesetzten Gruppe von Wissenschaftlern, Esoterikern, Philosophen, Theologen und New-Age-Forschern. Unter der genannten Voraussetzung bliebe der Geist weiterhin außerhalb des Körpers und könnte sich entscheiden, was er nach der Transplantation steuern möchte: den alten, organischen Körper oder den neuen Siliziumklon. Deswegen könnte die menschliche Entwicklung in beiden Fällen vom organischen zum anorganischen Seelenschiff wie geschmiert laufen. Die letzten Merkmale der von Kurzweil beschriebenen Singularität sind:[6]

- die Nanotechnologie wird die Manipulation der physikalischen Realität ermöglichen, und Nanobots werden mit biologischen Neuronen interagieren, um aus dem Nervensystem heraus eine virtuelle Realität zu erschaffen. Im Gehirn befindliche Nanobot-Schwärme werden die menschliche Intelligenz stark erweitern.

- Foglets werden in der Lage sein, alternative physikalische Realitäten auf Knopfdruck zu erzeugen.

- Die Unterscheidung zwischen virtueller und physikalischer Realität wird verschwimmen und wir werden dazu neigen, virtuelle Realitäten als Bühne für unsere Erfahrungen auszuwählen, was uns die Freiheit gibt, auf verschiedene Weisen zu existieren.

Auch auf die Gefahr hin, dieses Buch als eine Sammlung meiner Lieblingstheorien erscheinen zu lassen, muss ich eine weitere Theorie, die mich schon immer fasziniert hat, vorstellen, weil sie sehr wichtig für das Thema dieses Buchs ist. (Machen Sie sich keine Sorgen, in Kapitel 7 wird sich schließlich eins ins andere fügen.) Dr. Frank Tipler, Professor für mathematische Physik an der Tulane University, schrieb 1995 ein Buch mit dem Titel „The Physics of Immortality: Modern Cosmology, God and the Resurrection of the Dead". In diesem Werk, das zehn Jahre vor Kurzweils „Menschheit 2.0. Die Singularität naht" verfasst wurde, behauptet er, dass die Menschen letztendlich mit künstlicher Intelligenz aus Silizium verschmelzen werden und dass das daraus entstehende intelligente Leben in der Lage sein wird, das Universum mit einer Geschwindigkeit zu besiedeln, die höher ist als die Zunahme der Unordnung (Entropie). Wenn die Kolonialisierungsphase abgeschlossen ist, werden wir den Omega-Punkt entdecken – oder besser noch, erschaffen –, eine Intelligenz, die alle quantenmechanischen Lebenswege umfasst und allgemein unter der Bezeichnung „Gott" bekannt ist. Vergleichen Sie dies mit Kurzweils Singularität, bei der „die Intelligenz, deren biologische Wurzel das Gehirn und deren technologischer Ursprung menschlicher Erfindergeist ist, die um sie herum befindliche Materie und Energie durchdringen wird. Erreichen wird sie dies durch die Neuorganisation von Materie und Energie, um sich auf diese Weise mit optimalen Rechenfähigkeiten auszustatten und sich dann von der Erde aus weiter auszubreiten ... mit Überlichtgeschwindigkeit ... [und, schließlich] wird unsere Zivilisation den Rest des Universums mit Kreativität und Intelligenz erfüllen."[7]

Was bedeutet das für uns? Gleichgültig, welcher Ansicht wir auch sein mögen: Das 21. Jahrhundert wird eine atemberaubende Zeit – und wir sind mittendrin. In Kapitel 7 werden wir die Angelegenheit wieder aufgreifen. Aber zuerst befassen wir uns mit all diesen witzigen Fußnoten, die uns dazu bringen, alles infrage zu stellen, was wir zu wissen glauben ...

Endnoten

1. "High-Speed Love Connection", in *Wired News*, 24.06.2004, http://www.wired.com/news/games/0,2101,63963,00.html?tw=wn_1techhead
2. Sharp, F.R. und M.F. Gonzalez: "Fetal frontal cortex transplant (14C) 2-deoxyglucose uptake and histology: survival in cavities of host rat brain motor cortex" in *Neurology*, 1984, 34: 1305-1311
3. Lehman, M.N., R. Silver, W.R. Gladstone, R.M. Kahn, M. Gibson und E.L. Bittman: "Circadian rhythmicity restored by neural transplant. Immunocytochemical characterization of the graft and its integration with the host brain" in *Journal of Neuroscience*, 1987, 7: 1626-1638
4. Graham-Rowe, Duncan: "World's first brain prosthesis revealed" in *New Scientist*, 12.03.2003
5. Kurzweil, Ray: "The Age of Spiritual Machines", 101-156
6. Kurzweil, Ray: "The Singularity is Near", 25-29
7. Kurzweil, Ray: "The Singularity is Near", 21

Kapitel 6

Die kleinen Anomalien des Lebens – Grüne Männchen und Schwarzes Gold

Dieses Kapitel beschäftigt sich mit einer Reihe seltsamer Anomalien, die unsere Alltagserfahrungen betreffen. Ich schlage vor, dass diese Abweichungen als Beleg für den planvollen Aufbau des Universums zu sehen sind. Diejenigen unter Ihnen, die im logischen Denken geübt sind und sich mit wissenschaftlichen Methoden auskennen (so wie ich), werden versucht sein, einige Themen dieses Abschnitts nicht ganz ernst zu nehmen. Aus diesem Grund wollen wir das Kapitel mit einer Übung in geistiger Offenheit beginnen, die als Warnung davor verstanden werden soll, die eigenen Glaubensüberzeugungen für unumstößlich zu halten. Es kann gut sein, dass Ihnen einige der später angesprochenen Anomalien auch noch Schwierigkeiten bereiten, wenn Sie diese Übung verdaut haben. Versuchen Sie dann, diese Phänomene nicht als notwendigerweise wirklich zu betrachten, sondern als etwas, wofür es keine befriedigende Erklärung gibt. Vielleicht werden Sie niemals an UFOs glauben, aber dennoch müssen Sie sich eingestehen, dass Millionen Menschen felsenfest davon überzeugt sind, welche gesehen zu haben. Und das an sich ist bereits ein echtes geistiges Phänomen.

Seien Sie da draußen vorsichtig

Wir alle haben die Erfahrung gemacht, dass man nicht alles glauben kann, was man so liest. Daran gibt es keinen Zweifel, wie uns das Internet unmissverständlich klargemacht hat. Das gilt nicht nur für Randgebiete, sondern auch für Konzepte, die wir im Allgemeinen als bewiesene Tatsachen erachten. Die vorherrschenden Ansicht oder Lehrbuchmeinung von heute wird nicht selten zur humorvollen Anekdote von morgen. Ein paar Beispiele:

Als der Physiker George Zweig im Jahr 1964 die Existenz von etwas vorschlug, das heute als Quarks bezeichnet wird, wurde seine Bewerbung um eine Anstellung an einer größeren Universität abgelehnt und er als Scharlatan bezeichnet. Heutzutage sind Quarks ein allgemein anerkannter Bestandteil des Standardatommodells.[1,2]

Im 19. Jahrhundert bewertete die wissenschaftliche Gemeinschaft Berichte über vom Himmel fallende Steine (Meteorite) ähnlich wie heutzutage Meldungen über UFO-Sichtungen.[3]

„Ich denke, dass es einen Weltmarkt für vielleicht fünf Computer gibt."

– Thomas Watson, Vorstandsvorsitzender von IBM (1943)

„Für niemanden gibt es einen Grund, zuhause einen Computer aufzustellen."

– Ken Olsen, Gründer und Geschäftsführer von Digital Equipment Corporation (1977)

Im Jahr 1879 entdeckte Marcelino Sanz de Sautuola, ein spanischer Hobbyarchäologe, in einer Höhle in Kantabrien prähistorische Malereien. Er glaubte, dass sie aus derselben voreiszeitlichen Periode stammten, in die andere Gegenstände datiert worden waren, die man in den Höhlen der Region gefunden hatte und veröffentlichte im Jahr 1880 darüber einen Artikel. Für den Rest seines Lebens wurde er extrem lächerlich gemacht, gemieden und sein Ruf wurde von der französisch beeinflussten wissenschaftlichen Orthodoxie seiner Zeit beschmutzt. Erst nach seinem Tod begriff die wissenschaftliche Gemeinschaft langsam, dass Sanz de Sautuola Recht gehabt hatte und begründete das bis heute bestehende Studium der paläolithischen Höhlenmalerei.[4]

„In wenigen Jahren werden alle wichtigen physikalischen Konstanten mit hinreichender Genauigkeit berechnet sein, und die einzige Beschäftigung, die den Männern der Wissenschaft bleibt, wird darin bestehen, weitere Dezimalstellen dieser Konstanten zu messen."

– James Clerk Maxwell (1871)

„Dieses ‚Telephon' besitzt zu viele Unzulänglichkeiten, um ernsthaft als Kommunikationsinstrument betrachtet zu werden. Das Gerät hat von Haus aus keinen Wert für uns."
– Aus einer innerbetrieblichen Mitteilung der Western Union
(1876)

„Ich sehe keinen vernünftigen Grund, warum die in diesem Werke entwickelten Ansichten irgendwie religiöse Gefühle verletzen sollten."
– Charles Darwin, „Über die Entstehung der Arten", 1859; Übersetzung von Carl W. Neumann

„Es gibt nicht den leisesten Hinweis darauf, dass uns Nuklearenergie zu irgendeinem Zeitpunkt zur Verfügung stehen wird. Denn dies würde bedeuten, dass man das Atom willkürlich spalten könnte."
– Albert Einstein, 1932

„Die Bombe wird niemals hochgehen, und ich sage das als ein Experte für Sprengstoffe."
– Admiral William Leahy über das US-amerikanisches Atombombenprojekt

„Der Beweis, dass keine denkbare Kombination bekannter Substanzen, Maschinentypen und Energieformen zu einer funktionierenden Maschine vereint werden kann, mit der Menschen lange Strecken in der Luft zurücklegen können, scheint dem Verfasser so vollständig erbracht zu sein, wie es einem Beweis einer physikalischen Tatsache nur möglich ist."
– Simon Newcomb, ehemaliger Präsident der American Math Society, 1901

„Das Flugzeug wird niemals fliegen."
– Lord Haldane, britischer Kriegsminister, 1907 (diese Aussage wurde vier Jahre nach dem ersten motorisierten Flug der Gebrüder Wright in Kitty Hawk getätigt)

„Louis Pasteurs Keimtheorie ist eine lächerliche Fiktion."
– Pierre Pachet, Professor für Physiologie in Toulouse, 1872

Unglücklicherweise finden sich im Laufe der Geschichte zahllose weitere Beispiele für „pathologischen Skeptizismus". Es entsteht der Eindruck, dass die wissenschaftliche und medizinische Gemeinschaft neue Ideen weit häufiger herabmindert als akzeptiert. Oft gibt es einen guten Grund dafür: Professoren verlieren ihre Anstellung, wenn sie sich auf Gebiete verirren, die ihre Universität als unangemessene Forschungsbereiche einstuft. Finanzielle Mittel versickern und die wissenschaftliche Gemeinschaft meidet vielfach die mutigen Menschen, die es wagen, Themen jenseits der akzeptierten Norm zu untersuchen. Denken Sie beispielsweise daran, was den Elektrochemikern Stanley Pons und Martin Fleischmann von der University of Utah passiert ist, als sie die Ergebnisse ihrer Experimente zur kalten Fusion im Jahr 1989 ankündigten. Weil Nachfolgeversuche die Resultate der beiden vorerst nicht bestätigen konnten, wurden sie von ihren Fachkollegen lächerlich gemacht. Dies ging sogar so weit, dass sie dazu gebracht wurden, ihren Job aufzugeben und das Land zu verlassen, weshalb sie ihre Forschungen in Frankreich weiterführten. Seit damals wurden fast 15.000 ähnliche Versuche durchgeführt; Wissenschaftler vom Oak Ridge National Laboratory und der Russischen Akademie der Wissenschaften haben Experimente zur kalten Fusion wiederholt, und das Energieministerium der Vereinigten Staaten hat grünes Licht für damit in Zusammenhang stehende Forschungen gegeben. Einem 50-seitigen Bericht von Steven Krivit und Nadine Winocur über den aktuellen Stand der kalten Fusion ist zu entnehmen, dass das Ergebnis mit einer Häufigkeit von 83 Prozent wiederholt werden konnte. Versuchsleiter aus Japan, Rumänien, den Vereinigten Staaten und Russland haben eine hundertprozentige Reproduzierbarkeit gemeldet.[5] Auch wenn die Erforschung von Randgebieten einem Selbstmord für die Karriere gleichkommen kann, bedeutet dies keineswegs, dass derartige Forschungsergebnisse wertlos seien.

Es scheint in der menschlichen Natur zu liegen, Veränderungen abzulehnen und Ideen zu fürchten, die bestehende Überzeugungen ins Wanken bringen. Ich habe den Abschnitt an dieser Stelle des Buches eingefügt, um Sie zu ermutigen, der weiteren Lektüre gegenüber aufgeschlossen zu bleiben. Manche Theorien, die Sie für zweifelsfrei bewiesen halten, werden im Laufe der Jahre zerbröckeln. Einige Ideen, die im Moment als unorthodox erscheinen, könnten zu Lehrbuchmeinungen werden. Gibt es eine Möglichkeit, das Schicksal einer Hypothese vorherzusagen? Es ist unmöglich. Alles, was Sie tun können, ist aufgeschlossen zu bleiben – offen für neue Ideen und die Möglichkeit ins Auge fassend, dass allgemein akzeptierte Ansichten nicht notwendigerweise richtig sein müssen. Wenn Sie diese Fähigkeit besitzen, sind Sie bereit, hinunter ins Kaninchenloch zu steigen.

„Wir akzeptieren die Realität der Welt, die uns dargeboten wird."

– Christof im Film „Die Truman Show", 1998

Die Truman Show

Viele Kritiker sahen den Film „Die Truman Show" als Metapher für die Art und Weise, wie die Medien unsere Sicht der Realität manipulieren. Ich jedoch erachtete ihn als eine Metapher für die Wirklichkeit an sich.

Um noch einmal auf unsere einleitenden Fragen zurückzukommen: Haben Sie jemals das Gefühl gehabt, dass die Wirklichkeit etwas an sich hat, das nicht ganz so zufällig erscheint, wie es eigentlich sein sollte? Ein wenig zu organisiert, zu sehr durchgeplant, ein wenig zu programmiert? Es ist naheliegend, dass ich nicht für andere Menschen und ihre Erfahrungen sprechen kann, aber ich hatte zeitlebens das Gefühl, dass es etwas gibt, das über mich wacht, das die Welt unter Kontrolle hält und darauf achtet, dass sich mein Dasein – genauso wie die kollektiven Lebensvorgänge auf der ganzen Welt – in einem schmalen Erfahrungsbereich abspielen.

Ich will damit sagen: Für jeden von uns gibt es gute und weniger gute Tage, nicht wahr? Auch die Welt kennt bessere (der Fall der Berliner Mauer) und schlechtere Tage (11. September 2001). Wir wollen „gut" und „schlecht" einmal in Zahlen fassen: 100 ist so gut, dass es besser nicht sein könnte. Minus 100 ist wirklich, wirklich schlecht; 0 ist durchschnittlich. Nehmen wir ferner an, dass unsere Stimmung zu Tagesanfang im Großen und Ganzen unserer Stimmung am Ende des vorhergehenden Tages entspricht. Das muss nicht für jeden von uns zutreffen. Manche Menschen fühlen sich nach einem erholsamen Schlaf besser. Andere wiederum sind spät in der Nacht am besten gelaunt und können als wirkliche Morgenmuffel bezeichnet werden. Miteinander verrechnet, könnte sich das irgendwie ausgleichen. Wenn wir das gelten lassen, wird unsere Stimmung am Ende des neuen Tages unserer Stimmung am Morgen entsprechen, wobei die kumulativen Wirkungen aller positiven oder negativen Einflüsse, denen wir tagsüber ausgesetzt sind, hinzukommen. Nehmen wir an, wir starten mit zehn Stimmungspunkten in den Tag, sind also mit einer leicht überdurchschnittlichen Laune gesegnet. Im Laufe des Tages verliert unser Chef herablassende Worte über unsere Arbeit, unser Kater pinkelt voll Wonne in unser Bett und wir entdecken einen üblen Virus auf unserem Laptop. Das schlägt sich womöglich in 30 negativen Stimmungspunkten nieder. Wir beschließen den Tag also mit minus 20 Punkten. Wenn wir bereits mit minus 10 Punkten in den Tag gegangen wären, würden uns diese unangenehmen Vorfälle auf minus 40 Punkte befördern, weil wir schon am Anfang schlecht drauf gewesen wären und die negativen Erfahrungen alles noch schlimmer gemacht hätten. Am nächsten Tag ist alles anders: Wir bekommen ein neues Jobangebot, unser Kater schnurrt, als ob er kein Wässerchen trüben könnte und wir setzen unseren Laptop wieder instand. Auf diese Weise gelangen wir wieder so ziemlich dorthin zurück, wo wir begonnen haben.

Wenn das Leben wirklich auf Zufall beruhen würde, dann gäbe es wohl zu jedem Zeitpunkt unseres Daseins die gleiche Wahrscheinlichkeit, positive oder negative Erfahrungen zu machen – ganz gleich, in welcher Stimmung wir gerade sind. Ich habe dieses Modell mithilfe eines Tabellenkalkulationsprogramms umgesetzt, wobei ich eine typische Abweichung von 20 Stimmungsschwankungspunkten pro Tag berücksichtigt habe, um die Tatsache darzustellen, dass es manchmal realistisch ist, sich um 20 Prozent an einen wirklich, wirklich schlechten Tag anzunähern oder an einen, wie er besser nicht sein könnte. Ich könnte die tägliche Abweichung zurückschrauben, und obwohl die Entwicklung flacher verlaufen und mehr Zeit in Anspruch nehmen würde, wäre das Ergebnis letztendlich dasselbe. Ich habe das Modell viermal mit Zufallszahlen laufen lassen – die Resultate sind in den vier Diagrammen in Abbildungen 6-1(a, b, c, d) zu sehen. Beachten Sie bitte, dass das Stimmungsbarometer des Lebens in allen Fällen mindestens einmal in 50 Tagen die positiven oder negativen Grenzen überschreitet. Die Besonderheit dieses

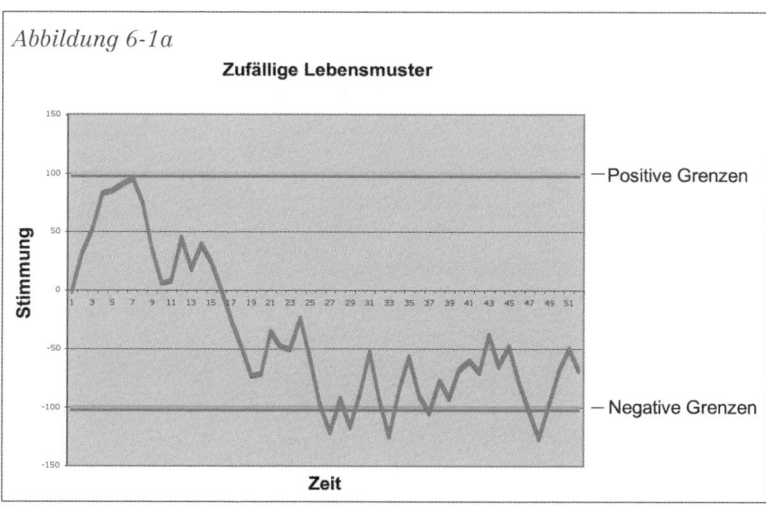

Abbildung 6-1a

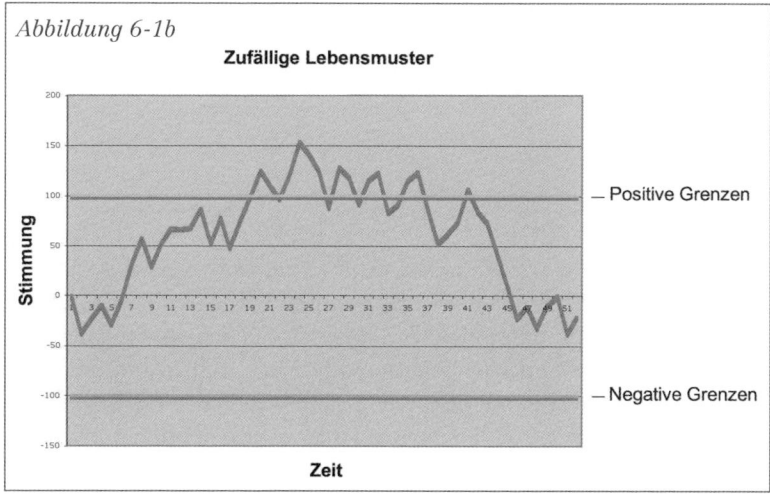

Abbildung 6-1b

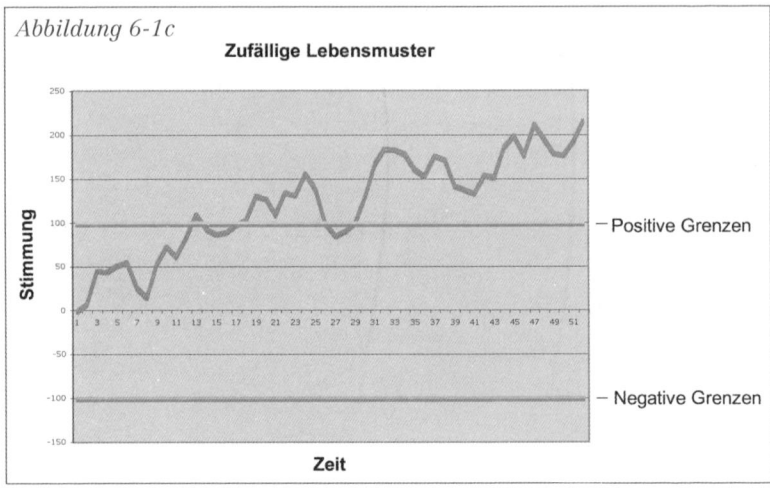

Abbildung 6-1c

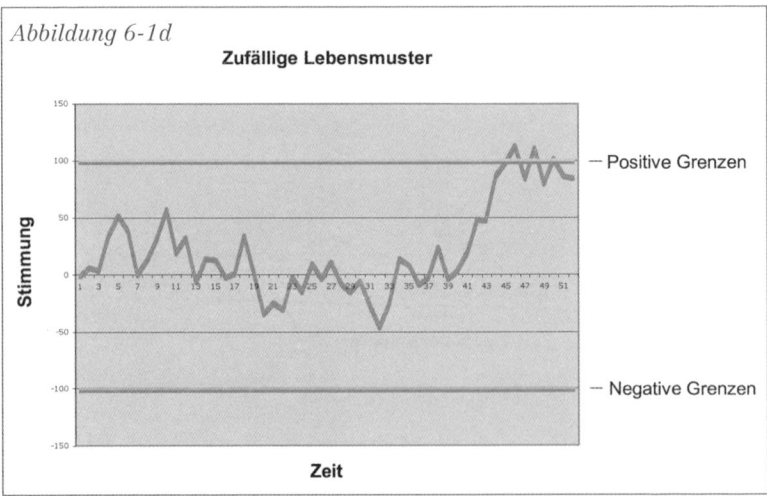

Abbildung 6-1d

Modells besteht darin, dass unsere Stimmung vollkommen gleichgültig ist, es gibt jederzeit – abhängig von den Ereignissen des Lebens – die gleiche Wahrscheinlichkeit, dass sie sich bessert oder verschlechtert. Und wenn wirklich niemand die Ereignisse in unserem Leben überwacht, wie die Atheisten und Reduktionisten uns glauben machen wollen, sollte ein solches Modell veranschaulichen, wie das Leben funktioniert. Aber dem ist nicht so.

Mein Lösungsvorschlag ist, dass es einen Ausgleichseffekt im Leben gibt, der bewirkt, dass uns irgendetwas wieder aufrichtet, wenn wir am Boden zerstört sind. Wenn wir aber auf Wolke sieben schweben, wird sich bald etwas ereignen, das uns von dort oben herunterholt. Die Welt ist so gestrickt: Die wirtschaftlich äußerst erfolgreichen 1920er Jahre wurden durch den Börsenkrach des Jahres 1929 wieder begradigt. In den Endzeitvisionen der 1970er Jahre wurden ein nukleares Armageddon, drohende Überbevölkerung und Finanzkatastrophen geweissagt. Aber die 1980er und 90er Jahre glichen das durch das Ende des Kalten Krieges, ein verlangsamtes Bevölkerungswachstum und durch die Stabilisierung der Weltwirtschaft wieder aus. Warum?

Was mein eigenes Leben betrifft, so habe ich niemals das Gefühl, die negativen oder positiven Stimmungsgrenzen zu überschreiten. Es scheint immer etwas zu geben, das meine Laune in einem engen Bereich hält. Ich spreche nicht von psychologischen oder physiologischen Mechanismen, sondern von tatsächlichen Ereignissen. Bei meiner Arbeit in der High-Tech-Industrie kamen Lösungen praktisch aus dem Nichts – ausgerechnet dann, wenn ich mich am frustriertesten fühlte und mich in einer Sackgasse befand. Wenn ich jedoch im höchsten Maße zuversichtlich war, erschütterten die folgenden Erfahrungen mitunter mein Vertrauen. Wann immer ich mich besonders schlecht fühle, passiert etwas Positives. Wenn ich euphorisch und unglaublich gut drauf bin, geschieht regelmäßig irgendetwas, das mich zurück auf den Boden bringt.

Also fügte ich einen stabilisierenden Faktor zu meinem Kalkulationsmodell hinzu, der die Stimmung der Null-Linie annähert, besonders dann, wenn sie sich weit davon entfernt befindet. Ich führte das Modell aus und erhielt die folgenden Ergebnisse, die meine unvoreingenommene Sicht der Wirklichkeit weit besser widerzuspiegeln scheinen als es das Zufallsmodell vermag (Abbildungen 6-2a, b, c).

Abbildung 6-2a

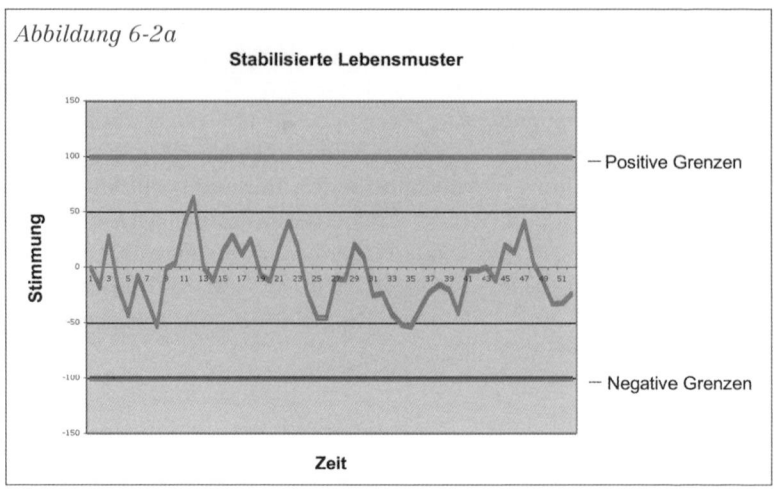

Abbildung 6-2b

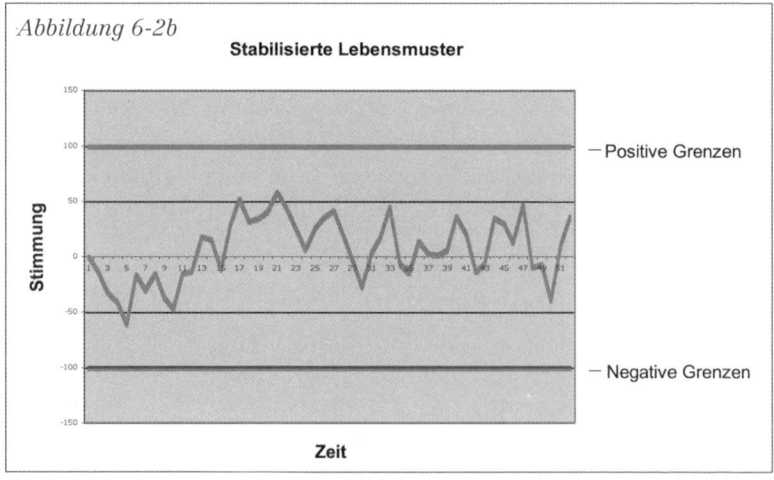

Irgendetwas scheint zu garantieren, dass sich unsere Stimmungen und Erfahrungen in einem schmalen Ausschnitt bewegen. Ich kenne keine Studien, in denen dieses Phänomen wissenschaftlich untersucht wurde, aber die Ergebnisse wären sicherlich interessant.

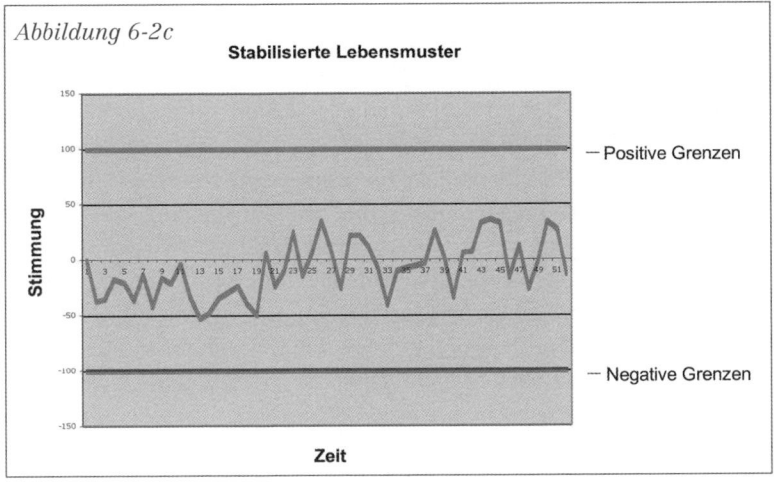

Abbildung 6-2c

Alles Zufall?

„Eine Frau in Berkeley (Kalifornien) hat sich aus ihrem Haus ausgeschlossen; der Postbote geht auf sie zu und hält einen Brief ihres Bruders in der Hand ... darin befindet sich ein Ersatzschlüssel."
– aus „Incredible Coincidence: The Baffling World of Synchronicity" von Alan Vaughan, 1979

„Die zehnjährige Laura Buxton lässt im Garten ihrer Familie in Staffordshire einen Luftballon steigen. Der Ballon landet im 140 Meilen entfernten Wiltshire, und zwar im Garten einer anderen Laura Buxton, die ebenfalls zehn Jahre alt ist."
– aus „Beyond Coincidence" von Martin Plimmer und Brian King (dt.: „Unglaublich, aber wahr. 290 kurze Geschichten vom Zufall"), 2004

Die oben angeführten Beispiele handeln von bemerkenswerten Zufällen (Koinzidenzen) – den Anhängern des berühmten Schweizer Psychiaters Carl Gustav Jung auch unter der Bezeichnung *Synchronizitäten* bekannt. In seinem 1979 erschienen Buch „Incredible Coincidence: The Baffling World of Synchronicity" dokumentiert Alan Vaughan 150 Fallbeispiele für Koinzidenzereignisse, die sich den Erklärungen des deterministischen Standardmodells des Universums widersetzen, das dem wissenschaftlichen Mainstream zufolge die Realität repräsentieren soll. Mit „Beyond Coincidence", einem Werk aus dem Jahr 2004, bringen die Autoren Martin Plimmer und Brian King das Thema auf den neuesten Stand, indem sie über noch mehr erstaunliche Geschichten berichten.

Mathematiker weisen in der Regel darauf hin, dass das Auftreten von seltenen und ungewöhnlichen Koinzidenzen statistisch gesehen nun einmal an Zufallswahrscheinlichkeiten gebunden ist. Beispielsweise könnten Sie eines Morgens an einen Song denken, den sie schon lange nicht mehr gehört haben; später schalten Sie das Radio an und während sie der Musik lauschen, könnte ausgerechnet dieses Lied an die Reihe kommen. Auf den ersten Blick scheint es sich um einen unglaublichen Zufall zu handeln, aber wie oft denken Sie an einen Song, *ohne* ihn am selben Tag im Radio zu hören? Die meisten Vorfälle, die ohne Koinzidenzen über die Bühne gehen, wandern direkt in Ihr Unterbewusstsein, weil Sie sie nicht mit dem Etikett einer außergewöhnlichen Erfahrung versehen. Koinzidenzen dagegen werden aufgrund ihrer bemerkenswerten Besonderheiten als etwas Außergewöhnliches ausgewiesen. Aus diesem Grund neigen wir alle dazu, uns viel eher an außergewöhnliche Zufälle zu erinnern als an normale Ereignisse. Das beweist jedoch nicht, dass synchronistische Ereignisse keine Aussagekraft haben. Um den Nachweis zu führen, müsste man alle Wahrscheinlichkeiten exakt berechnen, die mit diesen Erfahrungen in Zusammenhang stehen. Im Hinblick auf die Fülle an Informationen, die man bei Vorfällen aus dem realen Leben berücksichtigen müsste, ist das jedoch unmöglich. Aus diesem Grund kann die Wissenschaft Synchronizitäten weder beweisen noch widerlegen.

Dennoch finden sich einige Versuche: Jung führte höchstpersönlich ein Experiment durch, um zu ermitteln, ob Astrologie und Planetenkonstellationen eine Aussagekraft für die Frage besitzen, ob Ehepartner zusammenpassen. Anhand der Ergebnisse seines Versuchs konnte mit statistischer Signifikanz nachgewiesen werden, dass ein „synchronistisches Phänomen" zugrunde lag. Als Reaktion auf Richard Dawkins' mathematische Analyse der Wahrscheinlichkeit, dass Fernsehzuschauer während eines Medienauftritts im Stile Uri Gellers das Stehenbleiben ihrer Uhr miterleben (für den Besitzer der Uhr ist das eine echte synchronistische Erfahrung), behauptete Geller, dass ihn die Telefonzentrale des TV-Senders normalerweise über 2.000 „wiederbelebte" Uhren informiere. Dies ist ein weitaus signifikanteres Ereignis als eine stehengebliebene Uhr; denn wenn die Batterie leer ist, halten alle Uhren an. Aber wie viele von ihnen laufen spontan weiter, nachdem die Zeiger eine Weile still gestanden haben? Im Gegensatz dazu stehen die sechs von Dawkins berechneten Fälle stehengebliebener Uhren. Falls wir seinen Zahlen glauben und sogar, wenn wir das Zugeständnis machen, dass spontanes Anspringen und Stehenbleiben von Uhren gleichermaßen möglich ist, ist die Wahrscheinlichkeit für 2.000 Fälle – verglichen mit den sechs Ereignissen, die gemäß der berechneten glockenförmigen Wahrscheinlichkeitsverteilung zu erwarten sind – astronomisch gering. Beispielsweise liegt bei einer Standardabweichung von 4 (das heißt, dass in 68 Prozent aller Fälle die Anzahl der Personen, die das Anspringen einer Uhr miterleben, zwischen zwei und zehn liegt) die Wahrscheinlichkeit dafür, dass auch nur 40 Personen während der Show diese Erfahrung machen, bei eins zu mehr als zehn Billiarden.

Bloß weil sie nicht mit wissenschaftlichen Methoden verifizierbar sind, sollten Einzelbelege nicht ignoriert werden. Und die Menge der Berichte über Synchronizitäten ist gigantisch. Die meisten von uns haben mehrere Erfahrungen gemacht, für die der bloße Zufall als Erklärung einfach nicht auszureichen scheint. Was mich betrifft, so erinnere ich mich an ein Erlebnis, das ich als Teenager hatte. Ich befand mich in einem Haus, in dem es still war und las ein Buch. Auf einmal veranlasste mich irgendetwas, zum Telefon zu gehen, den Hörer in die Hand zu nehmen und „Hallo, Bill!" zu sagen. Ich stellte fest, dass mein Freund Bill wahrhaftig in der Leitung war. Er war entgeistert, weil er die Verbindung gerade erst hergestellt hatte und nicht genügend Zeit vergangen war, damit ich auf den Klingelton reagieren hätte können. In meiner Wahrnehmung hatte das Telefon auch nicht geklingelt. Falls die Zeit, die zwischen der Beendigung des Wählvorgangs durch Bill und meiner Begrüßung verstrichen ist, geringer war als die Sekunden, die ich benötigte, um den Weg zum

Telefon zurückzulegen, dann kann das Ereignis noch nicht einmal durch ein kurzes, unterschwellig wahrgenommenes Geräusch bei der Herstellung der Verbindung erklärt werden. Es trifft auch nicht zu, dass ich so etwas früher schon einmal probiert hätte. Stattdessen war es das erste und einzige Mal in meinem Leben, dass ich mich dazu angehalten fühlte, auf diese Weise ans Telefon zu gehen. Wie hoch ist diese Wahrscheinlichkeit? Angenommen, dass Bill mich durchschnittlich jeden zweiten Tag während der sechs Stunden zwischen der Rückkehr von der Schule und dem Zubettgehen anrief, und der Zeitrahmen, damit das Ereignis als bemerkenswerte Koinzidenz durchgehen kann, unter einer Sekunde liegt, dann stehen die Chancen, dass dies zu irgendeinem Zeitpunkt passiert, an dem ich es bewusst versuche, bei eins zu 43.200. Mit dieser Zahl muss man jedoch die Wahrscheinlichkeit multiplizieren, dass mich der Gedanke ereilt, mich so zu verhalten, was auf eine weit schwieriger zu ermittelnde Zahl hinausläuft. Angenommen, dass es im Leben einer durchschnittlichen Person 10.000 Zeitabschnitte mit der Dauer von zwei Tagen gibt, in der sie telefonieren kann, so liegt die Wahrscheinlichkeit, sich für diesen bestimmten Abschnitt zu entscheiden, bei eins zu 10.000. Und wie viele Menschen kennen Sie, denen jemals eingefallen ist, etwas Derartiges zu tun? Vielleicht einen von hundert? Dann würde die Gesamtwahrscheinlichkeit, dass so etwas zufällig passiert, eins zu mehr als vier Milliarden ergeben. Falls wir alle ein paar ähnliche Erfahrungen in unserem Leben gemacht haben, läuft dies auf Milliarden Einzelberichte von höchst unwahrscheinlichen Ereignissen hinaus.

Beschleunigung

„Es gibt Wichtigeres im Leben, als beständig dessen Geschwindigkeit zu erhöhen."

– Mahatma Gandhi

Haben Sie den Eindruck, dass sich alles immerfort schneller entwickelt? In den Medien hören wir von der Bevölkerungsexplosion, der Technologieexplosion und der Informationsexplosion. Viele Menschen schwelgen in Erinnerungen an die guten alten Tage, als das Leben noch gemächlicher verlief. Man könnte sich fragen, wie viel davon mit dem Älterwerden zu tun hat und was darauf zurückzuführen ist, dass sich die Ereignisse in der Welt tatsächlich und objektiv nachweisbar beschleunigen.

Maya-Kalender

Der Erforscher der Maya-Kultur Ian Xel Lungold glaubt, dass sich in Wirklichkeit „das Bewusstsein beschleunigt".[6] Er hat eine 15 Milliarden Jahre lange Kette der Übereinstimmungen zwischen kosmischen Ereignissen, menschlicher Evolution und Entwicklung und dem Kalender der Maya ausgemacht. Seine Ergebnisse können folgendermaßen zusammengefasst werden: Der Maya-Kalender kennt neun Entwicklungsstufen, beginnend mit dem Anfang aller Zeiten. Jedes Stadium hat einen bestimmten Endpunkt (wie zum Beispiel das Auftreten von Zellen oder von Säugetieren). Die Dauer jedes Zeitabschnitts ist 20 Mal kürzer als diejenige des vorhergehenden Stadiums. Die letzte Stufe endete am 28. Oktober 2011 (viele Forscher berechneten die Daten auf eine andere Weise und setzten das Ende des letzten Stadiums für den 21. Dezember 2012 an). In Abbildung 6-3 sind die auf einer Zeitachse aufgetragenen Entwicklungsstufen dargestellt.

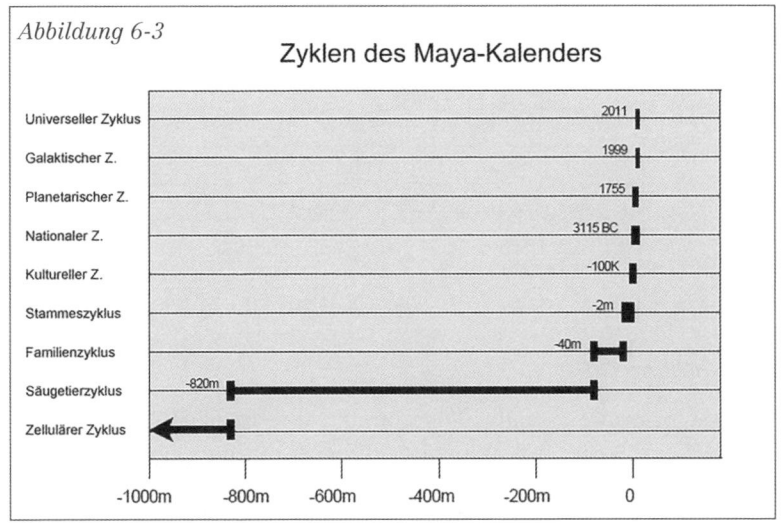

Abbildung 6-3

Bevölkerungswachstum

Das folgende Diagramm zeigt die geschätzte Zahl der Weltbevölkerung während der vergangenen 2.000 Jahre. Wenn man abliest, wie lange es dauert, bis sich die Weltbevölkerung um einen bestimmten Betrag erhöht, können wir auch hier einen Beschleunigungseffekt erkennen. Aber das ist eigentlich gleichgültig, da uns der Kurvenverlauf sofort ins Auge springt. Man hat den Eindruck, dass sich die Kurve im Laufe dieses Jahrhunderts asymptotisch dem maximalen Wert annähern wird. Die Frage ist, wie viele Menschen die Erde auf Dauer ernähren kann. *Gaia Watch* hat eine überaus gründliche und faszinierende Analyse der „Tragfähigkeit" der Erde (Nahrung, Energie, Atemluft etc.) durchgeführt. Die Studie kam zu dem Ergebnis, dass eine Weltbevölkerung von sechs Milliarden bereits 50 Prozent der Tragfähigkeit der Erde (maximale Zahl der Menschen, die beliebig lange versorgt werden können) entspricht.[7] Ein flüchtiger Blick auf Abbildung 6-4 lässt erkennen, dass es in den nächsten 100 Jahren langsam eng wird, wenn nicht irgendetwas den Wachstumstrend umkehrt.

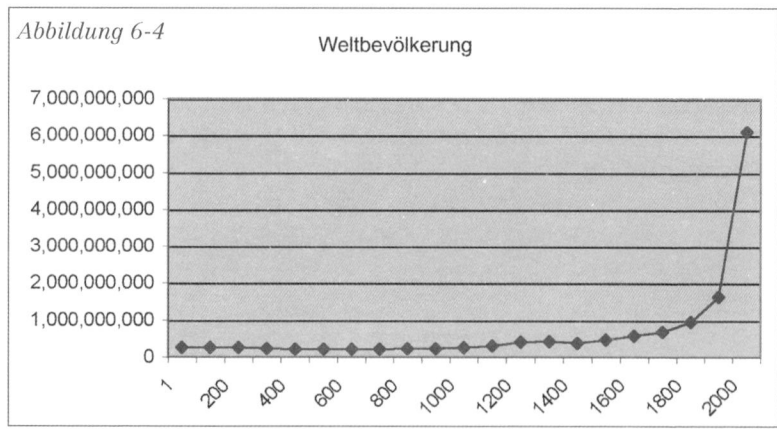

Abbildung 6-4

Die Singularität

Die Acceleration Studies Foundation (ASF) ist eine Non-Profit-Organisation mit Sitz in Kalifornien, die sich mit der „beschleunigten Entwicklung ausgewählter Bereiche in Wissenschaft und Technik" beschäftigt „und deren Auswirkungen auf Wirtschaft und Gesellschaft untersucht". Die Organisation hat ein Modell der menschlichen Evolution entworfen, das verschiedene die Gesellschaftsentwicklung betreffende Zeitalter bzw. Stadien berücksichtigt. Jedes der aufeinanderfolgenden Stadien scheint im Vergleich zu seinem direkten Vorgänger gleich weit fortgeschritten zu sein, weshalb man annehmen könnte, dass jedes Stadium genauso lange dauert wie alle anderen. Da wir jedoch auf all den Errungenschaften der vergangenen Stadien – Wissen und Werkzeuge beispielsweise – aufbauen, ist jede Etappe beträchtlich kürzer als die vorhergehende. Diese Stadien nähern sich unausweichlich einem Datum in diesem Jahrhundert, das von der ASF als „technologische Singularität" bezeichnet wird. Ungefähr im Jahr 2060 soll es so weit sein. Eine Reihe von bekannten Zukunftsforschern, darunter Vernor Vinge, Ray Kurzweil, Marvin Minsky, Richard Coren, James Wesley, Damien Broderick, Robin Hansen, Eliezer Yudkowsky und Nick Bostrom, sind zum selben Schluss gekommen, obwohl die von ihnen prognostizierten Zeitpunkte für das Erreichen der Singularität zwischen 2020 und 2060 schwanken.

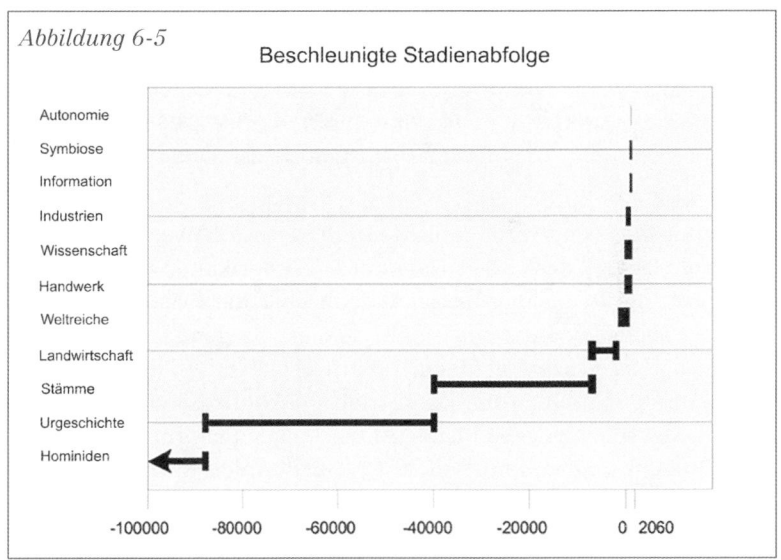

Abbildung 6-5

Erinnern Sie sich an Ray Kurzweils Vorhersage, dass die künstliche Intelligenz die menschliche bald überholt haben wird, die vorausgesagte Hybridisierung von Mensch und Computer sowie das Potenzial der Nanotechnologie, die Unterscheidung zwischen Wirklichkeit und Fantasie zu verwischen. All das scheint unvermeidlich zu sein, nicht wahr? Was bedeutet die Singularität? Das Ende aller Zeiten? Dass alles auf einmal geschieht? Möglicherweise nicht. Vielleicht bedeutet die Singularität nur, dass wir endlich aufwachen werden.

Kleine grüne Männchen

1) *„Mulder*: Sie sind bekannt für ihre Extraktion menschlicher Lebern, die sie wegen des Mangels an Eisen in der reticulianischen Galaxis immer wieder vornehmen. *Cultin*: Das können Sie nicht im Ernst meinen ... *Mulder*: Wissen Sie, was Leber mit Zwiebeln auf Reticulum kostet?"
– Die Charaktere Mulder und Cultin, aus „Akte X – Die unheimlichen Fälle des FBI", Staffel 1, Episode 3 („Das Nest")*

Eine im Juni 1997 veröffentlichte Umfrage von *CNN* und dem *Time Magazine* besagt, dass 80 Prozent der US-Amerikaner davon ausgehen, dass „die Regierung Informationen über die Existenz außerirdischer Lebensformen geheim hält." Außerdem geht aus der Studie hervor, dass 64 Prozent glauben, Außerirdische hätten mit Menschen Kontakt aufgenommen und 50 Prozent denken, dass es Entführungen von Menschen gegeben habe (Anmerkung: Stichprobenfehler von +/- 3 Prozent angegeben).[8] Als in Großbritannien drei Tage, nachdem *ITV* eine Diskussionsrunde über UFOs gesendet hatte, eine Telefonumfrage durchgeführt wurde, sagten 87 Prozent der Befragten, dass sie von der Existenz Außerirdischer überzeugt seien.[9]

Trotzdem werden Skeptiker behaupten, dass die Ufologie Humbug sei und kein vernünftiger Mensch jemals daran glauben werde.

Deshalb werden wir in der Folge einen Teil des Beweismaterials gemeinsam sichten, aber auch den Standpunkt der Skeptiker nicht zu kurz kommen lassen und mögliche Erklärungen für diese Anomalie herausarbeiten.

Die Beweislage

Dafür, dass UFOs existieren, sprechen neben Sichtungen auch verschiedene materielle und immaterielle Befunde. Die bloße Anzahl der Sichtungen ist gigantisch: Die Website *Ufoevidence.org* behauptet, dass „den Vereinten Nationen zufolge seit 1947 ungefähr 150 Millionen Menschen auf der ganzen Welt Zeugen von UFO-Erscheinungen waren."[10] Um es formeller auszudrücken: Auf der Website werden ungefähr 120.000 dokumentierte UFO-Sichtungen aus der Neuzeit angeführt; man bezieht sich auf allerlei Untersuchungen und Meinungsumfragen, die in den letzten 50 Jahren durchgeführt wurden, die ergaben, dass fünf bis zehn Prozent der US-Bevölkerung glauben, bereits ein UFO gesehen zu haben. Dr. John Mack zufolge, einem ehemaligen Professor für Psychiatrie an der Harvard University, „sind Entführungen durch UFOs kein seltenes Phänomen und es wird geschätzt, dass bis zu drei Millionen US-Amerikaner schon davon betroffen waren (Anmerkung: diese Zahl basiert auf einer Umfrage der Roper Opinion Research Company aus dem Jahr 1991).[11] Die Schilderungen [der Entführten, Anm. d. Übers.] zeigen bemerkenswerte Übereinstimmungen." Der „Comprehensive Catalog of 1,500 Project BLUE BOOK UFO Unknowns" des Forschers Brad Sparks informiert darüber, dass 1.500 (12,5 Prozent) von den 12.000 Fällen, die von der US-amerikanischen Luftwaffe im Rahmen des Project Blue Book untersucht wurden, ohne Erklärung geblieben sind.[12]

Zu den materiellen Hinweisen zählen Fotografien, Videos, Radarbilder sowie die physikalischen Wirkungen, die von den Flugobjekten ausgehen. Das von Roy Craig verfasste Kapitel „Direct Physical Evidence" aus der Publikation „The Condon Report" berichtet über Fälle von Markierungen, Materialrückständen, geborgenen Teilen von UFOs sowie seltsamen Metallen, deren Zusammensetzung auf der Erde unbekannt ist. In „The Condon Report" werden außerdem indirekte Beweise überprüft – zum Beispiel Strahlenwerte, magnetische Störungen, Maschinenfehlfunktionen und Unterbrechungen der Stromversorgung. Das französische GEIPAN-Projekt (bzw. dessen

Vorgänger GEPAN und SEPRA) hat 489 Radarbeweise katalogisiert, wobei in 101 Fällen die Radarbilder durch Sichtungen untermauert wurden.[13] Es ist problematisch, davon auszugehen, dass 150 Millionen Menschen Spinner seien bzw. dass 120.000 dokumentierte Sichtungen allesamt auf Schwindel beruhten. Auch ist das Phänomen keineswegs auf die Gegenwart beschränkt: UFO-Sichtungen und ihre Begleiterscheinung – Berichte über Entführungen – gibt es bereits seit Jahrtausenden. Sie haben nicht erst mit dem Roswell-Zwischenfall im Jahr 1947 eingesetzt. (Anmerkung: ich verwende den Begriff „Zwischenfall", um die heutige Sicht des Phänomens wiederzugeben; mir geht es nicht darum, eine Wahrheitsaussage zu treffen.) Jim Marrs recherchierte für sein Buch „Alien Agenda" viele Schilderungen von UFO-Sichtungen aus der ferneren Vergangenheit. Beispielsweise ...[14]

- Die hinduistischen Überlieferungen Bhagavatapurana, Mahabharata und Ramayana erwähnen „Vimanas" genannte Flugmaschinen, die in andere Welten reisen.

- Das tibetische Buch „Kantyua" spricht von „transparenten Sphären, in denen Götter leben, welche die Menschen besuchen."

- Im Jahr 1962 wurden in chinesischen Gräbern Steinplatten gefunden, auf denen eine Gruppe von Wesen beschrieben war, die „vor 12.000 Jahren auf dem dritten Planeten dieses Sternensystems eine Bruchlandung hatten."

- Der römische Schriftsteller Julius Obsequens berichtet, dass im Jahr 212 v. Chr. „schiffähnliche Objekte am Himmel gesehen wurden."

- 1254 wurde im englischen Saint Albans aufgezeichnet, dass „am Himmel plötzlich eine Art großes, elegant geformtes Schiff auftauchte."

- Berichten zufolge sind im Jahr 1591 am Himmel über Nürnberg zwei walzenförmige Schiffe aufgetaucht, die eine Schlacht aufführten, nachdem die unterschiedlichsten Gegenstände aus ihnen ausgetreten waren.

Es folgen einige Fälle jüngeren Datums, von denen offenbar glaubwürdige Augenzeugen berichten:

- Im Jahr 1942 sahen tausende Beobachter aus Los Angeles Flugobjekte, die sich im Zickzack bewegten, in der Luft schwebten und / oder mit hoher Geschwindigkeit flogen. In der Folge wurden der Fliegeralarm ausgelöst, 1.430 Ladungen Flugabwehrraketen verfeuert und zu guter Letzt eine offizielle Erklärung abgegeben, in der von „nervöser Überreaktion" die Rede war.[15]

- In einem von Bruce Roger Anderson durchgeführten Interview mit Robert Dean, Sergeant Major im Ruhestand, der in den frühen 1960ern für das Oberste Hauptquartier der alliierten Streitkräfte in Europa – einem militärischen Arm der NATO – gearbeitet hatte und über ein ausgezeichnetes Dienstzeugnis der NATO verfügte, äußerte sich der Befragte über ein Dokument mit dem Titel „Eine mögliche militärische Bedrohung für die alliierten Streitkräfte in Europa". Das Schriftstück enthielt eine Studie über UFO-Sichtungen des Militärs und wurde durch „Fotografien, Autopsieberichte und detaillierte Expertenmeinungen aus ganz Europa" ergänzt. Dean beschrieb mehrere Zwischenfälle, bei denen unbekannte Flugzeuge sowohl im NATO-Gebiet als auch in der Sowjetunion hohe Alarmstufen auslösten, sodass „beinahe ein Krieg ausgebrochen wäre."[16] Darüber hinaus präsentieren Larry Fawcett und Barry Greenwood in ihrem Buch „Clear Intent" Dokumente des Verteidigungsministeriums der Vereinigten Staaten, in denen mehrfach davon die Rede ist, dass UFOs in abgesicherte Atomraketenstützpunkte eindrangen.

- Oberst Philipp Corso war ein dekorierter Veteran des Zweiten Weltkriegs und des Koreakriegs, Mitglied des Nationalen Sicherheitsrats unter Präsident Eisenhower und in den frühen 1960ern Chef der Heeresabteilung für ausländische Technologien. In seinem Buch „The Day After Roswell" behauptet Corso, dass die US-Armee in Roswell ein abgestürztes UFO geborgen habe und dass er einige der Wrackteile und die damit in Verbindung stehenden Dokumente untersucht habe.

- Oberst L. Gordon Cooper, ein an den Missionen Mercury-Atlas 9 und Gemini 5 beteiligter Astronaut, hielt im Jahr 1985 bei einer Podiumsdiskussion der Vereinten Nationen über UFOs und Außerirdische in New York eine Rede, in der er erklärte, dass er UFOs begegnet sei und dass es tausende Berichte, Dokumente und

Radarbeweise gebe, die diese Aussage bekräftigen würden. In weiteren Interviews stellte er die Behauptung auf, dass die Regierung für eine groß angelegte Verschleierung des Phänomens verantwortlich sei und dass auch andere Astronauten diese Ansicht vertreten würden.

- Leutnant Walter Haut war zur Zeit des UFO-Zwischenfalls im Jahr 1947 Pressesprecher auf dem Luftwaffenstützpunkt in Roswell. 2002 reichte er eine versiegelte eidesstattliche Erklärung ein, die erst nach seinem Tod geöffnet werden sollte. Nachdem mehr als ein Jahr nach seinem Dahinscheiden verstrichen war, wurde das Dokument im Jahr 2007 verlesen: Haut beschrieb darin die Untersuchung des Wracks und die Begutachtung der geborgenen Körper. Er war überzeugt davon, dass das, was er persönlich gesehen habe, eine Art aus dem Weltraum stammendes Schiff mit Besatzung gewesen sei.[17]

Diese Berichte kratzen kaum an der Oberfläche der Ufologie. Ob man ihnen nun Glauben schenkt oder nicht – es scheint hier etwas ziemlich Rätselhaftes vor sich zu gehen.

Darüber hinaus ist die mittlerweile zu den Klassikern zählende – wenn auch unkonventionelle – Ansicht einiger Wissenschaftler und Schriftsteller zu erwähnen, außerirdische Zivilisationen hätten unseren Planeten in der fernen Vergangenheit besucht – möglicherweise als passive Beobachter, aber vielleicht auch, um unsere DNS zu modifizieren oder um unseren Zivilisationsprozess, wie wir ihn heute kennen und lieben, in Gang zu setzen.

„Ich mache mich nicht mehr über Menschen lustig, die behaupten, UFOs gesehen zu haben; denn ich habe selbst eines gesehen."
– Präsident Jimmy Carter (auf einer Konferenz der Südstaaten-Gouverneure; Carter war damals Gouverneur von Georgia)

„Ich glaube, es ist der richtige Zeitpunkt, um das UFO-Problem als Realität ernst zu nehmen."
– Toshiki Kaifu, ehemaliger japanischer Premierminister

„Es sind mehr als 10.000 Sichtungen gemeldet worden, von denen die Mehrheit nicht wissenschaftlich erklärt werden kann ... Ich bin davon überzeugt, dass diese Objekte existieren und dass sie von keiner Nation auf der Erde hergestellt werden. Deswegen sehe ich keine andere Möglichkeit, als die Theorie zu akzeptieren, dass sie extraterrestrischen Ursprungs sind."

– Lord Dowding, General der Luftwaffe und Oberbefehlshaber des RAF Fighter Commands während der Luftschlacht um England.

„Natürlich glaube ich, dass es im Weltraum Außerirdische gibt. Sie sehen vielleicht nicht so aus wie wir, aber ich glaube fest daran, dass ihr geistiges Potenzial das unsere übertrifft."

– Barry Goldwater, ehemaliger Generalmajor der US-Luftwaffe der Reserve und Senator (Präsidentschaftskandidat der Republikaner im Jahr 1964)

„Wir alle wissen, dass UFOs wirklich existieren. Wir müssen uns nur die Frage stellen, woher sie kommen."

– Dr. Edgar Mitchell, Apollo 14-Astronaut und sechster Mann auf dem Mond

(Alle Zitate)[18]

Die Theorien

Die aktuellen Ansichten über UFO-Phänomene unterscheiden sich stark, in der Regel lassen sie sich jedoch einer der folgenden Strömungen zuordnen:

1. *Skeptizismus*: Es gibt keine echten Beweise für UFOs. Alle Hinweise sind entweder durch natürliche Phänomene oder durch Einbildungen aufseiten der Beobachter zu erklären.

2. *Jung'sche Theorie*: Es handelt sich um das psychologische Phänomen des Massenbewusstseins, das mit der tatsächlichen Existenz von Außerirdischen nichts zu tun hat, sondern auf einer kollekti-

ven psychischen Projektion beruht, die mit dem Zustand unserer Gesellschaft zusammenhängt.

3. *DMT-Theorie:* Manche UFO-Sichtungen und Entführungserfahrungen sind auf hohe Konzentrationen von DMT im Gehirn zurückzuführen, die normalerweise mitten in der Nacht auftreten oder durch physiologische Vorgänge auch zu anderen Tageszeiten ausgelöst werden können.[19]

4. *„Sie sind welche von uns"-Theorie:* Streng geheime militärische Einrichtungen wie die Area 51 könnten der Ausgangspunkt für Experimente mit Versuchsflugzeugen sein, die sich so sonderbar fortbewegen und so seltsam aussehen, dass man sie als „außerirdisch" einstuft.

5. *Extraterrestrische Hypothese:* Außerirdische besuchen unseren Planeten schon seit Jahrtausenden und führen entweder zu eigenen Zwecken gentechnische Experimente an Menschen durch, verändern nach und nach unsere Spezies, um uns dabei zu helfen, einen katastrophalen Untergang unserer Zivilisation zu vermeiden oder haben andere Motive.

6. *Interdimensionale Hypothese:* UFO-Sichtungen verweisen nicht auf reale Außerirdische aus unserem beobachtbaren Universum, sondern auf Wesen aus anderen Dimensionen oder Universen, die eine moderne Version der historisch überlieferten Dämonen, Feen, Elfen oder anderer mythologischer Kreaturen sein könnten.

7. *Zeitreise-Theorie:* Außerirdische sind in Wahrheit Menschen, die aus der Zukunft kommen und versuchen, den Entwicklungsprozess unserer Gesellschaft und / oder Spezies zu korrigieren, wie es in „Zurück in die Zukunft" der Fall ist.

Untersuchen wir der Reihe nach die Wahrscheinlichkeit all dieser Erklärungsmodelle:

Skeptizismus

Allein die große Anzahl der Belege (150 Millionen Augenzeugen; 1.500 unerklärbare Sichtungen der US-Luftwaffe; hunderte Fälle, die sowohl durch Radarbilder dokumentiert als auch von Augenzeugen bestätigt wurden etc.) sollte diese Ansicht widerlegen.

Jung'sche Theorie

Diese Theorie hat sehr viele Stärken und zahlreiche Forscher bewerten insbesondere das Entführungsphänomen als ein Resultat tief verankerter kultureller Erinnerungen, die möglicherweise sogar in unsere DNS eingeschrieben sind.

Beachten Sie den merkwürdigen Umstand, dass bei Sichtungen oft von Fluggeräten berichtet wird, die unsere technischen Möglichkeiten übertreffen, wenn auch nicht unsere Vorstellungskraft. Im ausgehenden 19. Jahrhundert wurden sie als zigarrenförmige Luftschiffe beschrieben. In den 1950er Jahren waren es Scheiben. Mittlerweile handelt es sich um schwarze Dreiecke und Lichtkugeln. Es ist fast so, als wollte man uns absichtlich mit etwas ziemlich futuristisch erscheinendem verwirren, das aber dennoch nicht die Grenzen unseres Verstandes sprengt. Hier besteht eine Übereinstimmung mit den aus unterschiedlichen Kulturen bekannten spirituellen Erfahrungen (deren Erscheinungsform vom jeweiligen kulturellen Kontext abhängig ist), denen wir in Kapitel 3 nachgegangen sind.

Ich erachte diese Erklärung als die logischste, zumindest im Rahmen unseres konventionellen Welterklärungsmodells. Dennoch werde ich in Kapitel 7 eine noch überzeugendere Deutung vorstellen.

DMT-Theorie

Sie scheint auf Entführungserfahrungen anwendbar zu sein, die mitten in der Nacht stattfinden, scheitert aber bei kollektiven Sichtungen, Gruppenverschleppungen (eine kollektive Erfahrung von nur zwei Menschen, die exakt dasselbe beschreiben, reicht aus, um diese Theorie zurückzuweisen) und tagsüber stattfindendem Menschenraub.

„Sie sind welche von uns"-Theorie

Während manche Sichtungen ohne Zweifel auf irdischen Ursachen beruhen, scheinen in anderen Fällen technische Errungenschaften im Spiel zu sein, die den Fortschritt von zehn Jahren weit übertreffen, um den Versuchsflugzeuge bereits auf dem Markt befindlichen Fabrikaten voraus sind (beispielsweise Lichtkugeln, die der Schwerkraft trotzen, so sehr beschleunigen, dass der menschliche Körper damit überfordert wäre und die anscheinend über Intelligenz verfügen). Ein einfacher Dialog soll illustrieren, inwieweit es unglaubwürdig ist, die Sichtungen auf Versuchsflugzeuge zurückzuführen:

F: Wenn wir selbst es sind, die dafür verantwortlich zeichnen, warum gibt es dann so viele Berichte über Alarmstarts der Luftwaffe mit anschließenden Verfolgungsjagden? So zum Beispiel aus Waldorf (Maryland), wo am 26. Juli 2002 Flugzeuge des Andrews-Luftwaffenstützpunkts einen Alarmstart vollzogen, wie von WTOP, CNN und FOX News gemeldet wurde.

A: In unsere verdeckten Operationen sind so wenige Menschen eingeweiht, dass die Luftwaffe einfach nicht Bescheid weiß.

F: Wie lassen sich dann die Sichtungen in anderen Staaten erklären?

A: Auch dort gibt es Versuchsflugzeugprogramme.

F: Was erklärt aber die Sichtungen in Ländern, die nicht über fortschrittliche Programme zur Entwicklung von Flugzeugen verfügen, wie zum Beispiel Island, Belize oder Nigeria? Und warum sind die Sichtungen auf der ganzen Welt identisch oder zumindest ähnlich?

A: Möglicherweise haben unsere Versuchsflugzeuge die Erlaubnis, in der ganzen Welt herumzufliegen.

F: Wie sind dann diejenigen Sichtungen erklärbar, zu denen es gekommen war, lange bevor irgendjemand Versuchsflugzeugprogramme ins Leben rief?

A: Hmmmm.

Extraterrestrische Hypothese

Um diesen Ansatz beurteilen zu können, müssen wir uns darüber Gedanken machen, wie wahrscheinlich es ist, dass die Erde tatsächlich von Außerirdischen besucht wird. Machen wir einen kleinen Abstecher in die Gebiete des Transhumanismus und des Kosmismus ...

Kapitel 6

> **Die Drake-Gleichung**
>
> Die sogenannte Drake-Gleichung, die von Dr. Frank Drake im Jahr 1961 entwickelt wurde, ist die Richtlinie, um die Anzahl extraterrestrischer Zivilisationen in der Milchstraße abzuschätzen, mit denen wir kommunizieren könnten.
>
> $N = R_* * f_p * n_e * f_l * f_i * f_c * L$,
>
> wobei
>
> - N die Anzahl extraterrestrischer Zivilisationen in unserer Galaxie, mit denen wir kommunizieren können;
> - R_* ist die Sternentstehungsrate in der Milchstraße (bzw. die Anzahl der Sterne, die pro Jahr in unserer Galaxie entsteht);
> - f_p ist der Anteil der Sterne, die über Planeten verfügen;
> - n_e ist die durchschnittliche Anzahl der Planeten pro Stern, die Leben ermöglichen könnten;
> - f_l ist der Anteil der Planeten, auf denen es tatsächlich zur Entstehung von Leben kommt;
> - f_i ist der Anteil der Planeten mit intelligentem Leben;
> - f_c ist der Anteil an intelligentem Leben, das zur Kommunikation willens und fähig ist;
> - L ist die geschätzte Lebensdauer einer derartigen Zivilisation.
> - 1961 einigten sich Drake und seine Kollegen auf die folgenden Parameterwerte:
> - $R_* = 10$/Jahr
> - $f_p = 0,5$
> - $n_e = 2$
> - $f_l = 1$
> - $f_i = 0,01$
> - $f_c = 0,01$
> - $L = 10$ Jahre
> - Berechnet man N, indem man diese Faktoren multipliziert, kommt man auf 0,01, was bedeutet, dass die Chancen für eine Kontaktaufnahme mit einer außerirdischen Zivilisation bei 1 zu 100 liegen.

Natürlich weichen die Werte, die den Parametern von den verschiedensten Forschern zugeordnet werden, stark voneinander ab. Einige der Korrekturen, die im Laufe der Jahre vorgenommen wurden, spiegeln neue Erkenntnisse über die Wahrscheinlichkeit der Planetenbildung und der Entstehung von Leben wider. Aufgrund der aktuellen Fortschritte bei der Entdeckung von Planeten in entfernten Sonnensystemen, kann man für den Parameter f_p einen Wert nahe eins wählen. Es hat sich herausgestellt, dass einige Bakterienarten in Lebensräumen ohne Sonnenlicht, Sauerstoff, Wasser und bei extremen Temperaturen gedeihen. In seinem Buch „The Fifth Miracle" (dt.: „Das fünfte Wunder. Auf der Suche nach dem Ursprung des Lebens") macht Paul Davies eine Vielzahl bizarrer Mikroorganismen aus, deren Lebensumstände allen Erklärungsversuchen trotzen. Beispielsweise lebt *Thiobacillus concretivoris* inmitten von Schwefelsäure und kann sich von Beton ernähren. *Micrococcus radiophilus* frisst Uran, Plutonium sowie andere radioaktive Elemente und Abfallstoffe. Von *Streptococcus mitis* weiß man, dass er zwei Jahre im Vakuum überleben kann. *Pyrolobus fumarii* entwickelt sich noch bei 113° C.[20] Es scheint, als könne sich Leben unter fast allen Umweltbedingungen entfalten.

Leben auf dem Mars

Percival Lowells im späten 19. Jahrhundert aufgestellte These, dass eine Zivilisation Kanäle auf dem Mars angelegt habe, regte die menschliche Fantasie im Hinblick auf die Bewohnbarkeit des roten Planeten an. In den 1960er Jahren wurden die sich jahreszeitlich bedingten Schwankungen im Farbmuster des Planeten pflanzlichem Leben zugeschrieben.[21] Zahlreiche Sonden haben seitdem die Marsoberfläche fotografiert und kartiert. Seit 40 Jahren herrscht in der Wissenschaft die Meinung vor, dass der Mars ein öder Planet sei, dem die notwendigen Bedingungen fehlten, um die Entstehung von Leben zu begünstigen. Ungeachtet dieser konventionellen Ansicht entstand aufgrund einiger interessanter Satellitenaufnahmen in den 1990er Jahren eine ganze Subkultur enthusiastischer Verfechter der Hypothese, dass der Mars besiedelt sei. Die Aufnahmen zeigten Gegenstände, die Glasröhren ähnelten, ein Gebiet namens Cydonia, dessen Oberflächenstruktur an ein Gesicht erinnerte und etwas, das nach großen Bauwerken aussah, die Pyramiden ähnelten. Natürlich wies die NASA solche Ideen als bloße Phantasie zurück und lieferte plausible Erklärungen.

Im August 1996 veröffentlichte ein Forscherteam unter der Führung von David McKay vom NASA Johnson Space Center im Magazin Science Hinweise auf bakterielles Leben im Marsmeteoriten ALH 84001. Obwohl der Artikel jahrelang im Mittelpunkt vieler Diskussionen stand, konnte man sich auf

> keine endgültige Schlussfolgerung einigen. Im Februar 2005 lieferte Vittorio Formisano, Forschungsleiter am italienischen Istituto di Fisica dello Spazio Interplanetario, auf der ersten Mars-Express-Wissenschaftskonferenz im niederländischen Noordwijk den Nachweis, dass sich große Mengen von Formaldehyd in der Marsatmosphäre befinden. Aufgrund der Tatsache, dass nichtbiologische Quellen ausgeschlossen sind, sagte er: „Ich glaube, dass die Wahrscheinlichkeit für die Existenz mikrobiellen Lebens unter der Marsoberfläche extrem hoch ist."[22]
>
> Wie *Space News* berichtete, erzählten die Wissenschaftler Carol Stoker und Larry Lemke im Februar 2005 einigen für Raumforschung zuständigen Beamten aus Washington, DC, dass sie im Laufe ihrer Erforschung des Rio-Tinto-Flusses Belege gefunden hätten, die darauf hinwiesen, dass Leben auf dem Mars möglich sei. Die Wissenschaftler und die NASA zogen diese Äußerung jedoch rasch zurück und dementierten die Behauptung.
>
> Im April 2005 berichtete der Journalist Leonard David, dass Michael Mumma – ein führender Forscher am Goddard Space Flight Center der NASA in Greenbelt (Maryland), der dort in den Abteilungen für Astrobiologie bzw. für die Erforschung des Sonnensystems tätig ist – Befunde an der University of Colorado in Boulder präsentiert habe, die auf das Vorhandensein von erheblichen Methananreicherungen auf dem Mars hinweisen und das Ergebnis biologischer Prozesse sein könnten.[23]
>
> Kurz gesagt, in Übereinstimmung mit der Indizienlage neigt die Wissenschaft zum gegenwärtigen Zeitpunkt zu der Vorstellung, dass es auf dem Mars mikrobielles Leben geben könnte. Ich prognostiziere, dass man sich bis zum Ende des Jahrzehnts endgültig darauf einigen wird.

Die erwähnten Belege lassen den Parameter f_l auf fast 1 ansteigen. Über f_i und f_c steht das Urteil noch aus. Wir neigen dazu, die Merkmale und Werte unserer eigenen Kultur auf andere potenzielle Zivilisationen zu übertragen. Aber es gibt überhaupt keinen Grund für die Annahme, dass eine Weiterentwicklung zu einer kommunikationsfreudigen Daseinsform stattfinden muss, wenn auf einem bestimmten Planeten erst einmal Leben aufgetreten ist. Man könnte argumentieren, dass Delfine, Elefanten und Menschen ungefähr gleich intelligent sind: Drehen Sie die Uhr um 50.000 Jahre zurück und beobachten Sie das Verhalten jeder dieser Spezies. Gibt es einen großen Unterschied? Wir konnten noch keine Delfine dabei beobachten, wie sie SETI-Parabolantennen errichteten. Die Einschätzung des Faktors L kann stark variieren. Wenn darunter eine Zivilisation verstanden werden soll, die mithilfe von elektromagnetischen Wellen im Bereich der Radiofrequenzen kommuniziert, können wir annehmen, dass sie unserer ähnlich sein muss und ihre Existenzdauer in einem Bereich von 50-100 Jahren liegt. Aber dies ist eine starke Annahme. Möglicherweise modulieren extraterrestrische Lebensformen magnetische Felder oder seismische Wellen; vielleicht surfen sie im Breitband-Internet, bevor sie die Ausbreitung von Radiowellen entdecken; eventuell findet ihre Kommunikation telepathisch statt oder auf eine andere Weise, die uns gänzlich unbekannt ist. Dass sie eine Phase der Radiowellentechnik durchmachen, die sich zufälligerweise mit unserer überschneidet, ist ziemlich unwahrscheinlich. Ich ziehe es vor, diese Wahrscheinlichkeit in den Parameter f_c einfließen zu lassen und L nur dann als die typische Dauer einer Kultur zu betrachten, die mithilfe von Radiowellen kommuniziert, wenn zweifelsfrei feststeht, dass diese Zivilisation von dieser Form der Informationsübermittlung Gebrauch macht. Aus diesen Gründen setze ich für f_i und f_c jeweils 0,01 an und für L 50, was auf 0,08 Zivilisationen pro Galaxie hinausläuft, deren Radiowellentechnologie mit unserer kompatibel ist. Demzufolge ist es unwahrscheinlich, dass das SETI-Projekt irgendetwas finden wird, bevor die finanziellen Mittel erschöpft sind.

Zweck dieser Übung war die Bestimmung der Wahrscheinlichkeit, mit der wir mit außerirdischem Besuch auf der Erde rechnen können. Allerdings dient die Drake-Gleichung eher zur Einschätzung unserer Aussichten, mit einer anderen Zivilisation Kontakt aufnehmen zu können, weshalb sie in Wirklichkeit ein Hilfsmittel ist, um die Erfolgschancen des SETI-Projekts zu bewerten. Wenn wir die folgenden Anpassungen vornehmen, kann die Drake-Gleichung aber so verändert werden, dass sie die Wahrscheinlichkeit für außerirdischen Besuch ergibt.

1. Ersetzen wir f_c durch f_t: den Anteil intelligenter Lebensformen, die willens und in der Lage sind, die Milchstraße zu durchqueren, um uns zu besuchen. Dazu müssen wir eine durchschnittliche Reisestrecke des halben Durchmessers unserer Galaxie (50.000 Licht-

jahre) annehmen, denn die Drake-Gleichung gilt für die gesamte Milchstraße.

2. L soll der durchschnittlichen Dauer einer Zivilisation entsprechen, die zur Erforschung der Milchstraße fähig ist.

Kardashev-Zivilisationen

Der russische Astrophysiker Nikolai Kardashev entwickelte 1964 ein Schema, um Zivilisationen zu klassifizieren. Dieses Schema, die sogenannte Kardashev-Skala, legt folgende Zivilisationstypen fest:
Typ I: Eine Zivilisation, die in der Lage ist, die gesamte Energie zu nutzen, die auf einem einzelnen Planeten zur Verfügung steht.
Typ II: Eine Zivilisation, die in der Lage ist, die gesamte Energie zu nutzen, die auf einem Fixstern frei wird.
Typ III: Eine Zivilisation, die in der Lage ist, die gesamte Energie zu nutzen, die in einer einzelnen Galaxie verfügbar ist.
Bekanntlich hat unsere Zivilisation Typ-I-Status noch nicht erreicht, weshalb wir als Typ 0 anzusehen sind. Der Physiker Freeman Dyson hat berechnet, dass wir innerhalb von 200 Jahren in die Typ-I-Phase übergehen werden. Allerdings weist Michio Kaku, ebenfalls ein Physiker, darauf hin, dass wir schon auf dem besten Wege sind, dieses Ziel zu erreich, da wir „die Anfänge einer weltweiten Sprache (Englisch) miterleben, eines globalen Kommunikationssystems (Internet), einer globalen Wirtschaft (Erweiterung der Europäischen Union) und einer ebensolchen Kultur (mithilfe der Massenmedien, des Fernsehens, der Rockmusik und der Hollywood-Filme)". Um den Übergang zu Typ I zu vollziehen, müssen wir jedoch einige bedeutende technologische Herausforderungen überleben, zu denen nicht zuletzt die Gefahr der Selbstzerstörung zählt, die von unserer Technik und deren Nebenprodukten ausgeht, mit denen wir nicht umgehen können (zum Beispiel Kernenergie, Nanotechnologie, unkontrollierbarer Treibhauseffekt).
Kardashev schätzte, dass es bei einem Wachstum der Energiewirtschaft um ein Prozent pro Jahr nur 3.200 Jahre dauern wird, bis wir Typ-II-Status erlangen und 5.800 Jahre, bis wir bei Typ III angekommen sind.
Kaku zufolge muss eine Zivilisation, die den Übergang von Typ I zu II vollzieht, die Raumfahrt beherrschen, das Wetter verändern können, in der Lage sein,

> kosmische (Asteroideneinschläge) und globale (Supervulkanausbrüche) Katastrophen zu überleben sowie den eigenen Planeten verlassen haben, bevor dessen Ressourcen aufgebraucht sind. Der Wandel von Typ II zu III bezieht sich auf das Überleben von Katastrophen im heimatlichen Sternensystem und die Überwindung der Beschränkungen, die auf die Relativität zurückzuführen sind, um außerhalb des Sonnensystems Kolonien gründen zu können. Typ-III-Zivilisationen sollten im Grunde unsterblich sein.[24]

3. Fügen Sie nach Bedarf weitere Faktoren hinzu, um auch die Wahrscheinlichkeit zu berücksichtigen, ein bestimmtes Zivilisationsniveau zu erreichen. Beispielsweise können wir f_{01} als die Wahrscheinlichkeit festlegen, dass eine Typ-0-Zivilisation den Typ-I-Status erreicht; f_{12} als die Chancen einer Typ-I-Zivilisation, zu Typ II überzugehen und f_{23} als die Aussichten einer Typ-II-Zivilisation, auf die dritte Stufe zu wechseln. Gegenwärtig wird der Übergang von Typ 0 zu Typ I für am Schwierigsten gehalten; im Wesentlichen reduziert er sich auf die Hoffnung, dass wir die Erde nicht in die Luft jagen. In seinem Buch „Our Final Hour" (dt.: „Unsere letzte Stunde: Warum die moderne Naturwissenschaft das Überleben der Menschheit bedroht") bewertet der britische Königliche Astronom Sir Martin Rees die Wahrscheinlichkeit, dass die Menschheit vor dem Jahr 2100 ausstirbt, mit 50 Prozent. Wählen wir also für $f_{01} = 0{,}5$; für $f_{12} = 1$ und für $f_{23} = 1$.

Jetzt stellt sich eine sehr wichtige Frage: Ist die Aussage, dass man nicht schneller als mit Lichtgeschwindigkeit reisen kann, ein universelles, ehernes Gesetz der Physik? Falls ja, muss f_t fast den Wert Null annehmen, denn es ist unmöglich, galaktische Entfernungen innerhalb der Lebenszeit jeder uns bekannten Lebensform aus unserem Erfahrungshorizont zu überwinden. Wenn wir die Reise auf Entfernungen, die bewältigbar sind, einschränken, beispielsweise auf fünf Lichtjahre, dann nimmt f_t den Wert von 5/50.000 bzw. 0,0001 an. In einem Radius von fünf Lichtjahren befindet sich nur ein Stern, weshalb wir schlussfolgern müssten, dass unsere Außerirdischen ihr Lager entweder irgendwo in jenem Sternensystem aufgeschlagen haben oder in unserem Sonnensystem. L könnte höher sein, da eine

Zivilisation, die annähernd mit Lichtgeschwindigkeit reisen kann, wahrscheinlich Typ-I-Status besitzt und damit ein paar tausend Jahre andauern sollte. Infolgedessen können wir N auf 0,025 schätzen, so dass die Wahrscheinlichkeit immer noch sehr gering ist. Die einzige Alternative bestünde darin, dass Typ-III-Zivilisationen ihren Heimatplaneten schon vor Millionen, vielleicht vor Milliarden Jahren nach und nach verlassen hätten. Wenn man die Übergangswahrscheinlichkeit sowie eine Milliarde für L einsetzt, ergibt sich für N ein Wert von 80.000. Falls die Lichtgeschwindigkeit keine universelle Geschwindigkeitsbegrenzung ist, kann sich f_t 1 annähern und L sollte eher der Existenzdauer einer Typ-II- bzw. Typ-III-Zivilisation entsprechen, die entweder unsterblich sein oder wenigstens Millionen bzw. Milliarden Jahre bestehen könnte, wie wir oben gesehen haben.

Zusammenfassend lässt sich sagen, dass es tausende auswandernder, Kolonien bildender und reisender Spezies in unserer Nachbarschaft geben sollte, wenn 50 Prozent der intelligenten Lebensformen den Typ-III-Status erreichen. Andererseits: Würden sie sich überhaupt für uns interessieren? Wenn wir einen Spaziergang über eine Wiese machen, versuchen wir dann, mit den Ameisen in einem Ameisenhaufen zu kommunizieren? Falls die Wiese in Kürze planiert werden soll, um Platz für eine Wohnsiedlung zu schaffen, bemühen wir uns dann, die Ameisen zu retten? Nein. Warum nicht? Weil sie sich so weit unter unserem intellektuellen Niveau befinden oder insgesamt unsere Wertschätzung nicht ausreicht, um in eine derartige Anstrengung Zeit zu investieren. Stellen Sie sich nun vor, wie eine Typ-II- oder Typ-III-Zivilisation beschaffen sein könnte. Denken Sie daran, wie sehr wir uns seit den Tagen der Jäger und Sammler vor 10.000 Jahren als Gesellschaft weiterentwickelt haben (manche bezeichnen diese Entwicklung allerdings als Degeneration). (Anmerkung: es wimmelt von Theorien, die besagen, dass diese traditionelle Ansicht der menschlichen Evolution falsch ist; trotzdem ist es aus Gründen der Argumentation akzeptabel, die konventionelle Sichtweise zu übernehmen). Bedenken sie des Weiteren, dass sich unser Fortschritt exponentiell beschleunigt, wie in Abschnitt 4 („Beschleunigung") dargelegt wurde. In der Praxis ist es unmöglich, sich auch nur vorzustellen, wo wir uns in 10.000 Jahren befinden werden. Telepathische Kommunikation, Kontrolle über Raum und Zeit, gleichzeitiger Zugang zu Paralleluniversen, komplette Verschmelzung mit künstlicher Intelligenz? Einige Zukunftsforscher sehen diese Dinge in ein paar hundert Jahren kommen, nicht in 10.000. Da außerdem 100 Millionen Jahre weniger als 1 Prozent der Lebensdauer unserer Galaxie ausmachen, ist die Annahme nicht unrealistisch, dass Typ-III-Zivilisationen im Vergleich zu unserer Gesellschaft hunderte Millionen Jahre weiter fortgeschritten sind. Angesichts der vorangehenden Diskussion lässt sich leicht argumentieren, dass es höchst unwahrscheinlich ist, dass Außerirdische in unserer Atmosphäre in Fahrzeugen herumschwirren, die unserem Stand der Technik anscheinend um höchstens 50 Jahre voraus sind (sie stürzen immerhin ab). Die einzig mögliche Variante der extraterrestrischen Hypothese besteht darin, dass extrem fortschrittliche Spezies absichtlich auf diese Weise auftauchen, um sich zu erkennen zu geben – nicht unähnlich der Vaterfigur aus dem Film „Contact", der nach der Romanvorlage von Carl Sagan gedreht wurde. Als eine schlüssige Möglichkeit müssen wir diese Theorie zulassen – was uns zu unserer nächsten Annahme führt.

Interdimensionale Hypothese

Manche Menschen stellen die Vermutung an, dass UFOs – anstatt physisch anwesend zu sein – Objekte sein könnten, die absichtlich oder unabsichtlich in unseren dreidimensionalen Raum hinein- und hinausflitzen. Erinnern sie sich an Abbildung 2-5, die zeigt, wie die höherdimensionale Kugel kurzzeitig in die Ebene der Bewohner von Flächenland eintritt. In ähnlicher Weise könnten UFOs in anderen Dimensionen existieren, entweder in einem Paralleluniversum oder in unserem eigenen Universum (obwohl diese Unterscheidung willkürlich ist). Durch diese Theorie lassen sich mit Sicherheit diejenigen Beobachtungen erklären, bei denen die jeweiligen Objekte einfach aus dem Nichts erscheinen und ebenso mysteriös wieder verschwinden. Angesichts der Theorien, die Hilbert-Raum und Paralleluniversen betreffen, könnte man sich natürlich vorstellen, dass wir einfach noch nicht wissen, welche Möglichkeiten sich aus der Beherrschung dieser Dinge ergeben und dass wir gerade erst damit beginnen, das wahrzunehmen, was technisch weiter fortgeschrittene Zivilisationen als selbstverständlich ansehen. Deshalb mutet die Idee, mittels Radiosignalen mit Außerirdischen zu kommunizieren, genauso grotesk an, wie wenn die Ureinwohner Amerikas versucht hätten, Rauchsignale auf dem Mond zu erspähen, um einen Beweis für außerirdisches Leben zu erhalten. Sicherlich würden angesichts der exponentiellen Beschleunigung des technischen Fortschritts sogar Zivilisationen, die uns nur ein paar hundert Jahre voraus sind, mithilfe von Telepathie, höherdimensionalen Feldern (aufgrund ihrer hohen Dimensionalität sind sie den Beschränkungen der Lichtgeschwindigkeit nicht unterworfen), oder Tachyonen-Telemetrie (Tachyonen sind schneller als Lichtteilchen) kommunizieren; sie könnten auch die Quantenverschränkung modulieren oder das zugrunde liegende holographische Feld beeinflussen. Deshalb muss ich dieser Theorie einige Wahrscheinlichkeit zugestehen. Falls das Universum im Gegensatz zu meiner Vermutung nicht programmiert ist, existiert mit Sicherheit eine geringe Wahrscheinlichkeit dafür, dass andere hochentwickelte Lebensformen ein vorübergehendes Interesse an uns haben – vielleicht, um uns in den Katalog der ihnen bekannten Zivilisationen aufzunehmen, unseren Fortschritt beim Auslöschen unserer eigenen Zivilisation zu kontrollieren oder einfach nur, um mit uns zu spielen, indem uns der Blick auf futuristische Artefakte erlaubt und die kollektive Reaktion der Menschheit beobachtet wird.

Die Zeitreise-Theorie

Es gibt keine bekannten physikalischen Gesetze, die Zeitreisen in die Zukunft oder die Vergangenheit ausschließen. Dennoch ist die offensichtliche Schwachstelle dieser Theorie die Tatsache, dass sie anscheinend gegen die Kausalität verstößt. So zum Beispiel im Großvater-Paradoxon, bei dem man in die Vergangenheit reisen und seinen Großvater töten könnte, wodurch die eigene Existenz ausgelöscht werden würde. Andererseits haben Wissenschaft und Science-Fiction-Denker der Gegenwart alle möglichen Ideen entwickelt, wie man in der Zeit reisen könnte, ohne dabei das Kausalitätsgesetz zu verletzen. Beispielsweise besagt Igor D. Novikovs Prinzip der Selbstübereinstimmung, dass ein von der Kausalkette abweichendes Ereignis nicht auftreten kann. Die Physiker Novikov, Kip Thorne und Joe Polchinski haben unabhängig voneinander nachgewiesen, dass es ausgeschlossen ist, dass eine Masse in der Zeit zurückreisen und dabei eine Paradoxie erzwingen kann. In den Theorien, die Paralleluniversen betreffen (vgl. beispielsweise Everetts Interpretation der Quantenmechanik), teilt sich das Universum in zwei Teile, wenn der Mord am Großvater begangen wird: In das ursprüngliche Universum mit dem Mörder und in ein anderes, in dem der Mörder nie geboren wurde. Die anderen Bewohner des ursprünglichen Universums bemerken von alledem überhaupt nichts, sie sehen nur, wie der Möchtegern-Mörder in der Zeitmaschine verschwindet. Falls er mit seinem heimtückischen Plan Erfolg hätte, würde er einfach nie mehr in das heimatliche Universum zurückkehren, um davon zu erzählen. Damit wird die Kausalitätsregel nicht verletzt, wenn auch um den Preis der Aufspaltung des Universums.[25] In anderen Theorien würden immer irgendwelche Zwischenfälle auftreten, um den Mord zu verhindern, so dass sowohl in der Vergangenheit als auch in der Zukunft eine lückenlose Ereigniskette bewahrt wird. Deswegen scheinen – zumindest zum gegenwärtigen Zeitpunkt – Mathematik und Naturwissenschaft Zeitreisen in die Vergangenheit zu erlauben. Wie steht es mit unseren Zeitreisefreunden aus der Zukunft? Welches Ziel könnten Sie verfolgen? Beobachtung, gentechnische Manipulation, Schadensbegrenzung? All das ist vorgeschlagen worden.

Rufen Sie sich die Diskussion über die technologische Singularität vom Ende des fünften Kapitels in Erinnerung. Es ist anscheinend unvermeidlich, dass wir mit künstlicher Intelligenz verschmelzen, beinahe unsterblich werden und unsere Verstandeskraft im ganzen Universum zur Anwendung bringen. Die ersten beiden Etappen werden wir innerhalb von ungefähr 100 Jahren zurücklegen; der Zeitrahmen für das dritte Ziel hängt von der tatsächlichen Geschwindigkeitsbeschränkung der Informationsübertragung ab. Falls es im Universum irgendeine andere intelligente Lebensform gibt, wird sie aller Wahrscheinlichkeit nach die Singularität bereits erreicht haben, was auf eines der folgenden Szenarien hinausläuft:

- **Möglichkeit 1**: Weil die Lichtgeschwindigkeit die Expansionsrate beschränkt, ist diese Zivilisation noch nicht an Tiplers Omega-Punkt angelangt. Aus zahlreichen Gründen halte ich dies für unwahrscheinlich: Wurmlöcher stellen eine theoretische Möglichkeit dar und erlauben den Informationstransfer mit Überlichtgeschwindigkeit. Die Gruppengeschwindigkeit von Wellen kann c – die Lichtgeschwindigkeit – übertreffen. Die Quantenfernwirkung ist von der Physik noch nicht exakt erklärt worden und könnte mit einer Informationsübermittlung zu tun haben, welche die Lichtgeschwindigkeit übertrifft. Auch das holographische Modell stellt dafür eine theoretische Begründung zur Verfügung. Des Weiteren gibt es Belege – auch wenn es sich um Einzelfälle handelt, die keine wissenschaftliche Gültigkeit aufweisen – für außergewöhnliche Erscheinungen, die sich schneller als mit Lichtgeschwindigkeit ausbreiten. Zu guter Letzt: Auch wenn die Ausbreitungsgeschwindigkeit in der Nähe von c liegt, wäre es wahrscheinlich, dass irgendeine andere Zivilisation jenseits der technologischen Singularität mittlerweile unsere Ufer erreicht hätte. Auf jeden Fall gilt, dass UFO-Sichtungen nicht auf Außerirdische zurückführbar sind, wenn Möglichkeit 1 zutrifft.

- **Möglichkeit 2**: Die Intelligenz der Zivilisation durchdringt das ganze Universum. Falls es sich so verhält, ist es seltsam, dass sich diese Wesen in „Blechkisten" präsentieren sollen, bei denen Bruchlandungen nicht ausgeschlossen sind.

Falls wir andererseits die erste intelligente Lebensform im Universum sind, die diese Stufe erreicht, können UFOs ebenfalls kein Beleg für außerirdische Intelligenz sein.

Worum handelt es sich also bei diesen Objekten, und wie kann man die Entführungserfahrungen einordnen, von denen Millionen Menschen berichten?

Kryptozoologie

Kryptozoologie ist die wissenschaftliche Bezeichnung für eine Disziplin, die Forscher oft nicht sonderlich ernst nehmen. Sie beschäftigt sich mit Tieren, über deren Existenz man sich unschlüssig ist oder die aus der Mythologie bekannt sind, wie beispielsweise Bigfoot (Sasquatch) und das Ungeheuer von Loch Ness. Wie gewöhnlich hänge ich selbst weder einem naiven Glauben an diese geheimnisumrankten Wesen an, noch bin ich ein engstirniger Skeptiker. Meine Einstellung siedelt sich genau in der Mitte zwischen „zögerlich aufgeschlossen" und „Ich glaube es erst, wenn ich es gesehen habe" an.

Im Rahmen einer Gallup-Umfrage, über die *Newsweek* im Juni 1978 berichtete, stellte sich heraus, dass geschätzte 30 Millionen

US-Amerikaner an Bigfoot glauben und eine ähnliche Anzahl der Meinung ist, dass es das Ungeheuer von Loch Ness wirklich gibt.[26] Unter Berufung auf das Informationsfreiheitsgesetz wurde in Großbritannien enthüllt, dass man sich im britischen Außenministerium und im Schottland-Ministerium Gedanken darüber gemacht hatte, ob Nessie geschützt werden sollte. Man entschied, dass das Ungeheuer von Loch Ness im Rahmen des Wildlife and Countryside Act aus dem Jahr 1981 unter Schutz gestellt werden sollte, wie die Zeitung *The Herald* berichtete.[27]

Im Jahr 1977 gab es in Dover, Massachussetts, drei unabhängige Sichtungen eines unheimlichen Geschöpfes mit einem außergewöhnlich großen Kopf und orangen Augen. Für das bald als Dover Demon bezeichnete Wesen ließ sich weder eine befriedigende Erklärung finden, noch wurde die Glaubwürdigkeit der Augenzeugen ernsthaft in Zweifel gezogen.

1966 und 1967 wurde in West Virginia der sogenannte Mottenmann mehrfach gesichtet – ein Wesen, so groß wie ein Mensch, das sich durch Flügel und rote Augen auszeichnete. Auch in diesem Fall gab es keine zufriedenstellende Erklärung.

Der Jersey Devil im südlichen New Jersey, die Bestie von Exmoor in der englischen Grafschaft Devon, der Kappa oder „Flusskobold" in Japan, der Yeti im Himalaya, der Yeren in der chinesischen Povinz Hubei, der Chupacabra in Lateinamerika, der Nandi-Bär in Afrika – es scheint so, als ob jede Kultur ihre eigene Version eines rätselbehafteten Tieres hätte. Warum? Ist es ein tiefsitzendes Bedürfnis, furchteinflößende Ungeheuer als Feinde zu haben – möglicherweise, um einen Überlebensvorteil zu erhalten? Oder verfügt jede Kultur deshalb darüber, weil das Leben aufgrund der Diskussionen interessant bleibt? Die Kryptozoologie weist viele Parallelen mit dem UFO-Phänomen auf. Und wirklich werden Begegnungen mit rätselhaften Geschöpfen oft von UFO-Sichtungen begleitet. Große Hominiden und andere mysteriöse Wesen haben mit unbekannten Flugobjekten einiges gemeinsam: Sie erscheinen normalerweise wie aus dem Nichts und verschwinden zum ungünstigsten Zeitpunkt. Sie widersetzen sich der Qualitätsfotografie. Darüber hinaus gibt es viele Berichte über telepathische Kommunikation und das Gefühl, beobachtet zu werden. Ich würde sogar so weit gehen zu sagen, dass es sich um zwei Seiten von ein und derselben Medaille handelt und dass sie denselben Ursprung in unserer Kultur haben, entweder in der

Massenpsychologie oder in dem Umstand, dass Götter Schabernack mit uns treiben.

Evolution oder Degeneration?

Nun kommen wir zu einem heiklen Thema, das gut und gerne ein ganzes Buch füllen könnte. Kreationisten sind der Meinung, dass es keine Widersprüche gebe: „Es ist offensichtlich, dass die Darwinisten falsch liegen." „Kein Mensch hat jemals einen evolutionären Vorgang beobachtet, bei dem eine Art in eine andere übergegangen ist." „Wenn wir von Affen abstammen, warum gibt es dann nach wie vor Affen?" Evolutionisten sagen, dass es keine Widersprüche gebe: „Evolutionäre Prozesse konnten an Mikroorganismen beobachtet werden." „Fossilfunde belegen, dass Menschen von Affen abstammen." „Mehr als 98 Prozent unserer DNS-Sequenz sind mit derjenigen des Schimpansen identisch." „Intelligent Design ist eine Pseudowissenschaft." Wir könnten das noch beliebig lange fortsetzen. Der Widerspruch besteht darin, dass beide Seiten überzeugende Argumente vorbringen, aber dass keinesfalls beide richtig liegen können, wenigstens nicht in allen Diskussionspunkten.

Nicht alle Anhänger des Intelligent Design sind wissenschaftliche Laien. Rufen Sie sich die Aussage des legendären Astronomen der Universität Cambridge, Sir Fred Hoyle, in Erinnerung, die wir in Kapitel 1 kennengelernt haben und die besagt, dass die Wahrscheinlichkeit, dass sich irgendwo im Universum Leben durch evolutionäre Vorgänge entwickle, genauso plausibel sei wie die Möglichkeit, dass ein über einen Schrottplatz hinwegfegender Tornado eine voll funktionstüchtige Boeing 747 zusammensetze. Michael Behe, Professor für Lebenswissenschaften an der Lehigh University, behauptet, dass gewisse biologische Strukturen so irreduzibel komplex seien, dass sie sich statistisch nicht durch natürliche Selektion und zufällige Mutationen – die Grundpfeiler des Darwinismus – erklären ließen. Beispielsweise ist das Zusammenspiel von mindestens 20 verschiedenen Proteinen notwendig, damit die Blutgerinnung problemlos abläuft.[28] Dr. Stephen C. Meyer, Direktor des Zentrums für Wissenschaft und Kultur am Discovery Institute, hat ins Spiel gebracht, dass evolutionäre Vorgänge nicht die kambrische Explosion vor 530 Millionen Jahren erklären können, als urplötzlich neue tierische Baupläne erschienen waren, die eine große Menge an neuen Zelltypen zur Voraussetzung hatten sowie „komplex-spezifizierte Informationen" hinsichtlich des Erbguts. Die Evolution habe nach drei Milliarden Jahren, in denen es in erster Linie einfache bakterielle und andere einzellige Lebensformen gegeben hätte, in geologischen Maßstäben quasi über Nacht eine unermessliche Vielfalt an komplexen Tieren hervorgebracht.[29]

Daneben gibt es eine Strömung innerhalb der Kreationisten, die als Interventionismus bezeichnet wird (nicht zu verwechseln mit dem ökonomischen Modell von John Maynard Keynes) – Menschen, die daran glauben, dass der vernunftbegabte Gestalter in die natürlichen (womöglich evolutionären) Prozesse eingegriffen hat, um Menschen und vielleicht sogar Nutzpflanzen und domestizierte Tiere durch Gentechnik hervorzubringen. Wissenschaftler weisen diese Idee grundsätzlich von der Hand, da es sich hier um eine bequeme und einfache Erklärung für diejenigen handle, die evolutionäre Mechanismen nicht verstünden. Die Argumente allerdings, die von Interventionisten im Allgemeinen vorgebracht werden, können durchaus zum Nachdenken anregen. Einige Beispiele:

- Unser angeblicher Ahne, Homo erectus, starb vor 300.000 Jahren aus – 100.000 Jahre, bevor Homo sapiens auf den Plan trat. Der Neandertaler übrigens, der sich aus Homo erectus entwickelte, kommt als Vorfahre des anatomisch modernen Menschen aufgrund von Unterschieden in der Mitochondrien-DNS nicht infrage. Also muss es ein fehlendes Bindeglied geben.

- Menschen unterscheiden sich von allen anderen Primaten in vielerlei Hinsicht: Unsere Knochendichte ist erheblich geringer, pro Kilogramm Körpergewicht sind wir nicht annähernd so stark (ein Fünftel bis ein Zehntel), weitere Unterschiede betreffen Gehirn und Rachenraum (andere Primaten können gleichzeitig schlucken und atmen) sowie die Körperbehaarung (Verringerung der Körperbehaarung, umgekehrte Verteilung der Körperhaare). Im Gegensatz zu allen anderen Primaten regulieren wir unseren Salzkonsum nicht, wir haben keine Brunftzeit, wir weinen und verfügen über Unterhautfettgewebe.

- Menschen können sich nicht direkt aus anderen Primaten entwickelt haben, weil unsere nächsten Primatencousins 48 Chromosomen besitzen, wir jedoch nur 46, was einer Rückentwicklung gleichkäme, und keiner Evolution. Der Umstand, dass uns zwei Chromosomen „fehlen", ist auf die Verschmelzung zweier Chromosomen im einfachen Chromosomensatz zurückzuführen.[30]

Beachten Sie: Darwinisten weisen darauf hin, dass die Zahl der Chromosomen nicht mit dem biologischen Fortschritt korreliert – beispielsweise besitzt der Schwarze Maulbeerbaum 308 davon. Aber die meisten Wissenschaftler würden wahrscheinlich zustimmen, dass es ein unwahrscheinliches evolutionäres Ereignis ist, ein Chromosomenpaar zu verlieren. Sie erklären die Unterschiede zwischen Schimpansen und Menschen durch die Veränderungen, die sich in den beiden Abstammungslinien zugetragen haben, die von einem gemeinsamen Vorfahren ausgingen. Was uns wieder zu der Frage zurückkehren lässt: Wer ist unser unmittelbarer Vorfahre?

Evolution und Intelligent Design sind zwei Theorien, die sich kaum überschneiden. Einerseits könnte ein Universum ohne Gott einfach den biologischen Prozessen folgen, die der Evolution zugrunde liegen. Andererseits könnte Gott die anderen Lebewesen erschaffen und den Menschen erst hinzugefügt haben, nachdem sich bereits alles andere auf seinem Platz befand, wie es das Buch Genesis beschreibt. Es handelt sich hierbei um zwei Extremstandpunkte. Aber dennoch können beide Theorien nebeneinander bestehen. Beispielsweise wäre es theoretisch möglich, dass Götter das Universum geschaffen haben, um danach die Uhr aufzuziehen (metaphorisch gesprochen), sie laufen zu lassen und dadurch der Welt eine Entwicklung in Übereinstimmung mit den evolutionären biologischen Prozessen zu ermöglichen. Allerdings gibt es nicht genügend Belege, um zweifelsfrei entscheiden zu können, welches Szenario zutreffend ist.

OOPArt

Der amerikanische Zoologe Ivan Sanderson prägte den Begriff OOPArt, der für „Out-Of-Place ARTifact" [dt. in etwa: „Artefakt in ungewöhnlichen Fundsituationen"] steht. Dabei handelt es sich um archäologische oder paläontologische Funde, die in zeitlicher oder örtlicher Hinsicht fehl am Platz zu sein scheinen. Der Archäologe Jonathan Gray und andere Forscher wie Michael Cremo und Richard Thompson haben tausende von archäologischen Gegenständen ausfindig gemacht, die einer Erklärung trotzen, darunter die folgenden:[31-34]

- Der 1.050 Tonnen schwere Baalbek-Steinblock aus dem Libanon. Drei weitere, die jeweils 800 Tonnen wiegen (damit bringen sie das doppelte Gewicht einer Boeing 747 auf die Waage) wurden zu einer Mauer zusammengefügt.

- Eine offensichtliche Batterie, die in Bagdad aufgefunden wurde und aus der Zeit vor Christi Geburt stammt.

- Hunderte Metallkugeln, eine jede mit drei parallelen Rillen, die um den Äquator des Objekts herumlaufen, wurden in 2,8 Milliarden alten Gesteinsschichten in Südafrika gefunden.

- Bohrer, die im alten Ägypten verwendet wurden, um Löcher in Granit zu bohren – es handelt sich um Werkzeuge, die sich 500 Mal schneller drehten als moderne Ausführungen.

- Im Jahr 1844 wurde in Schottland ein Eisennagel aufgefunden, der in einem rund 400 Jahrmillionen alten Steinblock eingebettet war.

- Eine ca. 25 Zentimeter lange Goldkette wurde in einer Mine in Illinois eingeschlossen in Kohle gefunden. Die Kohle wurde auf ein Alter von 300 Millionen Jahren datiert.

- In einem Marmorblock, der in einem Steinbruch in Philadelphia gefunden wurde und aus einer 500 Millionen Jahre alten Schicht stammte, waren Reliefbuchstaben eingraviert.

- Ein 20.000 Tonnen schwerer Steinblock in Sacsayhuamán, Peru, wurde aktiv in seine heutige Position gebracht. Die größten modernen Kräne können gerade einmal 3.000 Tonnen anheben.[33]

- Bei Ausgrabungen aus dem frühen 20. Jahrhundert in Mohenjo-Daro, Indien, wurde eine bronzezeitliche Stadt freigelegt, die durch gewaltige Hitzeeinwirkung zerstört worden war. Es wurden auch umfangreiche Tonablagerungen und grünes Glas gefunden. Moderne Analysen kommen zum Ergebnis, dass die Temperatur bei der Katastrophe 1.500 Grad Celsius betragen haben muss. Die Entstehung von grünem Glas ist auch aus der Nevada-Wüste bekannt und ist dort das Ergebnis oberirdischer Atomtests. Dutzende Skelette, die im Mohenjo-Daro-Gebiet gefunden wurden, weisen eine nukleare Belastung mit dem Fünfzigfachen des normalen Wertes auf. Regionale indische Legenden erzählen von einer mysteriösen Waffe, die dazu fähig war, Städte dem Erdboden gleich zu machen und tausende Menschen zu verbrennen.[34] Kann das als Zufall erachtet werden?

Die Theorien, die sich um „fortschrittliche altertümliche Zivilisationen" – beispielsweise um Atlantis – ranken, können nicht so falsch sein. Sie werden durch archäologische Belege gestützt. Und paläontologische Belege unterstützen sie im günstigeren Fall, im ungünstigeren werden sie zumindest nicht widerlegt. Überlegen Sie, was passieren würde, wenn eine natürliche oder vom Menschen verursachte Katastrophe unsere Zivilisation fast zur Gänze auslöschen würde, wobei nur einige Großfamilien übrig blieben, um den Fortbestand der Menschheit zu ermöglichen. Weil wir so stark von der Technik abhängig sind, würden wir ohne Elektrizität, Medizin, Energiequellen, Kommunikationsinfrastruktur oder Lebensmittelgeschäfte kaum zurechtkommen. Stellen Sie sich vor, wir müssten wieder damit beginnen, unsere eigene Nahrung zu kultivieren und unsere Behausungen und Kleidungsstücke anzufertigen. Innerhalb einiger weniger Generationen wäre die Erinnerung an unsere glorreiche Vergangenheit mehr oder weniger verblasst. Die Belege für das, was einmal war, würden ebenfalls langsam verschwinden. Wir haben keine Bauwerke geschaffen, die der Entropie widerstehen könnten und den destruktiven Kräften der Natur. Im Laufe der Jahrhunderte würden die Bücher langsam aus dem Leim gehen. Alles, was aus Metall besteht (Fahrzeuge, Bauträger), würde rosten, um dann zu Staub zu werden. Selbst synthetische Produkte wie Plastik und CDs wären in tausend Jahren verschwunden. Die Geschichte unserer Zivilisation würde vom postzivilisatorischen *Homo sapiens* einfach als Legende von Generation zu Generation weitergegeben werden. Wie wollen wir also wissen, ob sich etwas ähnliches nicht bereits irgendwann in der Vergangenheit zugetragen hat?

Alles in allem bergen diese Entdeckungen und unsere evolutionäre Vergangenheit Unregelmäßigkeiten in sich, die man nicht vernachlässigen sollte. Aber selbstverständlich ist nichts darunter, was nicht durch die große kosmische Reality-Show erklärt werden könnte.

!) „Meine Evolutionstheorie besagt, dass Darwin adoptiert wurde."

– Steven Wright

EGGs und Psi

Paranormal. Die bloße Erwähnung des Wortes genügt, um eine wissenschaftliche Karriere zu ruinieren, um Gelächter heraufzubeschwören oder die Veröffentlichung eines Buches zu vereiteln. Ooooohhhhhh.

Andererseits gibt es Belege für die Existenz paranormaler Phänomene, die nicht so einfach aus der Welt zu schaffen sind.

Beispielsweise haben Robert G. Jahn, Professor für Ingenieurswissenschaften an der Princeton University, und Assistenzprofessorin Brenda J. Dunne über einen Zeitraum von zwölf Jahren mehr als 1.000 Versuche durchgeführt, bei denen sich die Probanden auf die Ergebnisse eines Zufallsgenerators konzentrierten. Die Anzahl der Ergebnisse, die mit der Absicht der Probanden übereinstimmten, ist als statistisch signifikant einzustufen.[35] Während die Auswirkungen im Rahmen jedes einzelnen Experiments eher geringfügig waren, ist die Wahrscheinlichkeit dafür, dass die Ergebnisse aller Versuche zusammengenommen auf natürlichem Wege zustande gekommen sind, eins zu drei Billionen. Den Angaben von Jahn zufolge ...

„... scheint es – wenn man unzulässige Forschungsergebnisse und unzutreffende Kritik beiseitelässt –, dass die verbleibenden angesammelten Belege, die für die Existenz paranormaler Phänomene sprechen, das philosophische Dilemma verschlimmern. Sie sind nämlich das Ergebnis einer großen Anzahl an experimentellen Beobachtungen, die unter rekonstruierbaren Versuchsbedingungen in zahlreichen akademischen Fächern erzielt worden sind. Einerseits haben wir Effekte, die durch allgemein anerkannte wissenschaftliche Theorien nicht erklärt werden können, dessen ungeachtet jedoch zahlreiche gemeinsame Merkmale aufweisen, häufig beobachtet werden und weitverbreitet sind. Andererseits haben sich diese Effekte bisher als qualitativ und quantitativ einzigartig erwiesen – und zwar im streng wissenschaftlichen Sinn. Sie scheinen empfindlich auf eine Vielzahl psychologischer und umweltbedingter Faktoren zu reagieren, die schwer zu bestimmen sind, geschweige denn zu steuern. Unter diesen Umständen war die Auswahl einer geeigneten Versuchsanordnung bestenfalls langwierig und frustrierend. Für die theoretische Modellierung wird immer noch nach einer Terminologie und nach Konzepten gesucht, kurz gesagt, nach einem nützlichen Formalismus."[36]

Mitte der 1990er Jahre führte das Institut für Psychologie an der Universität Göteborg in Schweden Versuche durch, bei denen die Probanden in geringem Ausmaß von Sinnesreizen abgeschirmt wurden, während „Sender" genannte Versuchspersonen sich auf zufällig ausgewählte Videos konzentrierten. Bei zwei Studien wurde eine sehr hohe Trefferquote von 37 Prozent erreicht. Noch höhere Trefferquoten wurden von Probanden erzielt, die für den Glauben an paranormale Effekte empfänglich waren.[37]

Der britische Biologe und Schriftsteller Rupert Sheldrake fand im Rahmen seiner einer breiten Öffentlichkeit bekannten Versuche hinsichtlich des „Gefühls, angestarrt zu werden" heraus, dass es eine statistische Signifikanz dafür gibt. In der Regel spüren Menschen also, dass sie beobachtet werden, auch wenn alle denkbaren Einflüsse ausgeschaltet werden. So lagen beispielsweise 57 Prozent der Teilnehmer einer Doppelblindstudie, die vom Our Lady's College in Drogheda (Irland) durchgeführt wurde und über 2.000 zufällig ausgewählte Prüfpunkte beinhaltete, mit ihrer Vermutung richtig, angestarrt zu werden. Nach sehr viel mag das nicht klingen, dennoch ist es (wie auch in unserem Münzwurfbeispiel) hoch signifikant, wenn man die statistische Abweichung von den zu erwartenden 50 Prozent in derart vielen Fällen bedenkt. Die Wahrscheinlichkeit, dass dieses Ergebnis durch puren Zufall zustande gekommen ist, beträgt eins zu eine Milliarde. Zudem wurden die Versuche mit ähnlichen Ergebnissen am University College School Junior Branch (UCS) – einer Schule für Knaben im Londoner Stadtteil Hampstead, an der South Connecticut State University sowie in Schulen in Stuttgart, Hamburg, Bremen, Boca Raton und Stockholm wiederholt.[38] Braud und Schlitz führten 37 Studien über direkte mentale Interaktionen mit lebenden Systemen (engl. DMILS) durch, bei denen biologische Prozesse aus der Ferne allein durch die Kraft der Gedanken beeinflusst wurden. Die Wahrscheinlichkeit der Ergebnisse beläuft sich auf eins zu 40 Billionen.[39]

Von 1981 bis 1995 erforschten fünf verschiedene US-amerikanische Regierungsorganisationen die Echtheit übernatürlicher Phänomene und alle kamen zum Schluss, dass gewisse Formen eine gründlichere Erforschung verdienen würden.[40]

Dr. Dean Radin nahm eine umfassende Meta-Analyse von tausenden unabhängig voneinander durchgeführten Versuchen zu Telepathie, Hellsichtigkeit, Prophezeiungen und anderen geistigen Phänomenen vor und fasste die Ergebnisse zusammen. Während die einzelnen Versuche keine bemerkenswerten Ergebnisse zeitigten, ist die Beweiskraft dafür, dass es sich um ein reales Phänomen handelt, erstaunlich, wenn man die Gesamtheit der experimentellen Belege berücksichtigt. Wenn wir die Studien über Telepathie herausgreifen, so resultiert aus der Gesamttrefferquote der 2.549 Sitzungen, die zwischen 1974 und 1997 stattgefunden haben, dass die Wahrscheinlichkeit eines Zufalls bei eins zu einer Billiarde liegt. Nur wenige andere wissenschaftliche Fachbereiche streben ein solches Ausmaß an Gewissheit an, bevor sie eine Theorie als Tatsache anerkennen.[41]

Für die meisten Menschen ist das nicht gerade eine Riesenüberraschung. Eine Gallup-Umfrage vom Juni 2001 kam zum Ergebnis, dass 60 Prozent der US-Amerikaner an außersinnliche Wahrnehmung glauben und 65 Millionen persönliche Erfahrungen damit haben. Ich selbst bin Zeuge gewesen, als meine sehr intuitiv veranlagte Frau ein neun Zeichen umfassendes nicht-triviales Passwort knackte, das nur in meinem Kopf gespeichert war. Ich habe mitangesehen, wie sie unheimliche Ahnungen hinsichtlich des bevorstehenden Todes von Familienmitgliedern unserer Bekannten hatte, die sich in der Folge allesamt bewahrheiteten. Ich war dabei, als sie ihre Hellsichtigkeit mit hoher Genauigkeit unter Beweis stellte, ohne dass es dafür eine andere sinnvolle Erklärung gibt. Die Gallup-Meinungsumfrage zeigte auch, dass eine Korrelation zwischen der Neigung, an außersinnliche Wahrnehmung zu glauben und der Intelligenz der Befragten feststellbar ist. Der katholische Priester Andrew Greeley, ein Soziologe an der University of Arizona, sagte einmal, „dass Menschen, die einmal vom Paranormalen gekostet haben, ob sie es nun intellektuell akzeptieren oder nicht, alles andere als religiöse Spinner oder Fälle für die Psychiatrie sind. Es handelt sich meistens um gewöhnliche US-Amerikaner, deren Ausbildung und Intelligenz leicht überdurchschnittlich ist und deren religiöses Engagement ein wenig hinter dem Durchschnitt zurückbleibt." Darüber hinaus kam er zum Ergebnis, dass zwei Drittel der College-Professoren außersinnliche Wahrnehmungen anerkannten und über 25 Prozent der Elitewissenschaftler daran glauben würden.[42]

Globales Bewusstsein und EGGs

An der Princeton University wird mit dem „Global Consciousness Project" eine Langzeitstudie über die Auswirkungen des kollektiven (globalen) Bewusstseins auf physikalische Systeme durchgeführt. Das Projekt besteht aus einem internationalen Netzwerk von EGGs, das heißt, aus computerbasierten Zufallszahlengeneratoren, die ohne Unterbrechung in Betrieb sind. Wenn auf der Welt alles mit natürlichen Dingen zuginge, dann würden die zufällig erzeugten Zahlen einer Normalverteilung oder Gauß'schen Glockenkurve folgen. Und die längste Zeit tun sie das auch. Ausgerechnet dann jedoch, wenn die Aufmerksamkeit der Weltbevölkerung kanalisiert ist, wie es anlässlich einer Katastrophe oder allgemein eines Ereignisses von internationaler Tragweite der Fall ist, geschieht etwas wahrhaft Verblüffendes. Die EGGs weisen dann ein zwar nur geringfügig anderes, aber nichtsdestotrotz eindeutig nicht zufälliges Muster auf, als ob ein kosmisches Kontrollzentrum das Ergebnis der erzeugten Zahlen systematisch beeinflusste. Gefühle, die von der gesamten Menschheit geteilt werden und anlässlich von Ereignissen wie dem Begräbnis von Prinzessin Diana, dem Amoklauf an der Columbine High School, Anschlägen auf Botschaftsgebäude, dem Jahrtausendwechsel oder den Olympischen Winterspielen auftreten, scheinen tatsächlich auf die maschinelle Erzeugung von Zufallszahlen einzuwirken. In vielen Fällen konnte der Effekt bereits kurze Zeit vor dem auslösenden Ereignis bemerkt werden. Insgesamt wichen die Daten von 209 a priori ausgewählten Ereignissen aus dem Zeitraum zwischen 1998 und 2005 von der Zufallswahrscheinlichkeit um einen Faktor ab, dessen wahrscheinliches Auftreten bei eins zu 10.000 liegt. Woran konnte das liegen?[43]

Es kristallisiert sich also heraus, dass es sich bei Psi-Phänomenen um deutlich nachweisbare Anomalien handelt, die nicht so einfach erklärt werden können. Doch ich versichere Ihnen, dass Letzteres nur bis zu Kapitel 7 gilt.

Quantenmechanik und die Beschaffenheit der Zeit

In Kapitel 2 sind wir ziemlich ausführlich in die Quantenmechanik eingetaucht. Zur Wiederholung seien hier nur einige der merkwürdigsten Erkenntnisse auf diesem Gebiet genannt:

- Es ist möglich, eine Versuchsanordnung aufzubauen, bei der ein Lebewesen so solange zwischen Leben und Tod schwebt, bis jemand das Geschehen beobachtet.

- Teleportationsexperimente deuten darauf hin, dass verschiedene räumlich getrennte Fundstücken entweder auf einer fundamentalen Ebene miteinander vernetzt sind oder dass die Übertragung von Informationen bedeutend schneller als mit Lichtgeschwindigkeit stattfinden kann.

- Es ist möglich, obgleich höchst unwahrscheinlich, dass Sie auf einer Seite einer geschlossenen Tür verschwinden können, um im nächsten Augenblick auf der anderen Seite wieder aufzutauchen.

- Eine Interpretation der Quantenmechanik besagt, dass in jedem Augenblick eine unermesslich große Anzahl an Universen hervorgebracht wird. In einigen davon werden Sie dieses Buch niemals lesen, in anderen wiederum ist Ihre Haut grün gefärbt und in den meisten Universen wird Leben niemals entstehen.

- Wenn wir dazu in der Lage wären, den Weltraum durch ein Mikroskop mit einer Vergrößerung von 10^{35} zu betrachten, dann würden wir ein Meer aus Schaum zu Gesicht bekommen, dessen Teilchen immer wieder von Neuem entstehen und vergehen. Darüber hinaus gibt es Räume und Zeiten, die schlichtweg nicht einmal definiert sind. Eine Denkrichtung besagt, die Bildung des Universums gehe auf eine solche Raumfluktuation zurück.

- Zeit ist ein tiefgründiges Mysterium. Die physikalischen Gleichungen funktionieren unabhängig davon, in welche Richtung die Zeit fließt – unsere Alltagserfahrung jedoch sagt uns, dass sich die Zeit allein von der Vergangenheit hin zur Zukunft bewegt. Paradoxien der Zeit gibt es in Hülle und Fülle, beispielsweise das Paradoxon der Zeitreisen und relativistische Zeitparadoxa. Einige Physiker glauben sogar, dass es die Zeit gar nicht gibt, sondern dass sie vielmehr einer Reihe verschiedener Zustände des Universums entspricht.

- Esoterischen Lehren zufolge gibt es die Zeit im Jenseits nicht. Auch stellt die Zeit kein Hindernis für Fernwahrnehmungen oder Rückführungen in frühere Leben dar, weil der Schwierigkeitsgrad dabei derselbe ist, ganz egal, ob man nun in die ferne Vergangenheit reist, weit in die Zukunft blickt oder sich mit dem gestrigen Tag begnügt.

Der Strom an wissenschaftlichen Theorien, die versuchen, die offenkundigen Merkwürdigkeiten unserer Quantenwelt zu erklären, wird nicht so rasch versiegen: Multidimensionale Theorien, String-Theorie, Paralleluniversen, die verrückte Theorie der Aufspaltung von Universen, unsichtbare Materie und Energie – um nur ein paar zu benennen. Aber könnte man nicht alles einfacher und allumfassend erklären? Man kann, und zwar im nächsten Kapitel.

Der hundertste Affe

Was um alles in der Welt hat denn eine moderne Legende in diesem Buch verloren? Für alle, die noch nichts davon gehört haben: Die Geschichte geht auf das Buch „Lifetide" von Lyall Watson aus dem Jahr 1979 zurück. Er beschreibt darin wissenschaftliche Beobachtungen des Verhaltens von Makaken auf einer japanischen Insel im Jahr 1952. Anscheinend machte einer der Affen die Erfahrung, dass ihm Süßkartoffeln besser schmeckten, wenn er sie zuvor gewaschen hatte. Andere Artgenossen erlernten dieses Verhalten alsbald und folgten seinem Beispiel. Wie man sich erzählt, verfügte irgendwann eine kritische Masse über die neuen Kenntnisse (nachdem der hundertste Affe das Verhalten angenommen hatte), sodass das Wissen auch auf Makaken übersprang, die auf verschiedenen anderen Inseln lebten. Weiterführende Forschungen ergaben, dass die Süßkartoffeln zwar von den Affen gesäubert wurden, die sprunghafte Weitergabe des Wissens jedoch als Irrtum zurückgewiesen werden musste, obwohl sich viele New-Age-Autoren nach wie vor darauf beziehen. Aber wäre es nicht faszinierend, wenn sich die Geschichte wirklich so zugetragen hätte?

Rupert Sheldrake glaubt daran, dass – während die Legende vom hundertsten Affen wohl nicht zur Gänze der Wirklichkeit entspricht – er im Rahmen einer Studie an der Harvard University etwas Ähnliches gesehen hat: Erworbenes Verhalten ist dabei möglicherweise spontan auf Ratten in Schottland und Australien übergesprungen, die dieselbe Verhaltensweise daraufhin rascher erlernten.[44] Laut Paul H. Smith war der von Ernő Rubik konstruierte Zauberwürfel unmittelbar nach seiner Einführung viel schwieriger zu lösen als später, als sich bereits viele Menschen daran versucht hatten – sogar für jemanden, der über keine früheren Erfahrungen damit verfügte.[45] Ausbildern im Bereich der Fernwahrnehmung ist aufgefallen, dass heutige Anfänger im Vergleich zu denjenigen früherer Tage spürbar weniger Zeit aufwenden müssen, um die Fertigkeit zu erlernen. Auch wenn man den Einfluss verbesserter Lehrmethoden nicht ausschließen kann, könnte die Veränderung ebenfalls auf die von Sheldrake so genannten „morphischen Felder", auf Jungs „kollektives Unbewusstes" oder Bohms „holographisches Universum" zurückzuführen sein. Man muss gewiss nicht lange Ausschau halten, um eines der vielen Gesichter des Außergewöhnlichen zu entdecken – die atemberaubenden Kunststücke, die heutzutage von Freestyle-Skifahrern vollbracht werden (einschließlich des rasanten Erlernens) und die vielen Fälle weltweit nahezu zeitgleich gemachter wissenschaftlicher Entdeckungen, um nur zwei Beispiele zu nennen.

Schwarzes Gold

Gibt es außer mir noch andere Menschen, die beunruhigt sind, wenn sie an Erdöl und alles, was damit verbunden ist, denken? Bereits im vierten Jahrhundert wurden in China oberflächennahe Öllager abgebaut. Der Startschuss für die kommerzielle Förderung datiert jedoch aus dem Jahr 1858, wo in Kanada während des Höhepunkts der industriellen Revolution erstmals Ölquellen angezapft wurden. Unser Verbrauch hat sich seitdem ins Uferlose gesteigert und damit auch unsere Abhängigkeit. Damals hat eine nicht endende Diskussion darüber eingesetzt, wie sich das Öl gebildet hatte. Auf der einen Seite haben wir die biogene Theorie, die immerhin jährlich 25 Milliarden Barrel in den Kampf wirft und die den Ursprung in abgestorbenen Pflanzen und Tieren sucht. Auf der anderen Seite jedoch steht die abiotische Theorie, der durch 900 Milliarden Gallonen pro Jahr der Rücken gestärkt wird und die chemische Reaktionen im Erdinneren geltend macht. Lassen wir die Verschwörungstheorien für einen Augenblick beiseite und skizzieren wir die beiden Ansichten kurz. *(Die Mitglieder der Weltelite – die Illuminaten – seien interessiert daran, dass wir an einen biogenen Ursprung glauben, weil wir dann einsehen würden, dass fossile Energieträger eine begrenzte Ressource wären und daher knapp, sodass wir nichts dabei fänden, drei Dollar für eine Gallone an der Zapfsäule zu bezahlen, was die Weltelite unglaublich reich machen würde. Hmmm – Exxon Mobil kündigt tatsächlich immer wieder rekordverdächtige Quartalsergebnisse an.)*

Die Hypothese, dass es sich um einen fossilen Brennstoff handle, wurde erstmals 1757 vom russischen Forscher Mikhail Lomonosov aufgestellt, der postulierte, dass in Sedimente eingebettete Überreste von prähistorischen Tieren aufgrund des extremen Drucks und der hohen Temperatur im Laufe von Jahrmillionen zu Kohlenwasserstoffen umgewandelt worden wären. Diese Argumentation wird dadurch gestützt, dass chemische Prozesse wie die Katagenese bekannt sind, die das bewerkstelligen können. Darüber hinaus legen die in ölhaltigen Sedimenten gefundenen Pollenkörner einen organischen Ursprung nahe (aber beweisen ihn nicht).

Die abiogene oder abiotische Theorie geht auf das 19. Jahrhundert zurück, als der französische Chemiker Marcellin Berthelot und der russische Chemiker Dmitri Mendeleev sie ins Spiel brachten. Ihrer Theorie zufolge entstanden die Kohlenwasserstoffe seit Urzeiten und wurden durch nichtbiologische Prozesse in Erdkruste und -mantel gebildet. Ihre Ansichten erfuhren einen neuerlichen Aufschwung durch den russischen Geologen Kudryavtsev, der in den 1950er Jahren kanadische Ölquellen erforschte und durch den ukrainischen Wissenschaftler Chekaliuk, der in den 1960er Jahren thermodynamische Berechnungen durchführte. Beide gelangten zu ein und demselben Schluss. Der angesehene Planetenwissenschaftler Thomas Gold von der Cornell University trug in seinem Buch „The Deep Hot Biosphere" weitere Belege zusammen. Die Theorie hat durch Versuche der Gas Resources Corporation in Houston, Texas, auch experimentelle Unterstützung erhalten. Dort wurden Oktan und Methan erzeugt, indem Marmor, Eisenoxid und Wasser Temperatur- und Druckbedingungen ausgesetzt wurden, die den Verhältnissen in etwa 100 Kilometern Tiefe entsprechen.[46] Es kommt noch hinzu, dass von einigen Kohlenwasserstoffen bekannt ist, von Methan beispielsweise, dass sie auf Planeten des Sonnensystemen vorkommen, die vermutlich unbelebt sind. Und schließlich haben Tiefenbohrungen auf der ganzen Welt Öl in Tiefen und an Orten zutage gefördert, wo biologische Überreste unter keinen Umständen vorhanden sein dürften. Indem er auf natürliche Gaslager Bezug nahm, die von der GHK Company in Oklahoma in ungefähr 10.000 und in Japan in 4.300 Metern Tiefe angebohrt worden waren, stellte Dr. Jerome Corsi (Politikwissenschaftler der Harvard University) fest:

> „Diejenigen, die das Zugeständnis machen, dass kein Dinosaurier jemals in Sedimentgestein verstarb, das heute 10.000 Meter unter der Erdoberfläche liegt, könnten immer noch behaupten, dass diese Schichten irgendwelche biologischen Rückstände enthielten, die sich zu Erdgas umgewandelt haben. Dieses Argument ist unhaltbar, weil dem anstehenden Gestein eine Absenkung um 10.000 Meter so gut wie unmöglich ist. Die Nagaoka- und Nigata-Felder in Japan liefern Erdgas in Gestein, das vulkanischen Ursprungs ist. Welche Art von Dinosaurier-Überresten könnte jemals in Vulkangestein begraben liegen, das sich tief in der Erdkruste befindet?"[47]

Manche Ölreserven scheinen die Fähigkeit zu haben, automatisch wieder aufgefüllt zu werden, wie das Glas Bier in Ihrem Stammlokal. Das Ölfeld Eugene Island 330 im Golf von Mexiko war von kontinuierlichen Fördereinbußen betroffen: Während im Jahr 1973 noch 15.000 Barrel am Tag gefördert werden konnten, sank das Volumen bis zum Jahr 1989 auf 4.000 Barrel pro Tag. Dann kehrte sich im Jahr 1999 alles plötzlich wieder um, und es wurden 13.000 Barrel Rohöl „anderen Alters" an die Oberfläche gepumpt.[48] Christopher Cooper vom *Wall Street Journal* zufolge wuchsen die weltweiten Ölreserven „zwischen 1976 und 1996 tatsächlich um 72 Prozent auf 1,04 Billionen Barrel an. Indem er ausschließlich die Verdoppelung der Reserven im Nahen Osten berücksichtigt, weist Professor Norman Hyne von der University of Tulsa darauf hin, dass „ein ziemlich großer Haufen toter Dinosaurier und prähistorischer Pflanzen notwendig gewesen wäre, um die geschätzten 660 Milliarden Barrel Öl in dieser Region bilden zu können."[49]

Diese Diskussion ist höchst interessant und nimmt ziemlich politische Dimensionen an, wie man sich denken kann. Doch mein Interesse kreist eher um die grundsätzliche Frage, warum es Erdöl überhaupt gibt. Beide Seiten vertreten recht komplexe Ansichten, um die Existenz des schwarzen Goldes zu erklären – dazu kommt noch das unheimliche Vermögen der Lagerstätten, sich selbst wieder aufzufüllen. Hat es nicht beinahe den Anschein, dass es einzig und allein deshalb dort positioniert wurde, damit wir es verwenden können?

Endnoten

1. Crease, R. P., C.C. Mann: „The Second Creation: Makers of the Revolution in Twentieth-Century Physics", Rutgers University Press, 1996
2. Matthews, Robert A. J. : „Facts versus Factions: the use and abuse of subjectivity in scientific research", Diskussionspapier für das ESEF, Februar 1998
3. Beaty, William: „Ridiculed Discoverers, Vindicated Mavericks", 2002, http://www.amasci.com/weird/vindac.html
4. Hancock, Graham: „Supernatural – Meetings with the Ancient Teachers of Mankind", Canada: Doubleday, 2005, 136-146
5. Plotkin, Marc J.: „Cold Fusion Heating Up -- Pending Review by U.S. Department of Energy" auf *Pure Energy Systems News Service*, 27.03.2004
6. Lungold, Ian Xel: „The Mayan Calendar Applied", http://tinyurl.com/ovl58ox
7. „Population Growth & Migration", Gaia Watch of the UK, http://www.population-growth-migration.info

8. „CNN Poll: U.S. hiding knowledge of aliens", 15.07.1997, http://www.cnn.com/US/9706/15/ufo.poll
9. „Summaries of Some Recent Opinion Polls on UFOs",14.11.2005, http://www.ufoevidence.org/documents/doc999.htm
10. „General / Mass Sightings",14.11.2005, http://tinyurl.com/nckgrpm
11. Mack, John, M.D.: „The UFO Abduction Phenomenon: What Does it Mean for the Transformation of Human Consciousness?", *Primal Renaissance: The Journal of Primal Psychology*, 1 (1), Frühjahr 1995: 96-110
12. Sparks, Brad: „Comprehensive Catalog of 1,500 Project BLUE BOOK UFO Unknowns: Work in Progress (Version 1.6, 18.06.2003)"
13. Sturrock, P.: „Physical Evidence Related to UFO Reports: The Proceedings of a Workshop Held at the Pocantico Conference Center", Tarrytown, New York, 29.09.-04.10.1997
14. Marrs, Jim: „Alien Agenda", New York: Perennial, 1997. 30-35, 61- 64
15. Ebd.
16. Anderson, Bruce Roger: „An Interview with Retired Sergeant-Major Robert Dean", in *UFO Update AZ*, 23. 07.2005, http://home.pacbell.net/joerit/docs2/crash/bobdean.htm
17. „Lt. Walter G. Haut, Roswell base public information officer, ‚Deathbed' affidavit to seeing spacecraft & bodies", 17. 07.2007, http://roswellproof.homestead.com/Haut.html
18. „In Their Own Revealing Words", 09.07.2007, http://www.mega-genius.com/editorial_no_23.htm
19. Strassman, Rick: „DMT: The Spirit Molecule"
20. Davies, Paul: „The FIFTH MIRACLE: The Search for the Origin and Meaning of Life", London, England: Penguin, 2000, 145
21. „Life on Mars", 01.11.2005, http://aerospacescholars.jsc.nasa.gov/CAS/lessons/L9/21.htm
22. Hoooper, Rowan: „Scientists: Life on Mars Likely",Wired News, 02.05.2005, http://www.wired.com/news/space/0,2697,67315,00.html
23. David, Leonard: „NASA Scientist: ‚Mars Could be Biologically Alive'",19.04.2005, http://www.space.com/scienceastronomy/050419_mars_methane.html
24. Kaku, Michio: „The Physics of Extra-Terrestrial Civilizations", 23.11.2005, http://tinyurl.com/qce9k3t
25. Thorne, Kip, 508-521
26. Cazeau, Charles J. and Stuart D. Scott, Jr.: „Exploring the Unknown", New York: Da Capo Press, 1979
27. Forrest, Jean: „Protection of Nessie perplexed men from the ministry" in *The Herald*, Web Issue 2446, 09.01.2006, http://www.theherald.co.uk/news/53911.shtml
28. Orr, H. Allen: „Why intelligent design isn't" in *The New Yorker*, 30.05.2005
29. Meyer, Stephen C.: „Intelligent Design: The Origin of Biological Information and the Higher Taxonomic Categories" in *Proceedings of the Biological Society of Washington*, 30.11.2005
30. Pye, Lloyd: „Darwinism vs. Creationism: A Checkered History, A Doubtful Future", siehe http://www.lloydpye.com/
31. Gray, Jonathan: „Dead Men's Secrets", Bloomington, in: AuthorHouse, 2004

32. Cremo, Michael A., and Richard L. Thompson: „Forbidden Archeology", Los Angeles, CA: Bhaktivedanta Book Publishing, 2003
33. Noorbergen, Rene: „Secrets of the Lost Races: New Discoveries of Advanced Technology in Ancient Civilizations", Tennessee: Norcom Publishing, 1977
34. Childress, David Hatcher: „Technology of the Gods: The Incredible Sciences of the Ancients", Adventures Unlimited Press, 2000
35. Jahn, R.G., B. J. Dunne, R. D. Nelson, Y. H. Dobyns, und G. J. Bradish: „Correlations of Random Binary Sequences with Pre-Stated Operator Intention: A Review of a 12-Year Program" in *Journal of Scientific Exploration*, 1997, 11 (3): 345-367
36. Jahn, Robert G.: „The Persistent Paradox of Psychic Phenomena: An Engineering Perspective" in *Proceedings of th IEEE*, 1982, 70 (2): 136
37. Parker, Adrian: „Report on Work in Progress on the Ganzfeld Project - January1996 - June1997", University of Göteborg, Department of Psychology, http://parapsykologi.se/2012/09/om-ganzfeld-i-goteborg/
38. Sheldrake, Rupert: „Experiments on the Sense of Being Stared at: The Elimination of Possible Artifacts" in *Journal of the Society for Psychical Research*, 2001, 65: 122-137, http://tinyurl.com/0262xxf
39. Delanoy, D: „Experimental Evidence Suggestive of Anomalous Consciousness Interactions", 2nd Gauss Symposium, München, August 1993, http://tinyurl.com/nkegv27
40. Radin, Dean: „The Conscious Universe: The Scientific Truth of Psychic Phenomena"
41. Radin, D., 89
42. „Information & explanations, latest texts & monographs on Parapsychology", 09.07.2007, http://real-estateproperties.com/primary/psychology/Parapsychology.html
43. „Global Correlations in Random Data", 23.07.2005, http://noosphere.princeton.edu
44. Sheldrake, Rupert: „A New Science of Life", Park Street Press,1995, Kapitel 11
45. Smith, Paul H.: „Mormonism and the 100th Monkey", Präsentation anlässlich des Sunstone Theological Symposium X, August 1988
46. Clarke, Tom: „Fossil Fuels Without the Fossils: Petroleum: Animal, Vegetable or Mineral?" in *Nature News Service*, 14.08.2002
47. Corsi, Jerome: „At 30,000 feet down, where were the dinosaurs?" auf *WorldNetDaily.com*, 29. 11.2005
48. Cooper, Christopher: „Odd Reservoir Off Louisiana Prods Oil Experts to Seek a Deeper Meaning" in *Wall Street Journal*, 16.04.1999
49. Ebd.

Kapitel 7

Leben wir in einer programmierten Wirklichkeit?

Es ist so weit. Kapitel 7. Endlich. Sieben. Die magische Zahl. Sieben Wochentage gibt es. Und die sieben Todsünden. Die sieben Sterne der Plejaden. Die sieben Noten einer Tonleiter. Die sieben Weltwunder der Antike und die sieben Naturwunder der Erde. Shakespeares sieben Lebensalter des Menschen. Die sieben Zwerge und Schneewittchen. Akira Kurosawas „Die sieben Samurai". „Die glorreichen Sieben". Höchstens sieben Spiele in der World Series. Wir unterscheiden sieben Weltmeere. Im Alten Ägypten war Sieben die heilige Zahl des Osiris, und aus der babylonischen Mythologie sind sieben Tore der Unterwelt überliefert. In Griechenland gab es die Sieben Weisen, Pan bastelte seine Hirtenflöte aus sieben Schilfrohrfragmenten zusammen. Im Buddhismus symbolisieren sieben Schritte die sieben kosmischen Ebenen. Das redensartliche „im siebten Himmel sein" geht auf die aristotelische Unterscheidung von sieben Himmelssphären zurück. Und Jesus sprach am Kreuz die berühmten sieben letzten Worte. In der hebräischen Überlieferung war jedes siebte Jahr ein Sabbatjahr und Reinigungsrituale dauerten sieben Tage. George A. Miller, Psychologe an der Harvard University, fand heraus, dass sich die meisten Menschen gerade einmal sieben Informationseinheiten auf einmal merken können. Das führte dazu, dass in den Vereinigten Staaten siebenstellige Telefonnummern eingeführt wurden – mehr Stellen wären zu viel gewesen, um sie im Kopf zu behalten, während weniger nicht genügt hätten, um alle Anschlüsse anzuwählen. Simon Garrod, Professor an der University of Glasgow, leitete aus seine Qn Forschungsergebnissen ab, dass Gruppen, die mehr als sieben Personen umfassen, Schwierigkeiten bei Entscheidungsfindungen haben.[1] Wenn man dazu aufgefordert wird, eine Zahl zwischen eins und zehn zu wählen, dann entscheidet man sich am häufigsten für die Sieben. Und wir dürfen nicht vergessen, dass es auch noch das verflixte siebte Jahr gibt und das Sieben-Minuten-Training, um perfekte Bauchmuskeln aufzubauen.

„Seven chipmunks twirling on a branch, eating lots of sunflowers on my uncles ranch."
– Der Tramper im Film „Verrückt nach Mary" (1998)

Genug davon! In diesem Kapitel will ich Ihnen nämlich alle Belege vorstellen, die meine Hypothese untermauern, dass wir *in einer programmierten Wirklichkeit leben*. Vereinfacht ausgedrückt sprechen wir über Intelligent Design – unsere Realität muss einfach von einer Entität erschaffen worden sein. Darüber hinaus gibt es einige Hinweise darauf, dass unsere Realität programmiert ist, so wie wir es von einem raffiniert gestalteten Videospiel kennen (die Auflistung erhebt keinen Anspruch auf Vollständigkeit):

- Die Parameter unserer Welt sind auf unsere Existenz abgestimmt.
- Die Ereignisse in unserer Wirklichkeit beruhen oft nicht auf Zufall bzw. scheinen im Voraus geplant zu sein.
- Zeitliche und räumliche Auflösung sind ein Kompromiss zwischen Realitätsnähe und Leistungsfähigkeit.
- Die Programmierer führen häufig Anpassungen durch, um die Feinabstimmung des Programms und seiner Datenstrukturen zu gewährleisten.
- Zu unserem Vergnügen haben die Programmierer sogenannte „Easter Eggs" (verborgene Features) eingebaut.

Alle Indizien, die ich in der Folge vorbringen werde, gehören einer der folgenden Beweiskategorien an:

- Quantelung
- Die Unwahrscheinlichkeit der Zeitleiste
- Die Feinabstimmung unserer Wirklichkeit
- Außergewöhnliche Ereignisse

Keines der Argumente kann als unumstößlicher Beweis erachtet werden, aber erinnern Sie sich daran, dass es in den Naturwissenschaften so etwas wie einen logisch zwingenden Beweis nicht gibt. Dies ist allein der Mathematik vorbehalten. Ich möchte jedoch behaupten, dass meine gesammelten Belege überzeugender sind als jede andere Theorie, die jemals aufgestellt worden ist – ob sie sich nun mit dem Leben, der Wirklichkeit oder dem Universum beschäftigen mag.

Die Indizien: unsere diskrete Welt

Rufen Sie sich in Erinnerung, was wir in Kapitel 2 über die quantenmechanische Deutung der Wirklichkeit besprochen haben. Wenn wir davon ausgehen, dass die Ansichten der Quantenphysiker zutreffen (und auch hier gibt es unzählige Belege, die dafür sprechen), dann ist unsere Welt nicht kontinuierlich, sondern vielmehr gequantelt bzw. gekörnt. Wir wollen uns nun weniger mit den *Konsequenzen* einer solchen Grundlage unserer Realität beschäftigen, sondern vielmehr damit, *warum* das so ist. Warum ist die Wirklichkeit gequantelt und nicht kontinuierlich? Eine mögliche Antwort ist ...

Um eine kontinuierliche Wirklichkeit zu schaffen, ist eine unendliche Menge an Ressourcen notwendig, für eine gequantelte Wirklichkeit jedoch reicht eine endliche Menge an Ressourcen aus.

Mit Ressourcen meine ich hier Bits, die Informationen also, die erforderlich sind, um die Wirklichkeit abzubilden. Aber was ist unter „abbilden" zu verstehen? Zugegeben, ich mache hier einen Sprung, aber Sie werden mir zugestehen, dass das zweckmäßig ist. Wenn wir die Möglichkeit ins Auge fassen, dass unser Universum erschaffen wurde (entweder von Gott oder durch rein physikalische Prozesse), dann muss es aus irgendetwas hervorgegangen sein. Beispielsweise aus Superstrings, Bits oder Quantenzuständen. Die Erschaffung einer Wirklichkeit aus solchen Ausgangsmaterialien entspricht der physikalischen Umsetzung eines Begriffsmodells der Realität, das sich aus Informationen zusammensetzt, welche die konstitutiven Bestandteile (die Ausgangsmaterialien) repräsentieren. Könnte sich ein Superstring an jeder beliebigen Stelle eines kontinuierlichen Raumes befinden, wäre theoretisch eine unendliche Anzahl Bits notwendig, um seine Position zu kodieren. Wenn Sie auf Ihrem Computer ein

Abbild der Wirklichkeit erzeugen wollen, dann würde eine endlose Anzahl von Bits unendlich viel Geld kosten, ebenso viel Arbeits- und Festplattenspeicher belegen und eine unbegrenzt hohe Prozessorleistung beanspruchen. Befassen wir uns noch einmal mit der Programmierung eines VR-Videospiels: Die Gegenstände der virtuellen Welt müssen konstruiert bzw. durch Daten dargestellt werden. Wählen wir als Beispiel die Abbildung eines Baums. Bei einer Bildschirmauflösung von 1024 x 768 und einer Farbtiefe von 32 Bit (bzw. 4 Bytes) könnte ein Baum 10 Prozent des Bildschirms einnehmen und würde daher 1024 * 768 * 4 * 0,1 = 315 Kilobyte beanspruchen, wenn man ihn als Bitmap speichern wollte. Komprimiert man die Daten, könnten sogar rund 30 Kilobyte ausreichen. Wenn Sie jedoch möchten, dass der Betrachter den Baum aus jedem Blickwinkel sehen kann, müssen Sie den Baum in drei und nicht nur in zwei Dimensionen abbilden. Wird die Zahl der Dimensionen von zwei auf drei erhöht, ist das mit einem Anstieg der Modellgröße auf $30.000^{1,5}$ Byte = 5 Megabyte verbunden. Beim gegenwärtigen Stand der Technik dauert es einige Sekunden, bis eine Datei in dieser Größenordnung geladen und ausgeführt wird, was den Ablauf des Spiels ein bisschen schwerfällig macht. Der Entwickler könnte beschließen, dieses Problem dadurch zu vermeiden, dass beim ersten Start des Programms möglichst viele Objekte im Voraus geladen werden, sodass neue Szenarien rascher generiert werden können, während der Avatar herumläuft. Wie auch immer – die Abbildung des Baums ist stets ein Kompromiss im Hinblick auf die Dateigröße. Ist diese zu gering, sieht der Baum nicht wie ein Baum aus, weil die Auflösung zu niedrig ist. Ist die Baumdatei zu groß, wird das Spiel nicht reibungslos laufen. Aus diesem Grund hatten Videospiele der ersten Generation (z.B. Space Invaders, ungefähr 1978) zweidimensionale Charaktere mit niedriger Auflösung, für deren Programmierung nur ein paar wenige Bits notwendig waren. Damals arbeiteten die Prozessoren ausgesprochen langsam und Geschwindigkeit sowie Größe der Datenspeicher waren ziemlich eingeschränkt, sodass der Datenmenge, die für die Programmierung der Objekte nötig war, enge Grenzen gesetzt waren. 25 Jahre und zwölf Durchläufe des Moore'schen Gesetzes später werden unsere Computerspiele von hoch aufgelösten dreidimensionalen Charakteren bevölkert, weil die Daten heute 4.000 Mal schneller verarbeitet werden können.

Ich frage mich, wie sich die Auflösung von Videospielen, die auf dem aktuellen Stand sind, zu der Auflösung unserer Wirklichkeit verhält und was das hinsichtlich unserer Fortschritte bei der Abbildung der realen Welt bedeutet. Es gibt in unserer Realität einige unterschiedliche Arten der Auflösung bzw. Körnigkeit, die für unsere Überlegungen von Belang sind:

Wahrnehmbare Körnigkeit

Bei der ersten Körnigkeitsklasse, die wir unter die Lupe nehmen wollen, handelt es sich um die Körnigkeit der makroskopischen Welt. Gäbe es diese Eigenschaft nicht, könnten wir trotz unserer fünf Sinne nichts erfassen. Wir wollen sie als wahrnehmbare Körnigkeit bezeichnen und als Beispiel den Gesichtssinn heranziehen. Dem NDT Resource Center zufolge beträgt die normale Sehschärfe des menschlichen Auges im Abstand von 30 Zentimetern 0,09 Millimeter.[2] Angesichts der Tatsache, dass die Oberfläche einer Kugel $4*\pi*r^2$ beträgt und wenn wir annehmen, dass durchschnittlich ein Drittel davon wahrgenommen werden kann, würden 50 Millionen Pixel ausreichen, um den sichtbaren Bereich zu kodieren. Üblicherweise wird angenommen, dass den meisten Menschen eine Farbtiefe von 24 Bit (3 Byte) genügt, da eine Farbabweichung von weniger als 1/16 Millionen nicht mehr unterscheidbar ist. Wir benötigen also insgesamt eine Datenmenge von 150 Megabyte, um ein Bild zu erzeugen, dessen Auflösung hoch genug ist, um die Grenzen der menschlichen Wahrnehmung zu erreichen. Der Zukunftsforscher Ray Kurzweil geht davon aus, dass es unter Berücksichtigung des Moore'schen Gesetzes wahrscheinlich ist, dass wir bis zum Jahr 2020 die notwendige Technik besitzen werden, um unsere Wirklichkeit in einer Auflösung nachbilden zu können, die der wahrnehmbaren Körnigkeit entspricht, wie wir sie hier definiert haben.[3]

Instrumentelle Körnigkeit

Wenn Wissenschaftler die kleinsten Bestandteile der Materie erforschen und in die tiefsten Tiefen des Weltraums blicken, wird ihnen dies durch eine andere Art von Körnigkeit ermöglicht. Für die Erforschung des ganz Kleinen ist die Auflösung der weltweit leistungsfähigsten Teilchenbeschleuniger von Bedeutung. Teilchenbeschleuniger ermöglichen die Erforschung der Bestandteile von subatomaren Partikeln, beispielsweise von Protonen oder Quarks. Für die Erforschung des ganz Großen ist die Leistungsfähigkeit der weltweit besten Teleskope von Belang. Weil der Grad an Körnigkeit von der Auswahl der verwendeten Geräte abhängt, spreche ich von instrumenteller Körnigkeit. Don Lincoln von Fermilab hat geschätzt, dass Physiker Gegenstände bis zu einer Größe von 10^{-18} Metern messen können.

Quantenmechanische Körnigkeit

Schließlich gibt es noch die quantenmechanische Körnigkeit der Wirklichkeit, die ich – wer hat es erraten? – quantenmechanische Körnigkeit nenne. Erinnern Sie sich, dass die Körnung von Raum und Zeit $1,6 * 10^{-35}$ Meter bzw. 10^{-43} Sekunden beträgt. Wenn wir die beobachtbare Körnigkeit als Vielfaches der kleinstmöglichen Ausdehnung ausdrücken, dann ist die Auflösung des menschlichen Auges bei einem Abstand von etwa 30 Zentimetern $5 * 10^{30}$ Planck-Längen. Hinsichtlich der Detailschärfe ist die quantenmechanische der wahrnehmbaren Körnigkeit natürlich weit überlegen. Was die instrumentelle Körnigkeit betrifft, so ist sie immer noch um den Faktor $1,6 * 10^{17}$ ungenauer als ihre quantenmechanische Entsprechung. Es wäre eine interessante Aufgabe, das Moore'sche Gesetz auf die Teilchenbeschleuniger anzuwenden und dann zu berechnen, wann die Leistungsfähigkeit hoch genug sein wird, um die Grenzen der quantenmechanischen Körnigkeit zu erreichen. Die Energiekapazitäten von Teilchenbeschleunigern verdoppeln sich ungefähr alle 3,3 Jahre, wie die unten abgebildete Tabelle veranschaulicht (bezeichnen Sie diese Beobachtung bitte in Hinkunft als *Elvidge'sche Gesetz*).

Teilchenbeschleuniger	Schwerpunktsenergie in eV	Jahr
Lawrence-Zyklotron	$1,2*10^6$	1932
Betatron der University of Chicago	$3,15*10^8$	1949
Stanford Linear Collider	$9*10^{10}$	1989
LHC des CERN	$7*10^{12}$	2006
Durchschnittlicher Verdoppelungszeitraum: 3,29 Jahre		

Das bedeutet, dass wir in ungefähr 176 Jahren, im Jahr 2191 also, zu den quantenmechanischen Grenzen vorstoßen werden. Interessanterweise ist das ungefähr 130 Jahre nach der technologischen Singularität, mit der wir uns in Kapitel 2 ausführlich beschäftigt haben.

Vielleicht nicht deshalb interessant, weil es 130 weitere Jahre dauert, aber möglicherweise, weil es verglichen mit den riesigen geologischen Zeiträumen (vier Milliarden Jahre der Entwicklung unseres Planeten) zeitlich ziemlich nahe an anderen prognostizierten Beschleunigungsgrenzen liegt.

Beachten Sie, dass die Quantenmechanik dem Universum naturgemäß einige äußerst weitreichende Grenzen setzt ...

- eine begrenzte Anzahl an möglichen Quantenzuständen der Materie;

- einen endlichen Wert für die Menge an Informationen, die notwendig ist, um das Universum vollständig zu beschreiben;

- da es etwas absolut Kleinstes gibt, können wir die Natur nur bis zu einem gewissen Punkt erforschen, auch wenn unsere technischen Möglichkeiten immer größer werden.

Ich schlage vor, dass diese Begrenzungen äußerst wichtige Hinweise auf die Beschaffenheit der Realität darstellen. Allein schon ...

... die Tatsache, dass unsere Wirklichkeit gequantelt ist, kann als überzeugender Beleg dafür erachtet werden, dass die Realität programmiert ist.

Für das Programmieren einer virtuellen Realität ist eine Quantelung unerlässlich. Es ist unmöglich, ein Programm zu entwickeln, dessen Auflösung keine Grenzen gesetzt sind. Das beweist natürlich keineswegs, dass unsere Realität programmiert ist, aber es könnte erklären, warum sie gequantelt ist. Welchen anderen Grund könnte es dafür geben? Eine Möglichkeit wäre, dass es in unserem Universum ein physikalisches Gesetz gibt, das sich auf die Äquivalenz von Information und Energie bezieht. Und wenn es keine unendliche Energiequelle gäbe, wäre – falls ein solcher Zusammenhang wirklich besteht – eine uneingeschränkte Auflösung im Universum ebenfalls unmöglich, weil dann unendlich viele Informationen nötig wären, um das Universum zu beschreiben. Vergleichbar mit Einsteins berühmter Formel $E = m*c^2$ könnte man sich einen Zusammenhang zwischen Energie und Information vorstellen, der dann so ähnlich wie

E = i*α aussähe, wobei E = Energie, i = Information in Bits und α = die Konstante, die einen Zusammenhang zwischen den beiden herstellt. Auf dem Gebiet der Thermodynamik wurde Information durchaus mit Energie in Beziehung gesetzt, und zwar in folgender Weise: Entropie, das Maß an Unordnung im Universum, wird für gewöhnlich in Joule / Kelvin oder allgemein als Energie pro Temperatureinheit angegeben. Aber es steht über die Gleichung S (Entropie) = k * ln(Ω), auch mit der Anzahl an verschiedenen möglichen Zuständen in einem System in Beziehung, wobei k die Boltzmann-Konstante (nach dem Entdecker dieser Beziehung benannt) ist und Ω die Anzahl der verschiedenen Zustände, die ein System annehmen kann. Ω ist klarerweise dann unendlich, wenn die Auflösung des Universums unendlich ist, aber begrenzt, wenn das Universum quantisiert ist. Also beinhaltet ein nicht gequanteltes Universum im thermodynamischen Sinn theoretisch unendliche Entropie und Energie. Das schließt aber noch immer nicht aus, dass es existiert. Deshalb ist es schwierig, sich abgesehen vom Argument der unendlichen Energie einen triftigen Grund für die Quantisierung vorzustellen.

Um noch tiefere Einblicke zu erhalten, wollen wir auf das Beispiel unseres VR-Computerspiels mit der dreidimensionalen, 5 Megabyte großen Abbildung eines Baums zurückkommen. Was wäre die Konsequenz, wenn wir unseren Spielern erlaubten, mit dem Faktor 100 in den Baum hineinzuzoomen? Um ein Bildrauschen zu verhindern, würden wir ein Modell mit einer höheren Auflösung erzeugen müssen, sodass ungefähr 500 Megabyte nötig wären, um den Baum darzustellen. Wie wäre es damit, den Spielern die Möglichkeit zu geben, Schnitte des Baums anzufertigen, um ihn zu untersuchen? In diesem Fall müssten wir das Innere des Baums modellieren, was dem Hinzufügen einer weiteren Dimension gleichkäme. Dadurch erhöht sich die Dateigröße des Baummodells sprunghaft auf 90 Gigabyte, was auch beim aktuellsten Stand der Technik nicht zu bewältigen wäre. Zweckdienliche Algorithmen wie die dynamische Auflösung (die Auflösung wird nur dann erhöht, wenn man hineinzoomt) und dynamisches Laden (das Innenleben des Baums wird nur bei Bedarf geladen, das heißt, wenn der Baum tatsächlich angeschnitten wird) könnten dabei helfen, die Leistungsfähigkeit des Spiels zu optimieren. In einem MMORPG müssen die Entwickler zuerst die Module einbauen, welche die Auflösung des Baums erhöhen und das Innenleben darstellen, bevor sie den Spielern Werkzeuge anbieten, mit deren Hilfe sie zoomen und Bäume fällen können. Dann steht es den Spielern offen, die Lupen und die Kettensägen, die zufällig in der Gegend herumliegen, zu entdecken und sie werden von der veränderten Auflösung überhaupt nichts merken.

Die Forscher Jahn und Dunne (siehe Kapitel 2) vom Princeton PEAR Laboratorium vermuten, dass Physiker die Existenz bestimmter subatomarer Teilchen bewusst herbeiführen können. In den 1980er Jahren entdeckte Teilchen, die sogenannten Anomalonen, weisen unter verschiedenen experimentellen Bedingungen unterschiedliche Eigenschaften auf. Es gibt natürlich zahlreiche Fälle, in denen theoretische Vorhersagen viele Jahre später durch experimentelle Belege bestätigt werden, aber so etwas darf man sich von guten theoretischen Physikern auch erwarten. Manchmal jedoch scheint es, als ob das wissenschaftliche Massenbewusstsein seine eigene Wirklichkeit erschaffe. Michael Talbot erzählt in seinem Buch „Das holographische Universum", wie Wolfgang Pauli die Entdeckung von Neutrinos vorhersagte, um eine bestimmte physikalische Anomalie aufzulösen. 27 Jahre später wurde das Neutrino dann tatsächlich entdeckt. In der Folge begannen einige Wissenschaftler damit, vorherzusagen, dass Neutrinos eine Masse haben könnten, um eine weitere physikalische Anomalie aufzulösen. Und siehe da, im Jahr 1980 gibt es erste Anzeichen dafür, dass diese Elementarteilchen tatsächlich eine Masse besitzen, allerdings nur in sowjetischen Laboratorien, nicht in den USA. Es hat den Anschein, als ob verschiedene Eigenschaften von Teilchen auf „wechselnden Erwartungen und unterschiedlichen kulturellen Voraussetzungen der Physiker, die sie erforschten, beruhen".[4] Wenn man einmal auf die Möglichkeit eines solchen Konzepts aufmerksam geworden ist, stößt man überall auf Hinweise – in der Quantenphysik, Medizin und Kosmologie.

Bemerken Sie die frappierende Ähnlichkeit zwischen diesen Ideen und den dynamischen Algorithmen aus unserem hypothetischen VR-Computerspiel, die es den Spielern gerade noch rechtzeitig ermöglichen, Schnitte des Baums anzufertigen und hineinzuzoomen?

Und was ist mit der Zeit? Rufen Sie sich unsere Diskussion über die Zeit in Kapitel 2 in Erinnerung. Ich habe dort behauptet, dass Julian Barbour Recht hat und dass es keine Zeit gibt. Aber nicht aufgrund der Schleifenquantengravitation. Vielmehr deshalb, weil wir in einem programmierten Universum leben. Und hier ist meine Begründung:

In einem Computerspiel gibt es keine kontinuierliche Zeit. Zwei Phänomene sind für den Anschein von Bewegung und Entwicklung verantwortlich: Das erste ist die Fähigkeit unseres Bewusstseins, Sequenzen von Bildern in ein Bewegungskonzept umzuwandeln. Der andere Faktor ist die Abfolge der Spielszenen unter dem Aspekt der Abarbeitung von Befehlszyklen. Seit dem Jahr 2006 sind moderne Computer auf ungefähr 3 Gigahertz getaktet. Das heißt aber nicht, dass drei Milliarden Instruktionen pro Sekunde verarbeitet werden. In Wirklichkeit sind es ein bisschen mehr – 3,6-Gigahertz-Pentium-Prozessoren führen ungefähr sieben Milliarden Befehle pro Sekunde aus. Die Intervalle zwischen jeder Instruktion sind im Grund ein Zustand des Spiels. Während dieser Intervalle kann nichts passieren. Der wissenschaftlichen Lehrmeinung zufolge, die auf der Quantenmechanik beruht, funktioniert die Zeit auf genau dieselbe Weise. Der einzige Unterschied ist, dass die Wirklichkeit statt mit sieben Milliarden mit 10^{43} verschiedenen Zuständen pro Sekunde arbeitet. Mit anderen Worten – es ist nur eine Sache der Größenordnung!

Die Indizien – Zeitleiste und Simulation

Nick Bostrom, Direktor des Future of Humanity Institute an der philosophischen Fakultät der University of Oxford, stellt in seinem Artikel „Leben wir in einer Computersimulation?" die folgende Frage: „Wenn es eine reelle Chance gäbe, dass unsere Zivilisation jemals ins posthumane Zeitalter übergehen und viele Vorfahren-Simulationen ausführen könnte, warum sollten Sie dann nicht in einer solchen Simulation leben?" Unter „posthuman" versteht er ein evolutionäres Stadium, in dem die Menschen die meisten Technologien beherrschen, die mit den Gesetzen der Physik im Einklang stehen.
Er behauptet, dass

„wenigstens eine der folgenden Aussagen wahr sein muss:

- Es ist sehr wahrscheinlich, dass der Mensch ausstirbt, bevor er das posthumane Stadium erreicht;

- Es ist extrem unwahrscheinlich, dass irgendeine posthumane Zivilisation eine größere Anzahl Simulationen ihrer evolutionären Geschichte laufen lässt (oder Abwandlungen davon);
- Wir leben mit an Sicherheit grenzender Wahrscheinlichkeit in einer Computersimulation.

Daraus folgt, dass es falsch sein muss, an eine hohe Wahrscheinlichkeit zu glauben, dass wir eines Tages in ein posthumanes Zeitalter übergehen werden, in dem Vorfahren-Simulationen ausgeführt werden – es sei denn, wir leben bereits in einer Simulation."[5]

Die erste Aussage ist mit der Frage verknüpft, wann es möglich sein wird, eine Realität mittels einer Computersimulation zu generieren, die unseren Beobachtungen entspricht. Im Abschnitt über die quantenmechanischen Argumente haben wir bereits erwähnt, dass wir bis zum Jahr 2020 wahrscheinlich dazu in der Lage sein werden.

Angesichts unserer bisherigen Geschichte des technischen Fortschritts ist es sicherlich nicht sehr wahrscheinlich, dass Menschen jemals eine faszinierende und technisch umsetzbare Forschungsrichtung nicht weiterverfolgen. Denken Sie nur an die Atombombe, das Klonen, Genmanipulation, künstliche Intelligenz und Nanotechnologie, um nur einige zu nennen. Niemand kann ernsthaft daran glauben, dass man darauf verzichten wird, im Bereich der virtuellen Realität weiterhin bis an die Grenzen des Möglichen zu gehen – besonders dann, wenn man die Starthilfe berücksichtigt, die diese Technologie bereits von der Spieleindustrie erhalten hat. Deshalb ist Bostroms zweite Aussage über das posthumane Zeitalter sehr unwahrscheinlich, sodass nur die erste und dritte Möglichkeit übrigbleiben. Im Wesentlichen heißt das, dass ...

... wir momentan nicht in einer simulierten Wirklichkeit leben und das posthumane Zeitalter niemals erreichen werden oder dass wir uns bereits mitten in dieser Phase befinden und längst in einer Simulation leben.

Können wir irgendwie herausfinden, welche der beiden Alternativen wahrscheinlicher ist? Möglicherweise indem wir das folgende Zeitleisten-Argument ins Treffen führen (siehe Abbildung 7-1, in der oben ein Zeitraum von 100.000 Jahren dargestellt ist und unten eine aufgefaltete Ansicht der nächsten 600 Jahre).

Abbildung 7-1

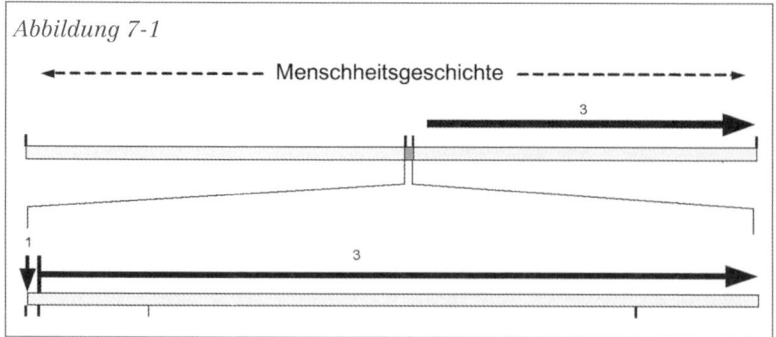

Wir wollen von einer 100.000 Jahre währenden Phase der menschlichen Evolution ausgehen (das ist in mancher Hinsicht, wie ich zugeben muss, willkürlich gewählt – die Lehrmeinung setzt die Entwicklung von Protomenschen vor sieben Millionen Jahren an, das Aufkommen des abstrakten Denkens vor 50.000 Jahren[6], die ersten Hochkulturen vor 6.000 Jahren), wobei wir jeweils 50.000 vergangene und zukünftige Jahre berücksichtigen. Die posthumane Phase nach Nick Bostrom ist in der Zeitleiste durch die Ziffer 3 gekennzeichnet und erstreckt sich von 2020 bis zum Jahr 50.000. Unsere Realität des Jahres 2015 ist durch die Ziffer 1 auf der ausgedehnten Zeitleiste kenntlich gemacht. Weiter oben haben wir uns darauf festgelegt, dass wir uns wahrscheinlich entweder in Abschnitt 1 (in der wahren Wirklichkeit) oder in Abschnitt 3 (wir leben in einer Simulation, die im posthumanen Zeitalter gestartet wurde) der Zeitleiste befinden und dass es keinerlei Möglichkeit gibt, den Unterschied festzustellen. Ein Blick auf das Diagramm genügt, und uns wird klar, dass es wahrscheinlicher ist, dass wir uns in der langen und ausgedehnten Phase 3 befinden und nicht in der flüchtigen Phase 1. Wir könnten uns der Wahrscheinlichkeit statistisch nähern und die Chancen abwägen, indem wir einen Dartpfeil auf den Zeitstreifen werfen und uns auf diese Weise zufällig einen Zeitpunkt herausgreifen. Dabei berücksichtigen wir natürlich die Zeit vor dem Jahr 2015 nicht, weil wir ganz sicher wissen, dass wir nicht in dieser Phase leben. Die Wahrscheinlichkeit, dass der Pfeil in unserer aktuellen Phase (2015 – 2020) landet, beläuft sich auf 0,01 Prozent. Die Wahrscheinlichkeit, dass der Pfeil im posthumanen Zeitalter (2020 – 50.000) auftrifft, beträgt 99,99 Prozent. Demnach leben wir mit ziemlicher Sicherheit in einer Simulation. Von den scharfsinnigen

Kapitel 7

Lesern kommt jetzt wahrscheinlich der Einwand, dass die Ergebnisse auf die willkürlich gewählte Zeitspanne zurückzuführen sind. Die Auswahl beruht auf der Annahme, dass wir uns in der Mitte der evolutionären Epoche befinden, die – gemäß der wissenschaftlichen Lehrmeinung – mit der Entstehung des abstrakten Denkvermögens vor 50.000 Jahren begann. Man könnte einwenden, dass die Zeitleiste auf jeden Fall an dem Punkt enden sollte, an dem unsere Zivilisation aller Voraussicht nach zu existieren aufhören wird. Was die Pessimisten angeht, so würde dieses Ereignis eher früher als später eintreten, da sie glauben, dass wir den zivilisatorischen Typ-1-Status niemals erreichen werden. Nach dem Maya-Kalender wäre es schon 2012 so weit gewesen. Nun gut, 2020, wenn wir eine künstliche Intelligenz hervorbringen, die uns postwendend austrickst (ein „Terminator"-Szenario). 2029, wenn der Asteroid 2004 MN4 die Erde passieren wird. 2060, wenn man dem Argument der technologischen Singularität folgt. 2191, wenn es uns entsprechend dem Moore'schen Gesetz möglich sein sollte, die Planck-Energie nutzbar zu machen. Die Pessimisten haben die Qual der Wahl. Aber auch dann, wenn wir den Durchschnitt der gängigen Szenarien berücksichtigen, die das Ende aller Tage beinhalten, haben wir eine Chance von 50 Prozent, dass wir uns genau in diesem Moment in einer Simulation befinden. Wenn Sie jedoch zu den Optimisten zählen und annehmen, dass wir dazu imstande sind, den Übergang zum Typ-1-Status zu schaffen, sodass die Zeichen für die Menschheit gut stehen, noch einige Millionen Jahre weiter zu existieren, dann käme die Wahrscheinlichkeit, dass unsere Wirklichkeit simuliert ist, den 100 Prozent sehr nahe.

Der Zusammenhang mit einer programmierten Realität liegt auf der Hand. Falls wir in einer Simulation leben, dann leben wir per definitionem in einer programmierten Realität. Wir dürfen jedoch nicht vergessen, dass es umgekehrt möglich ist, dass wir in einer programmierten Realität leben, die nicht gleichzeitig eine Simulation ist. In Kapitel 8 gehen wir dieser Möglichkeit nach.

Die Indizien – Das fein abgestimmte Universum

Wir blicken auf einige Beispiele für die perfekte Abstimmung in unserem Universum zurück:

- Die Naturkonstanten heben die Vakuumenergie (fast) zur Gänze mit einer erstaunlichen Genauigkeit von 1 zu 10^{115} auf.

- Eine Abweichung in der Expansionsrate des frühen Universums von einem Milliardstel in beide Richtungen hätte entweder zu einem sofortigen Kollaps des Universums oder zu einer so raschen Ausdehnung geführt, dass sich niemals Sterne hätten bilden können.

- Ein kleiner Unterschied im Verhältnis der elektrischen Feldstärke zur Gravitationsfeldstärke hätte die Bildung von Molekülen unterbunden.

- Wenn das Verhältnis der Protonen- zur Elektronenmasse nicht genau den tatsächlichen Verhältnissen entsprechen würde, könnten keinerlei chemische Reaktionen ablaufen, sodass Leben nicht möglich wäre.

- Würde sich das Ausmaß der starken Wechselwirkung auch nur um +/- 2 Prozent unterscheiden, dann bestünde unser Universum entweder zur Gänze aus Wasserstoff oder das Element mit der Ordnungszahl 1 wäre so selten, dass sich niemals Sterne gebildet hätten.

- Die Anzahl der Elektronen im Universum muss mit einer Genauigkeit von 1 zu 10^{37} der Anzahl der Protonen entsprechen, damit sich die Schwerkraft entfalten kann.

- Ein feiner Unterschied im Verhältnis der Anzahl der Photonen im Universum zur Anzahl der Baryonen würde verhindern, dass Sterne gebildet werden.

- Eine geringfügige Abweichung im Wert der Kopplungskonstante der elektromagnetischen Wechselwirkung würde die Bildung von Molekülen verhindern.

Ein Universum, das so fein abgestimmt ist, dass Materie entstehen kann und Leben möglich ist; ein Planet, auf dem alles so gut koordiniert ist, dass sich Leben tatsächlich entwickelt; dass wir einen Platz in der Geschichte ergattern, der besser nicht sein könnte, um über all die Fragen, die unsere Zukunft betreffen, nachzudenken – all das kann leicht mithilfe eines Programms umgesetzt werden, aber es ist extrem unwahrscheinlich, dass es zufällig passiert. Erinnern wir uns an die beiden konkurrierenden Theorien: das Anthropische Prinzip und die Flexi-Laws. Lässt sich Ockhams Rasiermesser hier nicht wunderbar zum Einsatz bringen? Welche Theorie ist wahrscheinlicher?

- Dass Myriaden über Myriaden Universen im Sekundentakt entstehen, sodass alle nur erdenklichen Konfigurationen nebeneinander vorhanden sind, um den Anforderungen des Anthropischen Prinzips zu genügen?

- Dass wir nach 13 Milliarden Jahren der Unschärfe die Fähigkeit erworben haben, die Vergangenheit in Hinblick auf die gegenwärtigen physikalischen und chemischen Gesetze zu beeinflussen, wobei wir vom Konzept der Flexi-Laws Gebrauch machen?

- Oder dass das Universum planvoll konstruiert wurde, indem eine Technik zum Einsatz kam, die uns noch in diesem Jahrhundert zur Verfügung stehen sollte?

Wenn wir berücksichtigen, dass ein Jahrhundert ein unglaublich kurzer Zeitraum ist angesichts der Äonen der kosmischen Evolution, dann erscheint es plausibel – nein, vielmehr ziemlich sicher – dass dieser Schritt bereits vollzogen wurde. Wenn ich Wetten etwas abgewinnen könnte, dann würde ich all mein Geld auf Intelligent Design setzen. Womit nur noch vier kurze Fragen beantwortet werden müssen: Wer? Wann? Warum? Wie?

Die Indizien – Anomalien in neuem Lichte

Nehmen Sie bitte zur Kenntnis, dass die im folgenden Abschnitt angeführten Beispiele für mögliche Erklärungen der verschiedenen Anomalien kein Beweis dafür sind, dass das Universum programmiert ist. Dennoch handelt es sich um überzeugende Indizien. Je mehr Anomalien mithilfe der Theorie von der programmierten Realität erklärt werden können, umso schwieriger wird es, sie zu ignorieren.

Die Truman Show

In Kapitel 6 habe ich gezeigt, wie ungewöhnlich es ist, dass im Leben immer ein ausgleichender Effekt in Erscheinung tritt. Gäbe es eine Möglichkeit, meine subjektiven Beobachtungen zu objektivieren, und bliebe das wahrgenommene Muster dabei erhalten, dann hätten wir keine andere Wahl als darauf zu schließen, dass das Leben nicht auf Zufall beruht, sondern vielmehr auf die eine oder andere Weise geplant ist. Dass alles programmiert ist, wäre die perfekte Erklärung. Und tatsächlich sind in zahlreichen Software-Systemen stabilisierende Funktionen – das sogenannte negative Feedback – eingebaut. Dadurch wird unter anderem sichergestellt, dass die Temperatur im gewünschten Bereich bleibt (Thermostat), dass ein Verstärker nicht zu schwingen beginnt, dass eine Rakete nicht vom Kurs abweicht usw. Es wäre eine ziemlich einfache Sache, dieses Prinzip auf ein Programm anzuwenden, das die Realität hervorbringt. Darüber hinaus wäre es einfach, all die absonderlichen Begebenheiten, die dazu führen, dass man sich wie Truman fühlt, dadurch zu erklären, dass in unserem „Reality Program" Einfluss genommen wird, um ein Muster im Leben eines jeden Charakters hervorzurufen. Soll Truman von dem Gefühl heimgesucht werden, dass Reisen die unangenehmste Sache der Welt sei? Dann muss die Relevanz der `erzeugeReiseangst`-Funktion in Trumans Konfigurationsdatei erhöht werden. Die untergeordneten Funktionen stellen sicher, dass Backchannel-Prozesse Ängste in sein Gehirn einpflanzen und dass sich Vorfälle ereignen, die seine Reiselust weiter einschränken.

Koinzidenzen

Wenn wir davon ausgehen, dass Synchronizitäten ein reales Phänomen sind und nicht darauf beruhen, dass sie aus statistischen Gründen notwendigerweise von Zeit zu Zeit auftreten, worum zum Kuckuck handelt es sich dann dabei?

Laurence Boldt vertritt in seinem Buch „Tao of Abundance" die Ansicht, dass „bedeutsame Zufälle eigentlich keine Zufälle sind, sondern ein spontanes Offenbarwerden einer zugrunde liegenden Vernetzung aller Dinge im Universum". Für Deepak Chopra sind „Koinzidenzen keine Zufälle, sondern Zeichen aus dem Universum, die uns unserem wahren Schicksal entgegenführen können".[7] Einmal mehr fühlen wir uns wie Charaktere in einem Computerspiel. Koinzidenzen können auf jeden Fall programmiert werden. Und wenn die Programmierer versuchen, mit den Spielern zu kommunizieren, so muss das auf eine außerordentlich subtile Art und Weise vor sich gehen, um zu vermeiden, dass Verdacht aufkeimt und die ganze Sache dadurch aufs Spiel gesetzt wird. Es würde das Vergnügen eines MMORPG-Abenteuers gewiss schmälern, wenn ein Spieler in den Genuss einer Nachricht käme wie „Hallo, du Glückspilz, nimm den Felsen neben dem Schlachthof genauer unter die Lupe, falls du an dem Schlüssel für die Schatztruhe interessiert bist". Besser wäre es, den Schlüssel unter einem Felsen zu verstecken, der *zufällig* genauso merkwürdig aussieht wie der Felsen, der sich neben der Schatztruhe befindet. Genauso wenig werden Sie im Traum eine Stimme hören, die verlautbart: „Hallo, du Schwerenöter, du solltest dich mit Ramona Lapinski aus deinem Biologiekurs verabreden." Stattdessen werden Sie eher im Pausenhof mit ihr zusammenstoßen, wobei eine CD aus Ramonas Rucksack fallen wird, bei der es sich *zufällig* um Ihre Lieblings-CD handelt.

Beschleunigung

Vieles deutet darauf hin, dass die Beschleunigung irgendwann außer Kontrolle geraten wird, nicht wahr? Es gibt genau drei Möglichkeiten. Eine davon besteht darin, dass ein bis dahin unerwarteter Effekt in Erscheinung tritt und die Beschleunigung umkehrt, alle Prognosen der Zukunftsforscher Lügen straft und unserem gesunden Menschenverstand trotzt. Das klingt recht unwahrscheinlich, widerspricht jedoch nicht der Theorie der programmierten Realität. Denken Sie daran, wie in manchen phantasievollen Büchern, Kinofilmen und Fernsehshows ein Weg gefunden wird, den Protagonisten in eine offensichtlich nicht zu bewältigende Situation zu versetzen, um genau dann, wenn der Leser oder Zuseher sich denkt „das war's dann", einen wundersamen Ausweg (der aber konsistent mit den Naturgesetzen ist) herbeizuzaubern. Möglichkeit zwei: Wir entwickeln uns zu einer Silizium-basierten Entität, die ihre Intelligenz im ganzen Universum versprüht. Und wir sind die ersten, die das machen werden.

Die Vorreiter in einem Universum mit Billionen Sonnensystemen? Auch das ist sehr unwahrscheinlich. Möglichkeit drei: Das Programm endet einfach irgendwann in der Zukunft, wir setzen alles zurück und fangen noch einmal von vorn an. Dann ist es kein Zufall, dass wir im Zeitalter der allgegenwärtigen Beschleunigung leben – einfach deswegen, weil sie eingeplant ist. Genau das ist es, was das Spiel so interessant macht.

Kleine grüne Männchen

„Menschen sind nichts als Bauern im Schachspiel außerirdischer Intelligenzen, die jede unserer Regungen kontrollieren."

– Dr. Fred Hoyle, berühmter Astrophysiker

Wie wir bereits in Kapitel 6 besprochen haben, sind die beiden einzigen vernünftigen Erklärungen für die Millionen und Abermillionen Berichte von UFO-Sichtungen und Entführungen:

- Eine fortgeschrittene Intelligenz durchwaltet das Universum, überwacht uns und spielt entweder mit uns, indem sie sich selbst in einer leicht futuristisch anmutenden Art und Weise präsentiert oder fördert unsere Entwicklung.

- Es handelt sich um ein massenkulturelles Phänomen, das mit dem kollektiven Bewusstsein in Zusammenhang steht.

Die Theorie von der programmierten Realität kombiniert beide Erklärungen in leicht abgewandelter Form und passt perfekt zu allen Beobachtungen. Die hochentwickelte Intelligenz könnte in Wirklichkeit unseren Programmierern entsprechen, die uns in dem Spiel hegen und pflegen. Wir besitzen alle ein kollektives Bewusstsein für das Phänomen, weil es in unsere Wirklichkeit einprogrammiert ist. Ein Prozess, bei dem Ereignisse durch einen Zufallsgenerator erzeugt werden, garantiert, dass das Phänomen nicht so weitverbreitet ist, dass es sich jemals über einen gewissen Kultstatus hinausentwickeln kann. Bei einer bestimmten Sichtung haben nur einige wenige die Möglichkeit, dabei zu sein. Es ist sicherlich einfach, eine Anomalie zu programmieren, die unsere vorherrschenden Erwartungen in Bezug auf den bemannten Raumflug und die bekannten Gesetze der Physik zu verletzen scheint. Beispielsweise kann man in einem Programm mühelos Gegenstände in einem Moment erscheinen und im nächsten Moment wieder verschwinden lassen, wohingegen außerhalb dieses Programms allerlei physikalische Kunstgriffe notwendig sind (Paralleluniversen, multiple Dimensionen, etc.).

Kryptozoologie

Dasselbe Argument, das wir in Zusammenhang mit UFOs genannt haben, lässt sich auch problemlos auf Begegnungen mit unerklärlichen Geschöpfen anwenden. Wie einfach ist es doch, eine ungewöhnliche Kreatur in einem Programm zu erzeugen und sicherzustellen, dass nur sehr wenige Menschen sie jemals zu Gesicht bekommen, sowie sie schließlich wieder verschwinden zu lassen, bevor ihr die Jäger allzu nahe kommen.

Evolution oder Degeneration

Rufen sie sich die drei Theorien, welche die Entstehung des Lebens erklären, in Erinnerung – Intelligent Design, Evolution und eine Kombination der beiden Möglichkeiten unter dem Motto „ziehen wir das Uhrwerk auf und lassen wir es ablaufen". Alle drei Szenarien könnten problemlos programmiert werden. Am einfachsten wäre vielleicht die klassische Version der Kreationisten, wobei im Programm bloß die Umwelt und die Regeln für die Interaktionen, denen die menschlichen Avatare folgen sollen, erzeugt werden müssten. Evolution in ihrer reinen Form würde ein wenig mehr Planung notwendig machen, die Entstehung von Materie und eine Palette an fein abgestimmten physikalischen Gesetzen, die unweigerlich zur Biogenese und Artenvielfalt führen. Die Kombinationstheorie beinhaltet selbstverständlich eine Mischung aus den beiden Programmierungsmodellen. Der Konflikt zwischen Evolutionisten und Kreationisten, dessen Zeuge wir heute sind, resultiert daraus, dass die Welt so ausgewogen konzipiert ist, dass ausreichende Belege fehlen, um eine der beiden Positionen zu beweisen.

Warum ist es schwierig, einen unmittelbaren Vorfahren des Menschen zu finden? Weil wir uns nicht aus einer anderen Art entwickelt haben. Unser Erscheinungsbild wurde in dem Programm erzeugt –

unserem nächsten Primatenverwandten so beliebig ähnlich, wie es den Programmierern gerade passte.

In dem Modell der programmierten Realität sind die Anomalien, die wir OOPArt nennen, nichts anderes als bewusst platzierte Gegenstände. Wie wir noch sehen werden, setzte das Programm einige Zeit nach der prähistorischen Epoche ein und hinterließ faszinierende Spuren einer ungewöhnlichen Vergangenheit, über deren Interpretation Wissenschaftler, Theologen und Philosophen streiten können. Tatsächlich sind es genau diese Artefakte, die Menschen zum Denken anregen und dazu, sich wissenschaftlich und philosophisch zu betätigen, was ein bedeutender Aspekt des Programms sein dürfte. Was sonst könnte das Spiel so aufregend machen?

EGGs und Psi

Erinnern Sie sich noch an die Gemeinsamkeiten zwischen der Akasha-Chronik und dem holographischen Paradigma, die wir in Kapitel 2 angesprochen haben? Beide Theorien sind gleichwertig und liefern ausgezeichnete Erklärungen für paranormale Ereignisse. Ein Medium nimmt Kontakt zu Menschen auf, die nicht mehr leben, indem es die Akasha-Chronik anzapft. Telepathie ist möglich, weil die Gedanken von beiden Beteiligten in das holographische Gewebe eingeprägt sind und jemand nur darin lesen muss, um zu erfahren, was ein anderer denkt. Menschen, die Fernwahrnehmung ausüben, sind deshalb dazu fähig, weil sie in der Akasha-Chronik lesen können, in der sich eine Beschreibung aller Ereignisse findet. Ein präkognitiv veranlagtes Medium spürt das Eintreten einer zukünftigen Begebenheit, weil sie im Hologramm aufgezeichnet ist. Yoda konnte Störungen in der Macht fühlen, weil „die Macht" bloß eine andere Bezeichnung für das holographische Gewebe des Raums ist. Menschen können ihre eigene Wirklichkeit erschaffen, indem sie die Chronik verändern und die Veränderung dann ausleben. Die logische Grundlage dafür, warum die Akasha-Chronik, die Macht oder das holographische Gewebe der Wirklichkeit all diese paranormalen Ereignisse erklären können, lässt nichts zu wünschen übrig, obwohl ich zugeben muss, dass der Mechanismus noch nicht aufgeklärt ist. Beziehen sich diese Erläuterungen auf ein und denselben Gegenstand? Falls ja, worum handelt es sich dabei? Ervin László hat vielleicht den besten Versuch unternommen, um die Akasha-Chronik wissenschaftlich zu erklären:

Betrachten Sie die Eigenschaften der Supraleitfähigkeit und Suprafluidität. Über erstere verfügen Materialien, die dem elektrischen Strom bei extrem niedrigen Temperaturen nicht den geringsten Widerstand entgegensetzen. Bei solchen Temperaturen ist eine unendliche Menge Stromdurchfluss praktische ohne Spannung möglich. Suprafluidität ist das Analogon in der Strömungslehre. Die Flüssigkeit verhält sich insofern analog zum elektrischen Strom als die Durchflussrate umgekehrt proportional zum Widerstand des Mediums ist, durch das die Flüssigkeit strömt. Wiederum gilt, dass bei extrem niedrigen Temperaturen und praktisch ohne Energieeinsatz ein unendliches Strömen möglich ist. Der Widerstand ist es, der dazu führt, dass sich alles verlangsamt, elektrischer Strom beispielsweise, Gegenstände in Bewegung oder dahinströmende Flüssigkeiten. Da die Temperatur im Vakuum niedrig genug ist und Energie widerstandsfrei fließen kann, würde sich ein Energiemuster im Vakuum theoretisch unendlich lang fortsetzen, ohne jemals gedämpft zu werden. Lászlós Vorstellung ist, dass alle Ereignisse Eindrücke im Vakuum hinterlassen und dadurch Interferenzmuster bilden, die niemals wieder verschwinden. Paranormale Fähigkeiten bestehen einfach darin, die Informationen anzuzapfen, die in diesen Eindrücken aufgezeichnet sind.

In Anbetracht dessen, dass bisher noch niemand sie messen konnte, scheint es jedoch, als ob solche Muster unendlich winzig seien. Bei Millionen von Ereignissen, deren Muster einander in jedem Augenblick überlagern, ist womöglich ein unglaublich empfindliches und selektives System notwendig, um bestimmte Muster verfügbar zu machen und dabei alles andere zu ignorieren. Allerdings ist das haargenau die Funktionsweise eines Radios. Der Raum ist erfüllt mit Millionen von Signalen, die unter anderem von Radiosendern, Amateurfunkern, Handys, vom Polizeifunk, Satellitensignalen, Funkrufempfängern, vom Seefunk und Richtfunk stammen. Radios müssen unglaublich empfindlich sein, um ein bestimmtes Signal aus dem Rauschen herauszufiltern. Was hält uns davon ab, eine Analogie in der Fähigkeit von Lebewesen zu sehen, die Informationen aus den Mustern, die im Quantenvakuum gespeichert sind, anzuzapfen? Es handelt sich dabei sicherlich um eine interessante Möglichkeit, obwohl das Konzept einige Fragen aufwirft. Zunächst: Wie kann Präkognition dadurch erklärt werden? Man sollte meinen, dass Ereignisse, die noch gar nicht eingetreten sind, unmöglich in der Akasha-Chronik verzeichnet sein können. Allerdings ist es – denken wir nur an unsere Diskussion über die Beschaffenheit der Zeit – möglich, dass die Zeit nicht wie ein Bächlein dahinplätschert. Vielmehr könnten sich alle Vorfälle bereits ereignet haben, sodass wir bloß eine Aufeinanderfolge von Zuständen nachempfinden, die schon im Vakuum eingeprägt sind. Alles gut und schön, aber wie werden Sensitivität und Selektivität gewährleistet? Unser Bewusstsein müsste dazu fähig sein, ein bestimmtes Ereignis aus der Gesamtheit aller aufgezeichneten Ereignisse herauszufiltern, die in der Vergangenheit, Gegenwart und Zukunft geschehen sind, sich gerade ereignen oder eintreten werden. Wenn wir das mysteriöse Phänomen der Déjà-vu-Erlebnisse als Maßstab nehmen, können wir ein Ereignis als einen Zustand definieren, der in unserer unmittelbaren Umgebung eintritt (vielleicht zehn Quadratmeter, wenn wir der Bequemlichkeit halber eine dritte Dimension außer Acht lassen, weil sich nicht allzu viel Erinnernswertes über uns abspielt) und, sagen wir einmal, fünf Sekunden lang dauert. Dann laufen auf der Erde, deren Oberfläche ungefähr $5 * 10^{14}$ Quadratmeter hat, $5 * 10^{13}$ Ereignisse gleichzeitig oder $6 * 10^{14}$ Ereignisse pro Minute oder $2,5 * 10^{22}$ Ereignisse in der durchschnittlichen Lebensspanne eines Menschen von 80 Jahren ab. Unser Bewusstsein wäre auf eine Selektivität angewiesen, die wohl weit über das hinausgeht, was man von elektromagnetischen Schaltkreisen erwarten kann, aber nicht notwendigerweise die Kapazitäten einer hinreichend fortgeschrittenen Intelligenz übersteigt.

Aber es gibt noch eine andere Erklärungsmöglichkeit. In der Informationstheorie existiert das Konzept der „Out of Band"-Datenübermittlung. Dabei handelt es sich an und für sich um etwas, das bei jedem Telefongespräch vorkommt. „In Band (im Frequenzbereich)" bezieht sich auf den Kommunikationskanal, über den man spricht: die paar Drähte oder der Informationskanal, der ihre Stimme aufzeichnet und ihre Worte überträgt, wenn Sie mit der Person am anderen Ende der Leitung kommunizieren. In den frühen Tagen der Telekommunikation wurden die Signale für die gewählte Telefonnummer über dieselben Drähte übertragen. Als das Telefonnetz digital wurde, hielt man es aus Gründen der Flexibilität und Skalierbarkeit für praktischer, die Signalübertragungsdaten (Telefonnummer bzw. „Adresse" der angerufenen Person) über ein eigenständiges Netzwerk zu senden. Das wird als „Out of Band"-Datenübertragung bezeichnet. Im Film „Matrix" trugen die Agenten Ohrhörer, durch die sie laufend erfuhren, was in der Matrix vor sich ging. Diese Kommunikation bediente sich eines „Out of Band"-Kanals, da sie nicht über die Standardkommunikationswege der Matrix-Realität gesendet wurde. Ein anderes Beispiel findet sich in den MMORPGs. Ihr Charakter kommuniziert hier mit anderen Charakteren, indem Sie das, was sie sagen möchten, in die Tastatur tippen. Die Unterhaltung findet in der Spielwelt statt. Vielleicht wird die Option angeboten, direkt und ausschließlich nur einen einzigen Mitspieler anzusprechen oder es kann sein, dass es jedem gestattet ist, zuzuhören. Stellen Sie sich vor, Sie möchten mit einem Mitspieler sprechen, ohne von einer dritten Person beobachtet zu werden. Wie wäre das möglich? Wenn Sie die Telefonnummer der gesuchten Person hätten, dann könnten Sie ganz einfach bei ihr anrufen. Sie könnten auch eine Email senden, einen Instant Messenger benutzen, sich in einen Chat begeben oder auf jede andere Kommunikationsmöglichkeit außerhalb der Spielwelt zurückgreifen. In diesem Fall kommunizieren Sie „Out of Band".

Möglicherweise können paranormale Ereignisse durch einen solchen Mechanismus vollständig erklärt werden. Wir leben in einer programmierten Realität – aber manchmal können wir einen Schritt aus diesem Programm herausmachen und einen alternativen Kommunikationskanal nutzen, um mit einem Wesen von außerhalb zu kommunizieren oder um uns an andere Orte und Zeiträume zu begeben. Dafür muss keine komplexe Theorie, die ein Quantenvakuum oder die Raumzeit beinhaltet, bemüht werden. Es sind auch keine zusätzlichen Sinne nötig, die überaus sensitiv und selektiv sein müssen. Nehmen wir an, Sie haben die starke Vorahnung, dass sich in naher Zukunft etwas Bestimmtes ereignen wird. Wie kam dieses Gefühl zustande? Möglicherweise haben sie das Programm für einen Moment verlassen, um einen Blick auf die bevorstehende Ereignisfolge zu werfen und dabei eine Begebenheit erwischt, die sich in der Folge als Vorahnung herausstellt. Oder stattdessen (weil das vorhergehende Szenario eine Absicht impliziert) könnte Ihnen auch ein flüchtiger Blick auf den „back channel" gewährt worden sein. Wie wäre das möglich? Ganz einfach, wenn Sie daran denken, wie die programmierte Wirklichkeit funktionieren könnte. Der Zugang zu unserem Bewusstsein wird sowohl durch unsere Sinne als auch durch direkte bzw. „back channel"-Mechanismen gewährleistet. Denken Sie nur an die Fähigkeit eines Hypnotiseurs, Suggestionen in Ihren Geist einzupflanzen. Oder an unterschwellige Werbestrategien. Oder an einen Schwarm unsichtbarer Nanobots, der einen vagen Gedanken in Ihr Gehirn programmiert. Wir können diese Ereignisse nicht bewusst herbeiführen, weil es sich um Fähigkeiten handelt, die wir zum gegenwärtigen Zeitpunkt (noch) nicht besitzen sollten. Uns kann nur ein flüchtiger Blick auf die Möglichkeiten gewährt werden – verführerische Hinweise darauf, dass der „back channel" existiert". Andernfalls würden wir an jedem Wochenende im Lotto gewinnen oder der ganzen Welt vom „back channel" erzählen und dabei das Gleichgewicht der gesamten Menschheit durcheinanderbringen. Nebenbei sei erwähnt, dass es zur Fernwahrnehmung fähige Menschen wie Aaron Donahue gibt, die behaupten, ihre Fähigkeiten genau auf diese Weise nutzen zu können und ihre Familien mit ihren Lotteriegewinnen zu unterstützen. Weiter meinen sie, dass dies „erlaubt" sei, man es damit jedoch „nicht übertreiben" dürfe. All das ist mit Edgar Cayces Readings vereinbar und auch mit den Beispielen über die Kommunikation mit spirituellen Führern, von der anlässlich von Rückführungen in Zusammenhang mit dem Zwischenleben berichtet wird.

Wenn Sie sich an Toms Erlebnis mit dem Hypnotiseur erinnern, auf das wir in Kapitel 4 zu sprechen gekommen sind – wie war es möglich, dass er durch den Körper seiner Tochter hindurchsehen und die Uhrzeit ablesen konnte? Ganz einfach: Das Programm entfernte lediglich seine Tochter aus seinem Gesichtsfeld. Stellen Sie sich eine EverQuest-Szene vor: Es wäre einfach, alles so zu programmieren, dass gewisse Charaktere (oder gewisse Charaktere zu bestimmten Zeiten) manche andere Avatare oder Gegenstände nicht sehen können. Das Spiel kann beispielsweise so programmiert sein, dass Spieler A die ganze Zeit über Werwölfe sehen kann, Spieler B jedoch nur bei Vollmond und Spieler C überhaupt nicht dazu in der Lage wäre. Deshalb wäre Spieler B der Ansicht, Werwölfe würden nur bei Vollmond existieren, und Spieler C würde Werwölfe für eine Erfindung halten – sie würden gewissermaßen durch die Werwölfe hindurchblicken. Existieren Werwölfe? In der Datenbank und in Spieler As Welt auf jeden Fall. In Bs Welt zu gewissen Zeiten, aber in der Welt von C niemals. In der Realität, wie wir sie wahrnehmen, kommt uns dieser Gedanke höchst ungewöhnlich vor, aber er ist mit den Möglichkeiten eines Programms vereinbar.

Quantenmechanik und die Beschaffenheit der Zeit

Auch hier gibt es keinerlei Probleme. Die Anomalien sind bloß Begleiterscheinungen eines Programms, dessen Gesetze sich von denjenigen unserer Realität unterscheiden. Teleportation? Nichts einfacher als das. Entferne den Gegenstand, der sich an Ort A befindet und stelle ihn an Ort B ab. Fernwirkung? Wirklich nicht besonders umständlich. Wie schwierig ist es, zwei Gegenstände in zwei verschiedenen Szenen so zu programmieren, dass sie für alle Zeiten miteinander verschränkt sind? Quantenschaum, sowohl räumlich als auch zeitlich, ist nichts anderes als ein notwendiger Aspekt der diskreten Beschaffenheit der Programmentwicklung und Datenmodellierung. Eine Katze, die halb tot ist und halb lebendig? Nichts anderes als eine Datenmenge von einem Bit, das auf einer Festplatte gespeichert ist. Bis zu dem Zeitpunkt, an dem sie jemand beobachtet, ist es unmöglich zu sagen, ob sie als eine 1 oder eine 0 gespeichert war. Und wie sieht das Ganze aus der Perspektive der Katze aus? Wenn wir annehmen, dass die Rolle der Katze von einem Wesen mit einem freien Willen gespielt wird, dann wird sich ihr Zustand nach der mithilfe eines Zufallsgenerators erzeugten Entscheidung des Programms richten (der Zufallsgenerator steuert den radioaktiven Zerfall).Wir sind keinesfalls auf diese haarsträubenden kollabierenden Wellenfunktionen angewiesen.

Der hundertste Affe

Dabei handelt es sich um ein weiteres Beispiel für eine „back channel"-Kommunikation. Möglicherweise sorgt die Programmlogik dafür, dass die übrigen Menschen die Fertigkeit durch den oben skizzierten „back channel"-Mechanismus erlangen, sobald eine ausreichende Anzahl an Personen dazu in der Lage ist, den Zauberwürfel zu lösen.

Schwarzes Gold

Man könnte das Prinzip direkt aus MMORPG Gaming 101 übernehmen. Geben Sie den Spielern eine Möglichkeit, die notwendige Technik zu entwickeln, zu reisen und ihre Umwelt zu verschmutzen. Lassen Sie ihnen Hinweise auf das Öl zukommen, damit sie es finden. Sorgen Sie dafür, dass gerade so viel davon da ist, dass sie das nächsthöhere Level erreichen. Wenn ihnen die Energie ausgeht, bevor sie das geschafft haben (z.B. die sichere Nutzung der Kernenergie), dann lassen Sie zu, dass die Öllager ein bisschen nachgefüllt werden.

Die Indizien – Zusammenfassung

Insgesamt habe ich vier verschiedene Kategorien an Belegen dafür vorgestellt, dass unsere Wirklichkeit programmiert ist.

- Die Existenz deutlicher und von den meisten Physikern bestätigter Hinweise auf die Quantelung der Wirklichkeit kann am besten durch die Theorie der programmierten Wirklichkeit erklärt werden. Ich kann mir keinen anderen Grund für diese Quantisierung denken.

- Das Argument der Zeitleiste ist überzeugend und bietet einen einwandfreien logischen Hinweis auf die hohe Wahrscheinlichkeit, dass wir in einer programmierten Wirklichkeit leben.

- Wenn wir Ockhams Rasiermesser zum Einsatz bringen, dann wird das unglaublich fein abgestimmte Universum am besten durch Intelligent Design erklärt, das wiederum am wahrscheinlichsten auf einem programmierten Modell beruht.

- Die reichhaltige Palette an gut erforschten Anomalien, die uns in so unterschiedlichen Bereichen wie Parapsychologie, Physik, Philosophie, Geologie, Anthropologie und Psychologie gegenübertreten, können in ihrer Gesamtheit EINZIG UND ALLEIN durch die Theorie der programmierten Realität erklärt werden, was ein überzeugender Hinweis darauf ist, dass die Hypothese zutrifft.

Endnoten

1. Briggs, Helen: „Magic number seven for decision making" in *BBC News Online*, 03.09.2001, http://news.bbc.co.uk/1/hi/in_depth/sci_tech/2001/glasgow_2001/1523755.stm
2. „Visual Acuity of the Human Eye", NDT Resource Center, http://www.ndted.org/EducationResources/CommunityCollege/PenetrantTest/Introduction/visualacuity.htm
3. Kurzweil, Ray: „Age of the Spiritual Machine"
4. Talbot M.: „The Holographic Universe"
5. Bostrom, Nick: „Are You Living In a Computer Simulation?" in *Philosophical Quarterly*, 2003, 3 (211): 243-255
6. Rincon, Paul: „Evidence of earliest human burial" in *BBC News*, 26.03.2003, http://news.bbc.co.uk/1/hi/sci/tech/2885663.stm
7. Chopra, Deepak: „Coincidences – Clues from the Universe", http://www.beliefnet.com/story/134/story_13425_1.html

Kapitel 8

Wie erschafft man ein Universum?
(Anleitung für Dummies)

„Am Anfang wurde das Universum erschaffen. Das machte viele Leute sehr wütend und wurde allenthalben als Schritt in die falsche Richtung angesehen."
– Douglas Adams (aus „Das Restaurant am Ende des Universums"

Unsere Wirklichkeit ist also vermutlich programmiert. Wie kam es dazu? In diesem Kapitel werden wir den unterschiedlichsten Möglichkeiten nachgehen.

Simulierte Realität

Ich habe aufgezeigt, dass es nicht nur möglich ist, dass wir in einer Simulation leben – es ist vielmehr wahrscheinlich. Im Kapitel über virtuelle Realität haben wir gesehen, wie leicht es ist, sich von einem Mechanismus täuschen zu lassen, der die zum Gehirn geleiteten Sinnesreize abfängt. Die dafür notwendige Technik ist unkompliziert und wird spielend noch während unserer Lebenszeit zur Verfügung stehen. Die modernsten Virtual-Reality-Computerspiele befinden sich auf dem besten Weg zu einem solchen Szenario. Obwohl es sich hierbei um die naheliegendste Methode handelt, eine Wirklichkeit zu programmieren, muss die Programmierung nicht zwangsläufig computerbasiert sein. Lesen Sie weiter ...

Physikalische Programmierung der Wirklichkeit

Abgesehen von Computersimulationen gibt es noch eine Reihe weiterer Möglichkeiten, eine Wirklichkeit zu programmieren, in der wir leben können ...

Molekulare Assembler

Denken Sie an das Konzept der molekularen Assembler, das Eric Drexler in seinem Buch „Engines of Creation", mit dem die Nanotechnologie begründet wurde, ausführlich beschreibt. Die NASA betrachtet molekulare Assembler als ein lohnenswertes Forschungsgebiet.[1] (Dasselbe Konzept wurde auch unter dem Begriff des „Materie-Compilers" in „The Diamond Age" (dt.: „Diamond Age. Die Grenzwelt") bekannt gemacht, einem von der Nanotechnik handelnden Roman von Neal Stephenson.) Ein molekularer Assembler ist ein Gerät, das alles Mögliche erschaffen kann – Nahrung, Gold, Mobiliar –, indem es Strukturen auf der Nanoebene bildet. Es ist nicht schwer, sich einen molekularen Assembler vorzustellen, der programmiert wurde, um einen Käfig für Labormäuse herzustellen – einschließlich Nahrung, Wasser und Laufrad; im Grunde die vollständige Umgebung der Tiere. Was wäre nötig, um die Umwelt einer Hauskatze hervorzubringen? Einfach nur ein Assembler, der noch leistungsfähiger ist! Und für Menschen? Es scheint nur eine Frage der Größenordnung zu sein, auch wenn bei einem Maßstab, der groß genug ist, um Planeten zu erschaffen, einige gedankliche Schwierigkeiten überwunden werden müssen: Wo würde sich solch ein kosmischer molekularer Assembler befinden? Außerhalb unseres bekannten Universums? Oder existiert er innerhalb, wird aber faktisch von der dunklen Materie verhüllt (vgl. Kapitel 2 , Theorien über den Ursprung des Universums)?

Ein molekularer Assembler muss nicht notwendigerweise wie eine große Maschine aussehen. Es könnte sich um ein über den Kosmos verteiltes System innerhalb der dunklen Materie handeln, das Gebilde aus „normaler Materie" herstellt. Rufen Sie sich die Diskussion über die Gleichgewichtsheorie des Universums in Erinnerung: Möglicherweise ist die dunkle Materie die treibende Kraft hinter der

Entwicklung. Weil Milliarden Jahre für die Erschaffung des Kosmos zur Verfügung stehen, könnte das physikalische Universum in so langsamen Schritten entstehen, dass dies außerhalb unseres zeitlichen Beobachtungshorizonts liegt. Infolgedessen ist es nicht undenkbar, dass wir in einer aus Materie bestehenden Welt leben, die von einem gewaltigen molekularen Assembler erschaffen wurde. Eine auf diese Weise programmierte Wirklichkeit käme ohne Simulation aus.

Utility Fog

In Kapitel 2 wurde das Konzept des Utility Fog (dt.: „nützlicher Nebel") beschrieben, einem elementaren Bestandteil der zukünftigen Welt der Nanotechnologie. Dieser Nebel besteht aus Billionen miteinander kommunizierender Nanobots, die sich beliebig fortbewegen und Licht bzw. Geräusche erzeugen können. Dadurch haben sie das Potenzial, jede virtuelle Realität zu bilden, für die sie programmiert worden sind, ohne dass wir es jemals merken würden. Wie können wir ausschließen, dass der Raum ein Gewebe aus Nanobots ist (oder vielleicht aus Femtobots oder Attobots, die einige Größenordnungen kleiner sind), das von irgendeiner Intelligenz gesteuert wird?

Das Universum im Labor

„Alles deutet darauf hin, dass unser Universum nicht von einem göttlichen Wesen erschaffen wurde, sondern von einem hackenden Physiker."
– Andrei Linde, Professor für Physik an der Stanford University

Falls Andrei Lindes Theorie von der chaotischen Inflation des Universums korrekt ist, braucht es nicht viel, um einen Urknall zu erzeugen; denn schon ein Hunderttausendstel Gramm Materie könnte den Keim für einen „Urknall in vitro" legen. Wenn die Energiefluktuationen aus dem Quantenschaumvakuum einen bestimmten Schwellwert überschreiten, wird sich seiner Theorie zufolge ein Blasenuniversum bilden und eine Phase der Ausdehnung hin zu einem mit Materie und Energie erfüllten Kosmos durchmachen.[2]

Das Vakuum könnte aus der oben erwähnten geringen Materiemenge erzeugt werden, wobei die Zivilisation, die sich daran versucht, nicht einmal besonders weit fortgeschritten sein muss. Während der springende Punkt in Lindes Theorie ist, dass das Universum auf fraktale Weise expandieren könnte, möchte ich betonen, dass die Gesetze der Physik anscheinend niemanden daran hindern, einen Urknall künstlich herzustellen. Um die erwähnte programmierte Realität herbeizuführen, reicht allerdings die Erschaffung eines Kosmos nicht aus; denn das Universum muss auch gesteuert werden und auf den ersten Blick ist es unmöglich, ein sich seit dem Urknall ausdehnendes Universum physikalisch zu kontrollieren bzw. mit Informationen zu versorgen. Dennoch glauben Physiker, dass die Anfangsbedingungen vorgegeben werden können – möglicherweise ist das der Grund für das merkwürdige Inventar höchst unwahrscheinlicher physikalischer Parameter, die genau auf die Entstehung von Leben abgestimmt zu sein scheinen.

Materialisierung

Abbildung 8-1 zeigt eine Art Stufenleiter der Entwicklung paranormaler psychischer Fähigkeiten. Ganz unten ist mit der sogenannten „medialen Empfänglichkeit" eine Kategorie von Phänomenen dargestellt, die Eindrücke umfasst, die der Beobachter passiv erlebt. Dazu zählen Telepathie, Hellsichtigkeit und Vorausahnung. Die betroffenen Menschen berichten in der Regel, dass sie diese Eindrücke spontan und unangekündigt erfahren, was die Überprüfung und Beschreibung extrem erschwert. Dennoch lässt sich, wie in Kapitel 3 erwähnt, ein statistisch signifikanter paranormaler Effekt feststellen, wenn man die Ergebnisse vieler Experimente berücksichtigt. Dies beweist, dass es sich um eine subtile Wirkung handelt, mit der die meisten Menschen regelmäßig Erfahrungen machen. Während die Debatte noch tobt, tendiert die Beweislast hin zur wissenschaftlichen Nachweisbarkeit des Phänomens und natürlich zur allgemeinen Akzeptanz durch die globale Öffentlichkeit. (Anmerkung: Ungeachtet der Tatsache, dass ich in der wissenschaftlichen Vorgehensweise gut ausgebildet bin und mich mit Wahrscheinlichkeiten und Statistiken hervorragend auskenne, besitze ich aus erster Hand Erfahrung mit einigen wenigen paranormalen Eindrücken; manche habe ich an früherer Stelle erwähnt. Sie alle können von der Mainstream-Wissenschaft nicht schlüssig erklärt werden. Deshalb zweifle ich die Existenz der Phänomene, die auf der untersten Stufe dieser Leiter angesiedelt sind, nicht an.) Wenn man anerkennt, dass es solche Erfahrungen gibt, dann sollte man auch in Betracht ziehen, dass es bei ausreichendem Verständnis und angemessener Übung möglich sein könnte, die Erscheinungen besser zu steuern als es gegenwärtig der Fall ist. Es gibt eine Denktradition, die besagt, dass Tiere und möglicherweise auch prähistorische Menschen umfassendere psychische Fähigkeiten als die heutigen Menschen haben bzw. hatten. Jahrtausende der Sozialisation, die zunehmende Unterstützung durch Hilfsmittel sowie die Schulung im logischen und im wissenschaftlichen Denken haben vielleicht zur Degeneration psychischer Fähigkeiten geführt. Deswegen muss man in Betracht ziehen, dass diese Möglichkeiten in uns schlummern und eines Tages verstanden und gesteuert werden können.

Wenn man die mediale Empfänglichkeit als eine reale Fähigkeit erachtet, die Menschen möglich ist, wäre es denkbar, dass die betreffenden Eindrücke auch in die andere Richtung geschickt bzw. übertragen werden können. Tatsächlich besteht in manchen Fällen keine Klarheit darüber, ob der Eindruck aktiv herbeigeführt wird (das Bewusstsein der Versuchsperson dehnt sich aus und liest aus der Ferne die Gedanken einer anderen Person) oder passiv empfangen wird (das Bewusstsein der anderen Person dehnt sich aus und platziert die Informationen in den Gedanken der Versuchsperson) – beide Varianten werden durch experimentelle Belege unterstützt. In Ermangelung eines besseren Begriffs bezeichne ich diese Kategorie der Effekte als „mediale Beeinflussung". Als Beispiel sei angeführt, dass die Parapsychologen Gertrude Schmeidler und Larry Lewis am City College in New York im Jahr 1971 Experimente durchführten, in denen die Versuchsperson Ingo Swann erfolgreich aus der Ferne die Anzeige der Temperaturfühler in

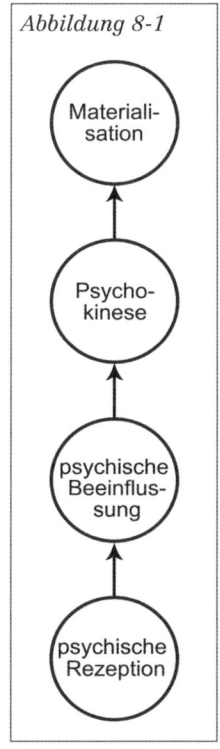

Abbildung 8-1

Thermosflaschen beeinflusste.³ Auch die Handauflegepraxis Reiki, die immer häufiger in Krankenhäusern auf der ganzen Welt als eine wirksame prä- und postoperative Behandlungsmethode eingesetzt wird, passt exakt in diese Kategorie. Und natürlich auch das bemerkenswerte Global Consciousness Project der Princeton University.

Erklimmen wir die nächste Sprosse auf der Leiter: Falls man die Existenz von medialer Empfänglichkeit und medialer Beeinflussung anerkennt, liegt die Vorstellung nicht fern, dass eine Versuchsperson, die das Denken eines anderen Menschen beeinflussen kann, auch in der Lage ist, Einfluss auf die materielle Wirklichkeit zu nehmen. Diese Fähigkeit ist unter dem Begriff der Psychokinese bekannt. Wenn wir davon ausgehen, dass das Bewusstsein nur eine Ansammlung chemischer Bits und Synapsen ist, so folgt daraus, dass mediale Beeinflussung im Grunde Psychokinese ist. Und falls wir glauben, dass das Bewusstsein irgendetwas anderes ist, dann ist der Schritt von der Veränderung mentaler Zustände eines anderen Menschen hin zu der Beeinflussung physikalischer Zustände unbelebter Objekte immer noch sehr gering. Viele Berichte über Phänomene dieser Kategorie beziehen sich auf Erzählungen, anstatt das Resultat streng wissenschaftlicher Studien zu sein. Beispielsweise sollen die Nobelpreisträger Pierre und Marie Curie Experimente durchgeführt haben, an denen ein Medium und psychokinetische Phänomene beteiligt waren. Dem Forscher Michael Cremo zufolge, gelangte Pierre Curie zu der Überzeugung, dass die Phänomene echt gewesen seien.⁴

Jetzt – falls Psychokinese tatsächlich existiert und kontrolliert werden kann – liegt das Glanzstück unter den medialen Effekten direkt vor uns: die Materialisation bzw. spontane Erzeugung physikalischer Stoffe allein durch Gedankenkraft. Laut tausender Augenzeugenberichte soll der umstrittene indische Heilige Sathya Sai Baba Asche, Ringe, Süßwaren, Öle und allerlei andere Gegenstände über viele Jahre hinweg materialisiert haben. Im Westen wurde er von Skeptikern rasch als cleverer Zauberkünstler abgetan, aber es lassen sich auch gebildete Personen finden, die davon überzeugt sind, dass keine Tricksereien im Spiel sind: so zum Beispiel der Psychologe Erlendur Haraldsson von der Universität Island, der die Auftritte des Mannes jahrelang erforschte und seine Ergebnisse im Buch „Modern Miracles: An Investigative Report on These Psychic Phenomena Associated with Sathya Sai Baba"⁵ festhielt. Falls Materialisation tatsächlich als eine echte Fähigkeit oder Kraft existiert, kann man abschließend davon ausgehen, dass es einem ausreichend praxisbewanderten Meister möglich sein müsste, diese Kraft zu kontrollieren und Aspekte der Realität zu erzeugen – zum Beispiel außergewöhnliche Figuren oder Gegenstände. Oder auch den Himmel und die Erde.

Die Programmierung der Wirklichkeit

Ich bin ein Software-Dinosaurier. In früheren Jahren produzierte ich Unmengen an Code für die digitale Signalverarbeitung und veranlasste programmierbare Filter, erstaunliche Dinge zu tun. Ich habe ziemlich krassen Echtzeit-Assemblercode für die Audioverarbeitung und die Erstellung von Compilern geschrieben. Dabei verwendete ich ein breites Sortiment weitgehend veralteter höherer Programmiersprachen wie PL/I, Basic, Fortran und C für elektronische Handelssysteme, automatisierte Chip-Layouterstellung und Netzwerkverwaltung. Aber mittlerweile sind meine C- und Visual-Basic-Kenntnisse eingerostet, bei C++ verhält es sich noch schlimmer und mein Java-, JSP- und Perl-Talent ist eigentlich gar nicht mehr existent. Deswegen werde ich mich nicht in Verlegenheit bringen, indem ich behaupte, ein Software-Entwickler zu sein (und infolgedessen den Zorn der Hacker auf mich zu ziehen, die mich darauf hinweisen, an welchen Stellen ich einen Strichpunkt vergessen habe). Ich denke, wenn man ein paar Programmiersprachen lernt, dreht sich bei der nächsten alles um die Syntax und ich bin davon überzeugt, dass es viel mehr Freude bereitet, anspruchsvollere Systeme aus Komponenten zusammenzustellen, die ein paar kluge Leute schon verfeinert haben. Was ich hier also präsentieren werde, ist ein sogenannter Pseudocode, eine Art Software-Skizze, die frei von hinderlicher Syntax oder Formatierung ist.

Eine basale Form des Realitätsprogramms könnte folgendermaßen aussehen. (**Anmerkung**: Wenn in den nächsten Abschnitten von „Programm" die Rede ist, beziehe ich mich auf das Programm unserer Wirklichkeit und nicht auf irgendeine Computersoftware, wie zum Beispiel ein statistisches Analyse-Tool. In ähnlicher Weise beziehe ich mich mit dem Terminus „Programmierer" auf die Wesen, die unser Universum programmiert haben – und nicht auf die Kerle, die irgendwelche eCommerce-Abrechnungssysteme erschaffen. Folglich können die Programmierer zu Recht als unsere Götter erachtet werden.)

```
DatensatzDerAnfangsbedingungen()
while (Zeit != Zeitenende)
{
gegenwärtigerZustand = liesZustand(ZustandDesUniversums);
Willensmatrix = sammleWille(alleSpieler);
nächsterZustand = berechneNächstenZustand(gegenwärtigerZustand, Willensmatrix);
ZustandDesUniversums = übertrageNächstenZustand(nächsterZustand);
Zeit = Zeit + universellesZeitintervall;
aktualisiere(Zeitenende)
}
```

Im Wesentlichen erschafft dieses Programm das Universum. Dabei geht es von einem Datensatz von Ausgangsbedingungen aus (`DatensatzDerAnfangsbedingungen`) und durchläuft eine Schleife, das heißt, es führt sich selbst fast unbegrenzt oft aus. Bei jedem Schleifendurchgang werden folgende Funktionen ausgeführt:

- `gegenwärtigerZustand = liesZustand(ZustandDesUniversums)`: Die Funktion liest den kompletten Zustand des Universums aus. Auch wenn das offensichtlich eine gewaltige Aufgabe ist, befassen wir uns an dieser Stelle nicht mit Fragen der Größenordnung (rufen Sie sich in Erinnerung, dass sich das Mooresche Gesetz möglicherweise des Problems annehmen wird), sondern der Konzeption. Das heißt, Position, Geschwindigkeit und Richtung jedes einzelnen Gegenstandes bzw. jeder Zelle oder Komponente, die den Gegenstand ausmachen, werden bestimmt. Dasselbe gilt für die konstitutiven Teilchen der Zellen und Komponenten und erstreckt sich bis hin zu den allerkleinsten Bestandteilen von Energie und Materie.

- `Willensmatrix = sammleWille(alleSpieler)`: Die Funktion erfasst die Absicht (den freien Willen) aller Mitspieler, die über einen freien Willen verfügen. Beachten Sie, dass das Universum ohne diesen Schritt nur eine riesige vorprogrammierte Maschine wäre, bei der jedes zukünftige Ereignis ausschließlich vom gegenwärtigen, raumzeitlichen Zustand des Universums abhinge. Mitspieler – also wir – hätten keinerlei Kontrolle, denn uns fehlte die Möglichkeit, von unserem Willen Gebrauch zu machen. Weil ich denke, dass ein derartiges Universum bzw. Programm entsetzlich langweilig und sinnlos wäre, habe ich Schritt 2 eingefügt, der die Absichten aller Mitspieler berücksichtigt, um das nächste zukünftige Ereignis zu berechnen. Wer sind die Mitspieler? Ich, Sie, die meisten der herumlaufenden Menschen, die meisten Pflanzen und Tiere, möglicherweise auch einige Gegenstände, die wir normalerweise für unbelebt halten. Aus Gründen der Flexibilität behalte ich mir die Möglichkeit vor, dass empfindungsfähige Programme ohne freien Willen unser Universum bewohnen (beispielsweise seelenlose Roboter wie Agent Smith aus „Matrix" oder vielleicht etwas Unheimlicheres wie Viren oder dunkle Energie). Auch halte ich die Möglichkeit offen, dass das, was wir als empfindende, unabhängige Wesen mit einem freien Willen ansehen, in Wirklichkeit nur organisierte Systeme aus kleineren Einheiten sind, die keinen freien Willen besitzen (wie die menschlichen Zellen).

- `nächsterZustand = berechneNächstenZustand(gegenwärtigerZustand, Willensmatrix)`: Ausgehend vom detaillierten Wissen über den Zustand des Universums arbeiten wir uns zu makroskopischen Einflüssen wie Kräften oder Feldern empor und berechnen die nahe Zukunft, indem wir zusätzlich die Vielfalt der Absichten derjenigen Mitspieler, die über einen freien Willen verfügen, berücksichtigen. Dies ist offensichtlich der spannendste Punkt – hier werden alle bedeutenden Ereignisse des Weltgeschehens programmiert. Mehr darüber weiter unten.

- `ZustandDesUniversums = übertrageNächstenZustand(nächsterZustand)`: Nun übertragen wir den neu berechneten Zustand auf das gegenwärtige Universum, indem wir einen der Mechanismen verwenden, die in diesem Kapitel bereits an früherer Stelle beschrieben wurden.

- `Zeit = Zeit + universellesZeitintervall`: wir erhöhen die Variable Zeit um das universelle Zeitintervall, das sich in unserem Fall als „Quantenaugenblick" bzw. 10^{-43} Sekunden manifestiert. Aus diesem Grund wird jede Anweisung des Programms 10^{43} Mal pro Sekunde ausgeführt – genauso, wie es von Quantenphysikern vorhergesagt wird. Beachten Sie des Weiteren, dass zwischen jeder Ausführung der Funktion übertrageNächstenZustand() nichts passiert, was die Quantenmechanik ebenfalls prognostiziert hat. Die Illusion eines kontinuierlichen Zeitflusses ist schlicht und einfach darauf zurückzuführen, dass die Wiederholungsrate von übertrageNächstenZustand() die Aufnahmefähigkeit unseres Bewusstseins bei weitem übersteigt.

- aktualisiere(Zeitenende): Nehmen Sie abschließend die Verwendung der Variablen Zeitenende zur Kenntnis. Sie ermöglicht es den Programmierern, die ganze Sache zu beenden. Zeitenende könnte einen im Voraus festgelegten Zeitpunkt beinhalten, beispielsweise den 21. Dezember 2012 um 11:11 GMT+1. Alternativ könnte die Variable dem Programm als eine Anfangsbedingung angehören, die aber der Veränderung unterworfen ist – in Abhängigkeit von den Launen der Programmierer. Dies geht Hand in Hand mit dem Konzept des freien Willens bzw. der Berücksichtigung der Absichten aller Mitspieler. Ohne die Willensmatrix-Variable wäre die ganze Entwicklung so vorhersagbar, dass es keinen Grund gäbe, das Zeitenende jemals zu aktualisieren. Wenn aber die Mitspieler einen freien Willen besitzen (ähnlich wie in allen aktuellen MMORPGs), ist es den Programmierern nicht möglich, Ereignisse vorherzusehen, die das Programm veranlassen könnten, außer Kontrolle zu geraten. In diesem Fall haben sie zwei Möglichkeiten: Die erste Option besteht darin, einige der niederstufigeren APIs zu modifizieren, um sie an die unerwarteten Wendungen anzupassen, welche die Realität eingeschlagen hat. Falls die Programmierer jedoch entsetzt die Hände über dem Kopf zusammenschlagen und zu der Überzeugung gelangt sind, dass die ganze Sache völlig aus dem Ruder gelaufen und der richtige Moment gekommen sei, alles zu beenden, bietet sich ihnen die zweite, viel drastischere und einmalige Option: die Anpassung der Variablen Zeitenende.

Wenden wir uns nun einigen Besonderheiten zu und beschäftigen wir uns damit, wie das alles funktionieren könnte:

Mit der Funktion `DatensatzDerAnfangsbedingungen()` wird das Universum erschaffen. Im nächsten Kapitel werden wir überlegen, wann dies geschehen sein könnte und inwiefern die untergeordneten Funktionen davon abhängen, ob das Universum sehr alt oder eher taufrisch ist. Je nachdem könnten die Anfangsbedingungen aus einigen oder aus all diesen Elementen bestehen:

- alle astronomischen Komponenten: Galaxien, Sterne, Planeten und deren Eigenschaften. Das schließt den Abstand der Erde von Sonne und Mond, die Energiekapazität der Sonne, ihre Rotationsgeschwindigkeit usw. mit ein;

- alle Komponenten, aus denen der Planet, auf dem wir leben, aufgebaut ist: Erdkern, Mantel, Erdkruste, Mineralien, Ozeane, Atmosphäre;

- alle Samen, die Lebewesen hervorbringen können bzw. eine Garnitur vollentwickelter Lebensformen.

Der gesamte Zustand des Universums muss in der riesigen Datenstruktur `ZustandDesUniversums` gespeichert werden. Allerdings könnte es erforderlich werden, die Datenstruktur im Laufe der Zeit anzupassen. Beispielsweise wäre es nicht nötig, dass die Programmierer allzu viele Details über die Himmelskörper einfügen, bevor Hans Lippershey im Jahr 1608 das erste Fernrohr entwickelt hat. Wenn dann jedoch zahlreiche Menschen plötzlich damit beginnen, durch Teleskope zu starren, müssten die Programmierer den `ZustandDesUniversums` dahingehend umbauen, dass er unter anderem nun auch Jupitermonde enthält. Sobald wir zum Mond fliegen und Roboter auf den Mars schicken, müssten weitere Veränderungen durchgeführt werden. In ähnlicher Weise wäre es notwendig, einige Elemente der Funktion `berechneNächstenZustand()` im Laufe der Zeit zu korrigieren. In MMORPGs passiert dies ständig. In dem Maß, wie die Entwickler versuchen, das Spielverhalten vorherzusehen, werden sie zwangsläufig manche Verhaltensweisen entdecken, die das Potenzial besitzen, die eingeschlagene Richtung und die Ziele des Programms zu unterwandern. In solchen Fällen werden Patches veröffentlicht, die Datenstrukturen oder Programm-Module auf den neuesten Stand bringen. Beispielsweise könnte es in der Erstveröffentlichung des Programms unserer Wirklichkeit (Universum 1.0) Erdöl geben. Alternativ hätte es aber auch erst im Zeitalter der Industrialisierung als eine praktische, leicht zu entdeckende und ebenso leicht zu nutzende Energiequelle in Form eines Patches eingefügt werden können. Die Stringtheorie könnte entweder schon im Universum 1.0 enthalten sein oder das zugrunde liegende Gedankenmodell erst gegen Ende des 20. Jahrhunderts ergänzen – ebenso, wie die Quantenmechanik im frühen 20. Jahrhundert eingebaut worden sein könnte. `berechneNächstenZustand()` ist offensichtlich die höchste Programmebene.

Darunter liegen einige sehr interessante APIs wie `berechneDieWahrscheinlichkeitFürNaturkatastrophen`, `berechneDieNächsteAnordnungDerKörperAllerMitspieler`, `berechneDasWetter` oder `berechneDieWahrscheinlichkeitFürUngewöhnlicheEreignisse`. `berechneDieWahrscheinlichkeitFürUngewöhnlicheEreignisse` könnte beispielsweise die Funktionen `berechneDieWahrscheinlichkeitVonUFOs` oder `berechneDieWahrscheinlichkeitVonBigfootSichtungen` beinhalten. `berechneDieWahrscheinlichkeitVonUFOs` kann leicht dahingehend programmiert werden, verschiedenartige UFO-Sichtungen zu erzeugen (fliegende Untertassen, die in den 1950er Jahren in das Programm eingespeist wurden; schwarze Dreiecke in den 90ern und in letzter Zeit Lichtkugeln), deren Auftrittswahrscheinlichkeit zeitlich (am höchsten um 15 Uhr) und räumlich (überdurchschnittlich in New Mexico, USA) unterschiedlich ausfällt.

Physikalische Gesetze, Evolutionsbiologie, Chemie, Hydrodynamik usw. wären in den Regeln einprogrammiert, die von der Funktion `berechneNächstenZustand()` befolgt werden. Diese Regeln wären zwangsläufig perfekt darauf abgestimmt, die Entwicklung von Leben – wie wir es heutzutage in unserer Welt beobachten können – zu ermöglichen. Feinstoffliche Energien könnten ein Bestandteil des Universums 1.0 sein – dieses Rätsel wird erst dann gelöst werden, wenn die Mitspieler oder auch die Gesellschaft als Ganzes eine bestimmte Entwicklungsstufe erreicht haben. Ebenso wie es bei MMORPGs der Fall ist, haben manche Mitspieler die Neigung, feinstoffliche Energien wahrzunehmen – vergleichbar mit der Fähigkeit, sehr schnell laufen oder große Organisationen führen zu können. Die

Programmierer könnten dabei zusehen, wie die Mitspieler neue wissenschaftliche Theorien entwickeln und sie dabei unterstützen oder entmutigen – in Abhängigkeit von der gewünschten Entwicklungsrichtung des Programms. Ideen für neue Theorien könnten sogar subtil in das Bewusstsein von Schlüsselfiguren gepflanzt werden, während `berechneNächstenZustand()` ausgeführt wird.

Voilá – alle bekannten Anomalien und wissenschaftlichen Theorien sind anhand des Modells der programmierten Wirklichkeit einfach zu erklären – genau so, wie es von der Simulationszeitleiste prognostiziert wird. Die offenkundige Feinabstimmung des Universums ergibt voll und ganz Sinn, da sie ein notwendiger Bestandteil des Modells ist. Und quantisierter Raum und gequantelte Zeit sind nur die dazu erforderlichen Werkzeuge.

Die Welträtsel sind hiermit gelöst!

Endnoten

1. Globus, Al, David Bailey, Jie Han, Richard Jaffe, Creon Levit, Ralph Merkle und Deepak Srivastava: „NASA applications of molecular nanotechnology" in *The Journal of the British Interplanetary Society*, 1998, 51: 145-152
2. Holt, Jim: „The Big Lab Experiment. Was our universe created by design?", 19.05.2004, http://tinyurl.com/qhro496
3. Schmeidler, G.R.: „PK Effects Upon Continuously Recorded Temperature" in *Journal of the American Society for Psychical Research*, Oktober 1973, 4, http://www.rviewer.com/IngoSwann_encyclopedia.html
4. Cremo, M.A.: „Famous scientists and the paranormal: Implications for consciousness research", Vortrag auf der Konferenz Toward a Science of Consciousness, 27. April-2. Mai 1998, Tucson, Arizona, http://www.mcremo.com/paranormal.html
5. Talbot M., 150-152

Kapitel 9

Morgendämmerung in einer neuen Wirklichkeit

Fügen wir das Bild zusammen

So, nun ist alles raus. Nachdem wir herausgearbeitet haben, wie logisch die Schlussfolgerung ist, dass wir in einer programmierten Wirklichkeit leben, wollen wir zu den Fragen zurückkehren, die wir zu Beginn des Buches aufgeworfen haben. Auch wenn es sich dabei um reine Spekulation handelt, kann das großes Vergnügen bereiten. Um das Bild zu vervollständigen, stelle ich einige Ideen und Meinungen in den Raum, obgleich vermutlich kein Mensch aus unserer Realität die Antworten weiß oder auch nur geeignete experimentelle Methoden kennt, die uns Aufschluss geben könnten. Und falls doch, wäre es wahrscheinlich bedeutungslos, weil die übrigen von uns so programmiert sind, dass sie ihn oder sie als Spinner betrachten. Wenn wir nicht auf diese Weise programmiert wären, würden die Antworten das Ende des Spiels bedeuten, und damit wäre wohl niemandem gedient.

Eine Bemerkung zur Terminologie: Wie sollen wir die Teilnehmer des Wirklichkeitsprogrammes und ihre Aktivitäten bezeichnen? Anfangs habe ich gezögert, die Begriffe „Charakter" bzw. „spielen" zu verwenden, weil das unpassend erscheint, wenn es sich nicht wirklich um ein Spiel handelt – wie beispielsweise in „Matrix". Im Großen und Ganzen sind diese Begriffe wahrscheinlich dennoch am besten geeignet. Deshalb werde ich die Teilnehmer als „Charaktere" oder „Spieler" bezeichnen und das, was sie tun, als „spielen".

Welche Art der Programmierung wurde gewählt?

Möglich sind die im Kapitel 8 skizzierten Mechanismen oder Mischformen. Die überzeugendste Lösung, die alle unsere Wahrnehmungen erklären kann, ist eine Kombination aus Computersimulation und Utility Fog. Es sei daran erinnert, dass beide Technologien noch in diesem Jahrhundert zur Verfügung stehen werden. Wahrscheinlich befinden wir uns sogar bereits mittendrin.

Die Virtual-Reality-Spiele, die wir kennen und lieben, lassen sich mithilfe zweier verschiedener Programmgattungen modellieren. Im ersten Fall – dem von mir so bezeichneten solipsistischen Programm – bin ich die einzige Person auf der Welt, die über ein echtes Bewusstsein verfügt. Jeder andere ist ein NSC (Nicht-Spieler-Charakter) bzw. ein programmiertes Wesen. Dieser Sachverhalt stimmt selbstverständlich vollkommen mit der Philosophie des Solipsismus überein, daher auch der Name. Eine derartige Möglichkeit zu diskutieren, ist aber müßig, da ich in diesem Fall das vorliegende Buch einzig und allein für mich selbst geschrieben hätte. Ich würde die Vorstellung hassen, dass keine Menschenseele dieses Buch kauft und liest, auch wenn mein NSC-Verleger mir gleichzeitig versichern würde, dass es ein Bestseller ist. Trotzdem ist es nicht witzlos, wenigstens darüber nachzudenken. Vielleicht existieren zeitgleich viele Solipsisten, die sich gleichzeitig mit Solipsismusspielen beschäftigen. Und möglicherweise überlappen sich diese Spiele – vergleichbar mit Linien, die sich schneiden. Stellen Sie sich jede dieser Linien als die Abfolge der Zustände im Programm eines bestimmten Spielers vor. Und denken Sie sich die Linien zweier Spieler: Wenn sich ihre Linien niemals berühren, spielt sich ihr Leben nie in derselben Wirklichkeit ab (siehe Abbildung 9-1).

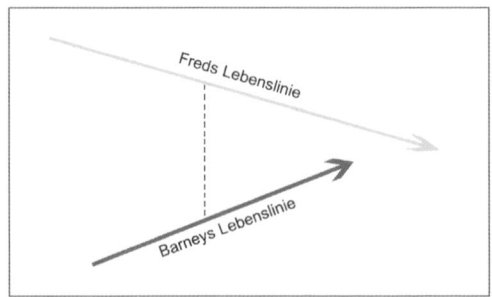

Abbildung 9-1: Lebenslinien, die sich nicht überschneiden

Überschneiden sie sich dagegen für einen Moment, treffen die beiden Spieler für diesen Augenblick in derselben Realität aufeinander (Abbildung 9-2): Sie sind in einer Besprechung an Ihrem Arbeitsplatz. Der Ihnen gegenübersitzende Fred ist nur ein Nicht-Spieler-Charakter in Ihrem Wirklichkeitsprogramm. Allerdings ist dieser Fred an einen Fred angelehnt, der mit seinem eigenen Wirklichkeitsprogramm voll ausgelastet ist. Für einen kurzen Moment taucht der echte Fred in Ihrer Realität auf und Sie in seiner. Keiner von ihnen bemerkt etwas, denn der einzige Unterschied zwischen NSC-Fred und seiner realen Entsprechung ist der freie Wille bzw. das Bewusstsein. Somit besitzt Fred in Ihrem Programm einen Moment lang einen freien Willen, der aber gleich darauf wieder verschwunden ist. Dasselbe gilt für Sie in Freds Programm.

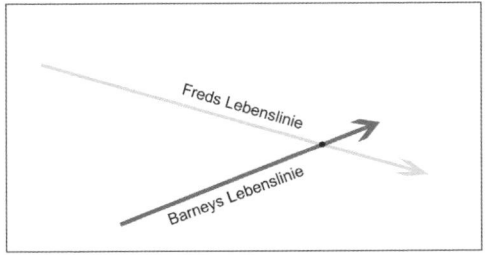

Abbildung 9-2: Lebenslinien, die sich für einen Augenblick überschneiden

Oder vielleicht verschmelzen die Lebenslinien für eine Weile (Tage, Jahre) und spalten sich danach (Abbildung 9-3). Zwischen diesem Konzept und der Viele-Welten-Interpretation der Quantenmechanik gibt es viele Gemeinsamkeiten.

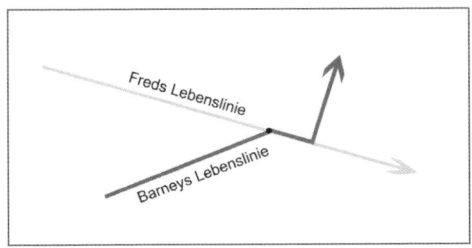

Abbildung 9-3: Lebenslinien, die eine Weile verschmelzen

Die andere Art des VR-Spiels ist das MMORPG, bei dem weitere Teilnehmer vorgesehen sind. Wer sind in diesem Fall die anderen Spieler? Ist jeder Mensch ein Mitspieler? Oder gibt es an Ihrem Arbeitsplatz ein paar seelenlose Zombies? (Ein paar kennen Sie wahrscheinlich.) Wie steht es mit anderen Lebewesen? Haben sich Tiere dazu entschieden, eine Rolle zu übernehmen? Besitzen Tiere eine eigenständige Bewusstseinsform? Oder sind alle Bewusstseinsformen identisch und wir könnten theoretisch – wie die hinduistische Philosophie besagt – im Körper einer Ameise wohnen? Oberflächlich betrachtet erscheint das sehr merkwürdig. Nicht dass ich glaube, Tiere hätten keine Seele. Aber wo läge der Sinn, ein Bewusstsein, das zumindest komplex genug ist, um einen Menschen vollständig zu erfüllen, auf das Nervensystem einer Ameise oder eines Bakteriums zu übertragen, die nur den geringsten Teil davon fassen können? Andererseits: Ist das nicht mit den Zeiten vergleichbar, in denen wir uns für zweidimensionale, stark verpixelte Videospiele begeistert haben? Wenn wir annehmen, dass Ameisen nur sehr kurze Zeit leben, ist es vielleicht doch nicht unvernünftig, erfahren zu wollen, wie es ist, eine Ameise zu sein. Auch könnten wir diese Lektion unserem Bewusstsein aus irgendeinem besonderen Grund aufdrängen wollen. Wenn wir diesen Gedanken weiterspinnen, ist die Vermutung nicht unsinnig, dass unser Bewusstsein sehr weit über die Fähigkeiten des menschlichen Nervensystems hinausgeht. *Ich war einmal eine Galaxie ...*

Und noch ein verschrobener Gedankengang: Laut William Whitman, einem Mikrobiologen an der University of Georgia, leben auf unserem Planeten $5*10^{30}$ Bakterien und Archaebakterien.[1] Das heißt, wenn wir uns auf den Standpunkt stellen, dass alle Lebewesen über Bewusstsein verfügen, existieren für jeden Menschen auf der Erde ungefähr $8*10^{20}$ Vertreter von bakteriellem Bewusstsein. Und falls Sie an die artenübergreifende Reinkarnation glauben, ist die logische Schlussfolgerung, dass Sie für jede menschliche Inkarnation durchschnittlich $8*10^{20}$ Leben als Bakterium verbringen müssen. Das scheint mir irgendwie unsinnig. Es gibt aber auch noch eine andere Erklärung: Kann sich ein Bewusstsein aufteilen? Ebenso, wie sich Billiarden lebendiger Zellen verbinden, um einen Menschen mit individuellem Bewusstsein zu bilden, sich tausende Programme zu einem einzigen Betriebssystem vereinigen bzw. Bienenvölker Schwarmintelligenz an den Tag legen, kann sich vielleicht auch ein einzelnes Bewusstsein in viele Bestandteile aufspalten. Möglicherweise formen die Milliarden Bakterien in ihrem Darm ein einheitliches Bewusstsein. Oder auch alle Bakterien auf dem Planeten. Letztlich wird dadurch folgende Frage aufgeworfen: Können alle menschlichen Bewusstseine Bestandteil eines einzigen, größeren Bewusstseins – der Erde oder Gottes – sein?

Selbstreferentielle Systeme und Rekursion

Dass wir in einem Programm leben könnten, in dem wir Programme schreiben, die demjenigen ähneln, in dem wir uns befinden, erscheint auf den ersten Blick seltsam. Es würde sich um ein Beispiel für ein selbstreferentielles System handeln, für ein System also, das sich auf irgendeine Art und Weise auf sich selbst bezieht. Und das ist nichts Ungewöhnliches. „Seinfeld"-Fans werden sich erinnern, dass sich eine ganze Staffel lang alles darum drehte, dass zwei Kerle eine Sendung ohne Handlung für *NBC* schreiben. Es ist völlig logisch, über das zu schreiben, was man kennt. Aus eben diesem Grund bilden MMORPGs das Leben ab: Sie verfügen über eine Währung, böse Charaktere, unterschiedliche Umwelten, physikalische Gesetze sowie attraktive Frauen und Männer. Ein MMORPG, das einem Spieler ermöglicht, ein MMORPG zu schreiben, wäre doppelt selbstreferentiell. Und dreifach selbstreferentiell, wenn man das MMORPG hinzuzählt, in dem wir leben. Theoretisch kann diese Verschachtelung unendlich oft stattfinden. Programmierern ist das Konzept unter dem Begriff der Rekursion vertraut. Ich betone das nur, um den Einwand abzuweisen, es sei unwahrscheinlich, dass wir in einer Realität leben, die der Software ähnlich sei, die wir schreiben und spielen.
Um diesen Einschub zwanglos ausklingen zu lassen, sehen wir uns noch einige selbstreferentielle Sätze an, die den Anhängern von Douglas Hofstadter sicherlich bekannt vorkommen werden:

„Dieser Satz kein Verb."
„ist ein Satz ohne Subjekt" ist ein Satz ohne Subjekt.
„Diser Satz enthält genau drei Feler."
„Dieser Satz leidet an !!! vorzeitigen Ausrufezeichen"

Wer hat die Wirklichkeit programmiert?

Es gibt mehrere Möglichkeiten ...

1. **Erdlinge** – Es könnte sich um ein Unternehmen handeln, das hier auf der Erde VR-Spiele entwirft. Unsere gesamte Geschichte könnte eine Erfindung sein – zumindest bis zu dem Zeitpunkt, an dem die Spiel-Engine das Ruder übernommen hat. Vielleicht ist unser Bewusstsein in Wirklichkeit unsterblich oder wir leben extrem lange. In diesem Fall wäre die Idee, an einer 80 Jahre dauernden Simulation teilzunehmen, gar nicht so abwegig, wie es jemandem erscheint, dessen Lebensspanne tatsächlich nur 80 Jahre beträgt. Man ist versucht, diesem Szenario ein bisschen weniger Wahrscheinlichkeit einzuräumen, denn unser Bewusstsein ist sich eindeutig nicht darüber im Klaren, dass es an einem Spiel teilnimmt. Aber vielleicht unterbrechen wir die dem Spielstart vorausgehende Wirklichkeit, indem wir unsere Gedanken löschen, neue Gedächtnisinhalte herunterladen und ganz von vorne beginnen. Stirbt man in der virtuellen Welt, kann die unterbrochene Erinnerungskette wiederhergestellt werden. Anstatt das Produkt einer Softwarefirma zu sein, könnte das Programm auch von extrem fortschrittlichen Erdlebewesen mit der Fähigkeit zum Entwurf virtueller Welten erschaffen worden sein. Beispielsweise von Wissenschaftlern der Zukunft, Politikern der „1984"- bzw. „Matrix"-Schule der Regierungskunst oder von einem glatzköpfigen, narbengesichtigen Schurken wie aus einem James-Bond-Film. Die Möglichkeiten sind wirklich endlos.

2. **Künstliche Intelligenz** – An dieser Stelle beziehe ich mich mit dem Begriff der „künstlichen Intelligenz" auf eine rein maschinenbasierte Intelligenz, die bar jedweder wie auch immer gearteten Form von „Geist" oder „Bewusstsein" ist. Was Transaktionszahlen und den Umfang der abgerufenen Daten angeht, sind Maschinen schon jetzt die stärksten Nutzer des Internets. Maschinen können mittlerweile intelligente Programme entwerfen. Angesichts unseres Stands der Technik ist es keinesfalls unrealistisch, dass die Erschaffung von künstlicher Intelligenz letztlich auf eine Welt hinauslaufen wird, in der Maschinen zu einer extrem raschen Weiterentwicklung fähig sind, sodass sie das das Vermögen erlangen, ein Virtual-Reality-Programm zu erzeugen,

in der eines der an früherer Stelle skizzierten Gedankengebäude die Bühne für uns biologische Mitspieler darstellt.

3. **Außerirdische Lebewesen** – Andererseits könnte es sich bei den Programmierern auch um Wesen handeln, die von irgendeinem extraterrestrischen Ort im Universum stammen. Das Universum unterscheidet sich möglicherweise vollständig von dem Bild, das wir uns aufgrund unserer Wirklichkeit machen. Die Außerirdischen könnten böse sein (was ich bezweifle, denn zu hochentwickelten Wesen gehören auch fortschrittliches Denken und eine ebensolche Sozialisierung) oder wohlwollend. Der Zweck des Programms besteht vielleicht in der Erschaffung einer intelligenten Spezies, wobei man uns dabei hilft, Werte und Intelligenz zu entwickeln. Es kann auch sein, dass es einfach nur Spaß bereitet, Gott zu spielen. Wir glauben, dass es zur menschlichen Natur gehört, mit Tieren, Puppen, in MMORPGs und simulierten Baseballpartien Gott zu spielen. Vielleicht gehört es zur *blonkianischen* Natur, dasselbe mithilfe von Blasenuniversen, Nanobotschwärmen oder VR-Simulationen zu tun, die zu diesem Zweck erschaffen werden.

4. **Götter** – Die Programmierer könnten höhere Wesen sein – „reine Geistwesen" in der New Age-Terminologie. Sie könnten auf einer völlig anderen Realitätsebene oder -dimension existieren und mit uns nur in den Zwischenleben in Kontakt treten, wie von den unterschiedlichsten Quellen übereinstimmend berichtet wird – von Hypnotherapeuten, die Rückführungen vornehmen, Edgar Cayce, Schamanen auf der ganzen Welt, New Age-Denker, modernen Buddhisten und Personen, die eine Nahtod-Erfahrung hatten. Die „Götter", wie ich sie nenne (ich verwende die Mehrzahl, weil ich mich in dieser Hinsicht nicht festlegen will), entwickelten das Programm und das Realitätsgebäude, in dem wir unser Leben verbringen und letztendlich sterben. An diesem Punkt angekommen, treffen wir auf spirituelle Führer, um unsere nächsten Leben zu planen, was auf ähnliche Weise wie die Gestaltung unseres Charakters und die Wahl unseres nächsten Szenarios in einem MMORPG vor sich gehen könnte. Die Tatsache, dass auf diese „Erinnerung" zugegriffen werden kann, könnte auf einer unvollständigen Unterbrechung des Spielergedächtnisses zu Beginn des gegenwärtigen Szenarios beruhen. Es könnte sich

jedoch auch um einen Bestandteil des Programms handeln, der entworfen wurde, damit wir die Realität infrage stellen.

Wer sind Sie?

Bevor wir uns dieser ontologischen Frage widmen, wollen wir Ihr „Ich" als den Sitz Ihres Bewusstseins definieren. Wer wir sind, hängt vermutlich von der Antwort auf die zuvor gestellte Frage ab: „Wer hat unsere Wirklichkeit programmiert?"

1. Im Erdlingsszenario sind wir wahrscheinlich ebenfalls Erdlinge, die aber vermutlich in einer völlig anderen Wirklichkeit leben als die, an die wir gewöhnt sind – dort befinden sich die Programmierer, die von unserer wahrgenommenen Realität aus betrachtet in der Zukunft leben. Die virtuelle Erde könnte der echten Erde nachempfunden oder eine mehr oder weniger ähnliche Kopie sein.

2. Im KI-Szenario sind wir entweder Erdlinge (falls die KI-Programmierer sich dafür entschieden haben, zwischen der realen und der virtuellen Welt eine übereinstimmende Umwelt aufrechtzuerhalten) oder andere weniger weit entwickelte Wesen. Theoretisch könnte unsere Spezies wie im Film „Matrix" entführt worden sein – entweder mit böswilliger Absicht gegen unseren Willen oder zu unserem Wohl (zum Beispiel, um uns aus unserer Entwicklungsschiene herauszuholen). KI könnte unsere Welt erschaffen haben, aber vielleicht sind wir trotzdem genau das, wofür wir uns halten: ein Bewusstsein, das eine in dieser Wirklichkeit lebende biologische Entität bewohnt und kontrolliert. Es wäre auch möglich, dass wir einen andersartigen Körper bewohnen und – vergleichbar mit der Wirkung der Droge Soma aus Aldous Huxleys „Schöne neue Welt" – alle unsere Zukunftsaktivitäten auf freiwilliger Basis virtuell ablaufen lassen, da sich Maschinen um alles Übrige kümmern. Ersatzweise könnte unser Bewusstsein auch einfach eine Maschine bewohnen und aus uns eine Art Hybrid machen. Die Unterscheidung zwischen Biologie und Maschine wird in naher Zukunft ohnehin stark verschwimmen. Falls die Gesellschaft nicht einen Weg findet, uns auseinanderzuhalten, können wir davon ausgehen, dass für biologische Wesen dasselbe gilt wie für bionische Hybriden.

3. Im Außerdischen-Szenario sind wir ebenfalls entweder Erdlinge oder selbst Außerirdische. Wir könnten nichts ahnende Versuchspersonen im Programm sein oder aber eingeweihte, freiwillige Teilnehmer, die sich mit einem groß angelegten Trainingsplan einverstanden erklärt haben, um der kosmischen Gemeinde beitreten zu können. Die verschiedenen Möglichkeiten für unsere Existenzweise sind dieselben wie im KI-Szenario.

4. Im Gott-Szenario sind wir selbst geistige Wesen, gehören aber der Gruppe der Lernenden und nicht den Lehrern oder Führungspersonen an. Dabei ist die Annahme sinnvoll, dass wir einer Suchwanderung folgen, die uns im Laufe der menschlichen Inkarnationen durch unterschiedliche Erfahrungen führt, um irgendein Endziel zu erreichen. Das Ziel könnte darin bestehen, ein geistiger Führer oder „eins mit dem Schöpfer" zu werden. Vielleicht ist das aber nur die nächste Programmstufe und der „Schöpfer" ist bloß eine weitere Daseinsebene in einer endlosen Verschachtelung programmierbarer Wirklichkeiten. Da keine Notwendigkeit für eine komplexe Informationsumleitung besteht – wie es bei einer simulierten Realität der Fall wäre –, sind wir vermutlich wirklich das, wofür wir uns halten: ein Bewusstsein, das ein in dieser Realität befindliches Wesen bewohnt und kontrolliert. Und wiederum ist es aufgrund der Beweislage wahrscheinlich, dass der Sitz unseres Bewusstseins nicht der Körper ist.

Wann hat alles angefangen?

Diese interessante Frage führt auf den ersten Blick zu großen Zweifeln an der ganzen These. Und das ist der Grund:

Wir sind von der Annahme ausgegangen, dass eine beträchtliche Menschenmenge (vielleicht alle) ein echtes Bewusstsein besitzt, eine Rolle im Programm spielt und demzufolge keine programmierte Entität (NSC) ist. Verwenden wir den Begriff „real" für Wesen mit einem echten Bewusstsein. Wie steht es mit unseren Eltern? Wenn wir uns darauf einigen, dass zu einem gegebenen Zeitpunkt jeder Mensch real ist, dann müssen mehrere Generationen gleichzeitig real sein. Vor 50 Jahren haben viele dieser realen Leute gelebt, vermutlich zusammen mit weiteren, realen Personen. Gehen wir in der Zeit zurück: Gab es jemals einen Zeitpunkt, an dem die Menschen nicht real waren, sondern nur Rückmeldungen des Programms – historische Persönlichkeiten, die tatsächlich nie existiert haben?

Erinnern wir uns jedoch an unsere Diskussion des Gedankenexperiments „Jessica" in Kapitel 5. Es ist unmöglich, den Unterschied zwischen eingebildeten und echten Erinnerungen zu erkennen. Also kann das Programm zu jedem beliebigen Zeitpunkt eingesetzt haben. 1307? 1947? Gestern? Weil der Versuch, den Anfangszeitpunkt zu ermitteln, aussichtslos ist, besteht kein Grund zu der Annähme, dass irgendein Jahr einem anderen aus logischen Gründen vorzuziehen wäre. Betrachten wir unsere vier Szenarien:

1. Erdlinge – Das Programm hätte zu jedem Zeitpunkt entweder als Spiel oder als Kontroll- bzw. Erziehungsmaßnahme in Gang gesetzt werden können. Die Vermutung, dass es kürzlich seine Tätigkeit aufgenommen haben muss, ist verlockend; denn die Notwendigkeit von Charakteren, welche die langweiligen ersten Milliarden Jahre der Entwicklung des Lebens absolvieren müssen bzw. die ersten 50.000 Jahre im Dasein des modernen Menschen oder auch das gewalttätige und überflüssige Mittelalter (bzw. die 80er Jahre, die von Betonfrisuren und schlechter Musik geprägt waren), ist leicht von der Hand zu weisen. Auch wäre es wahrscheinich nutzlos, einen Charakter darzustellen, dessen Entwicklungsstufe sich von derjenigen des Spielers zu sehr unterscheidet. Das könnte dahingehend interpretiert werden, dass die realen Spieler im Vergleich zu uns nur geringfügig fortgeschritten sind. Dies impliziert eine Spieler-Zentrale in relativ naher Zukunft (<100 Jahre) und deshalb ein Wirklichkeitsszenario, das höchstens um ein paar hundert Jahre zurückprojiziert worden ist.

2. Künstliche Intelligenz – Falls wir unfreiwillige Teilnehmer eines von Maschinen kontrollierten Programms sind, könnte es uns zu jedem Zeitpunkt in der Vergangenheit aufgezwungen worden sein. Sind wir dagegen freiwillig mit von der Partie, dürfte die Argumentation in Bezug auf das Erdlingsszenario gelten, wonach es irgendwann innerhalb der letzten Jahrhunderte realisiert worden sein muss.

3. Außerirdische – Im Szenario der bösen Außerirdischen kann das Programm ebenfalls zu jedem beliebigen Zeitpunkt gestartet worden sein. Handelt es sich um ein Trainingsprogramm zu wohltätigen Zwecken, würde es angesichts des langen Zeitraums, der

notwendig ist, damit Menschen ihre Lektionen tatsächlich lernen und Werte effektiv entwickeln, wahrscheinlich mehrere Lebenszeiten umfassen. Wiederum gilt, dass die Lebenszeiten in der virtuellen Realität nicht der Reihe nach ablaufen müssen. Die Lektionen könnten in getrennten, gleichzeitig existierenden Wirklichkeiten stattfinden – vergleichbar mit den an früherer Stelle beschriebenen Lebenslinien (erinnern Sie sich auch an Neos Training in „Matrix", bei dem er an vielen verschiedenen Programmen teilgenommen hat).

4. Gott – Auch in diesem Fall kann das Programm zu jedem Zeitpunkt begonnen haben und könnte sich – wie bei den wohlwollenden Außerirdischen – nach menschlicher Wahrnehmung über viele Leben erstrecken.

Wie wird es enden?

1. Erdlinge – Falls sie ein Spiel ist, endet unsere Wirklichkeit vielleicht dann, wenn jemand gewinnt. Oder es gibt kein vorgezeichnetes Ende, wie bei den meisten MMORPGs. Andererseits könnte auch alles vorbei sein, wenn jemand den falschen Knopf drückt und den Server neu startet.

2. Künstliche Intelligenz – Wenn wir unfreiwillige Mitspieler sind, haben die Maschinen keinen echten Grund, das Programm zu beenden und könnten es vorziehen, uns dumm und glücklich zu halten. Man fragt sich allerdings, zu welchem Zweck. Warum sollten sie uns nicht einfach auslöschen? Bessere Science-Fiction-Denker als ich einer bin haben nur dürftige Antworten auf diese Frage geliefert: beispielsweise die Idee, uns als bioelektrische Batterien zu benutzen. Sind wir andererseits bereitwillige Teilnehmer, werden unsere armen VR-geplagten Köpfe wahrscheinlich endlos weiterspielen – ganz wie die Ratten, die so lange den Glückshebel betätigen, bis sie an Unterernährung sterben.

3. Außerirdische – Böse Außerirdische, die uns unterdrücken, hätten wahrscheinlich ein Interesse daran, das Spiel so lange aufrechtzuerhalten, bis sie ihre schmutzigen, kleinen Ziele erreicht haben. Deshalb ist es sehr schwer zu sagen, wann der programmierte Weltuntergang stattfinden würde. Vielleicht trennt uns

davon noch genauso viel Zeit, wie bis *jetzt* verstrichen ist. Was die karitativen Außerirdischen angeht, so sollte das Programm zu Ende sein, wenn wir alles gelernt haben, was nötig ist, um unsere Trainingsziele zu erreichen; das heißt, wenn wir galaktische Bürger geworden sind oder was auch immer das letzte Ziel sein mag. Angesichts unseres gesellschaftlichen Verhaltens, unseres Hangs zur Kriegsführung, der Art und Weise, wie wir Tiere behandeln, der Gleichgültigkeit Menschen in Notsituationen sowie der Umwelt gegenüber und der Beliebtheit der „The Jerry Springer Show" würde ich sagen, dass wir noch einen langen Weg vor uns haben.

4. Gott – Es wäre überraschend, wenn es im Gott-Szenario ein Programmende gäbe. Irgendwie ist die Vorstellung befriedigender, dass wir uns endlos weiterentwickeln und nicht auf eine unausweichliche Endstation zusteuern, wo wir bis in alle Ewigkeit verharren sollen.

Meine Einschätzung?

Logik und empirische Belege sprechen gegen einige der vorher skizzierten Szenarien. Wir haben bereits erwähnt, dass wir uns wahrscheinlich nicht unter der Kontrolle böser Außerirdischer befinden. Jemand, der fortschrittlich genug ist, um ein vollständig ausgearbeitetes Realitätsprogramm zu erzeugen, ist vermutlich auch fortschrittlich genug, um Respekt für die Wesen aufzubringen, die er kultiviert. Für künstliche Intelligenz muss das allerdings nicht gelten: Maschinen, die nicht dazu programmiert worden sind, menschliches Leben zu respektieren, würden es wahrscheinlich auslöschen, wenn sie es nicht länger benötigten. Doch da wir offensichtlich existieren und uns den Kopf über die Wirklichkeit zerbrechen, ist es zumindest bis jetzt noch nicht dazu gekommen. Allerdings, wie Ray Kurzweil, Frank Tipler und andere prognostiziert haben, ist die Wahrscheinlichkeit hoch, dass wir nicht mehr lange von Maschinen getrennt existieren werden, sondern letztendlich mit künstlicher Intelligenz verschmelzen. Deshalb wäre es möglich, dass Hybridwesen aus biologischer und künstlicher Intelligenz das Programm erschaffen haben und damit spielen. Wiederum stellt sich die Frage nach dem Zweck. Und außerdem: Wodurch werden unsere biologischen Bedürfnisse erfüllt, wenn wir wie im Erdlingsszenario tatsächlich ein lebenslängliches Spiel ausprobieren? (Gut, ich kann mir ein paar Möglichkeiten vorstellen, aber keine davon ist sinnvoll.) Und warum hätten wir nicht einfach die ganze Zeit Fantasie-Sex? Können wir wirklich so fortgeschritten sein, dass wir ein derart grundlegendes menschliches Bedürfnis nicht mehr besitzen und gleichzeitig nach wie vor den Wunsch verspüren, in meist langweilige virtuelle Realitäten einzutauchen? Dabei befinden wir uns höchstwahrscheinlich gerade in einer solchen, wenn wir all die Belege für eine simulierte Realität in Betracht ziehen.

Deswegen komme ich zu dem Schluss, dass wir keine freiwilligen biologischen Teilnehmer sind, sondern eher Geistwesen, die irgendwo in einem Universum hochentwickelte Maschinen bewohnen. Das Programm, das unsere Realität erzeugt, wurde entweder von einer künstlichen Intelligenz entworfen oder von Wesen, die meiner Definition zufolge Götter sind (letztlich gibt es keinen Unterschied zwischen ihnen, denn wer immer unser Universum geschaffen hat, darf zu Recht als Gott bezeichnet werden).

Das Ende vom Lied

Ich male mir aus, dass ich eines Abends nach der Veröffentlichung des Buches schlafen gehe und auf einer galaktischen Preisverleihungszeremonie aufwache. Ich werde auf die Bühne gebeten, weil mir die Zorpfnat-Auszeichnung verliehen werden soll, die an das bewusste Wesen vergeben wird, das die Lösung des Spiels herausgefunden hat. Ich strecke den mittleren meiner drei Arme aus und nehme die Zorpfnat-Statue in Empfang. Die Menge jubelt. Die übrigen bewussten Wesen auf der Erde werden aus dem Schlaf gerissen und erfahren die Wahrheit. Wie in „Die Truman Show" greifen die Zuschauer zuhause nach der Fernsehzeitschrift.

Schauen wir mal, was sonst noch so läuft.

Endnoten

1. Tenenbaum, David: „Microbial Population Explosion", 23.12.2005, http://whyfiles.org/shorties/count_bact.html

Über den Autor

Jim Elvidge ist Absolvent der Cornell University und besitzt einen Master-Abschluss in Elektrotechnik. Seine Kenntnisse setzte er als Führungskraft im Technologie- und Unternehmensmanagement in der High-Tech-Branche um. Er war viele Jahre in leitenden Positionen für verschiedene Unternehmen tätig und verfügt über vier Patente auf dem Gebiet der digitalen Signalverarbeitung.

Darüber hinaus hat Elvidge jahrelange Erfahrung als Musiker, Autor und Wahrheitssuchender. Indem er seine technischen Kenntnisse mit seiner Leidenschaft für die Musik verband, entwickelte er einen der ersten PC-basierten digitalen Sampler. Er war Mitbegründer von Radio AMP, dem ersten als Handelsmarke eingetragenen Internetradio.

Seit vielen Jahren verfolgt Elvidge die aktuellen Forschungsergebnisse, Theorien und Entdeckungen auf so unterschiedlichen Gebieten wie Teilchenphysik, Kosmologie, KI-Forschung, Nanotechnologie und Parapsychologie. Auf der Grundlage dieser einzigartigen Kombination verfasste er sein erstes Buch als Alleinautor: „The Universe solved!"

Dieses Buch könnte Sie auch interessieren

PAUL LA VIOLETTE
DIE BOTSCHAFT DER PULSARE

Intelligente Kommunikation aus der Galaxis?

230 Seiten
19,50 €
ISBN: 978-3-928963-47-3

1967 begannen Astronomen präzise getimte Radiopulse von extraterrestrischen Quellen zu empfangen und zu katalogisieren. Sie nannten diese Radioquellen Pulsare. Jeder Pulsar sendet laserartige Radiowellenstrahlen aus, die wie Scheinwerferlichter das All durchdringen. Paul LaViolette erforscht diese Pulsare seit mehr als 25 Jahren – und legt in diesem Buch dar, dass hinter den Himmelskörpern, die man lange Zeit für rotierende Sterne gehalten hat, viel mehr steckt, als die etablierte Wissenschaft bisher geglaubt hat.

In „Die Botschaft der Pulsare" legt der Autor dar, dass Pulsare nicht zufällig im All verstreut sind, sondern häufig bedeutende galaktische Schauplätze markieren, und dass ihre Signale intelligenten Ursprungs sind. Er untermauert seine Theorie mit einer Vielzahl wissenschaftlicher Daten und liefert Beweise für die ungewöhnliche himmelsgeometrische Anordnung vieler Pulsare sowie die faszinierenden Beziehungen ihrer Pulsperioden zueinander. Die Botschaft, die uns die extraterrestrischen Leuchtfeuer zukommen lassen wollen, ist nicht weniger spannend: Pulsare berichten von einer längst vergangenen Explosion im galaktischen Kern – eine Bedrohung, die in den nächsten Jahren wieder auf uns zukommen könnte.